中外哲学典籍大全
总主编 李铁映 王伟光

外国哲学典籍卷

物 性 论

〔古罗马〕卢克莱修 著

方书春 译

商务印书馆
创于1897 The Commercial Press

Lucretius

DE RERUM NATURA

本书系根据伦纳德、罗斯等英译本译出

中外哲学典籍大全

外国哲学典籍卷

中外哲学典籍大全

总　　序

《中外哲学典籍大全》的编纂，是一项既有时代价值又有历史意义的重大工程。

中华民族经过了近一百八十年的艰苦奋斗，迎来了中国近代以来最好的发展时期，迎来了奋力实现中华民族伟大复兴的时期。中华民族只有总结古今中外的一切思想成就，才能并肩世界历史发展的大势。为此，我们须要编纂一部汇集中外古今哲学典籍的经典集成，为中华民族的伟大复兴、为人类命运共同体的建设、为人类社会的进步，提供哲学思想的精粹。

哲学是思想的花朵、文明的灵魂、精神的王冠。一个国家、民族，要兴旺发达，拥有光明的未来，就必须拥有精深的理论思维，拥有自己的哲学。哲学是推动社会变革和发展的理论力量，是激发人的精神砥石。哲学能够解放思想，净化心灵，照亮人类前行的道路。伟大的时代需要精邃的哲学。

一　哲学是智慧之学

哲学是什么？这既是一个古老的问题，又是哲学永恒的话题。追问“哲学是什么”，本身就是“哲学”问题。从哲学成为思维的那一天起，哲学家们就在不停的追问中发展、丰富哲学的篇章，给出一张又一张答卷。每个时代的哲学家对这个问题都有自己的诠释。哲学是什么，是悬在人类智慧面前的永恒之问，这正是哲学之为哲学的基本特点。

哲学是全部世界的观念形态、精神本质。人类面临的共同问题，是哲学研究的根本对象。本体论、认识论、世界观、人生观、价值观、实践论、方法论等，仍是哲学的基本问题，是哲学的生命力所在！哲学研究的是世界万物的根本性、本质性问题。人们已经对哲学作出许多具体定义，但我们可以尝试再用“遮诠”的方式描述哲学的一些特点，从而使人们加深对“何为哲学”的认识。

哲学不是玄虚之观。哲学来自人类实践，关乎人生。哲学对现实存在的一切追根究底、“打破砂锅问到底”。它不仅是问“是什么（being）”，而且主要是追问“为什么（why）”，特别是追问“为什么的为什么”。它关注整个宇宙，关注整个人类的命运，关注人生。它关心柴米油盐酱醋茶和人的生命的关系，关心人工智能对人类社会的挑战。哲学是对一切实践经验的理论升华，它关心具体现象背后的根据，关心“人类如何会更好”。

哲学是在根本层面上追问自然、社会和人本身，以彻底的态度反思已有的观念和认识，从价值理想出发把握生活的目标和历史的趋势，从而展示了人类理性思维的高度，凝结了民族进步的智慧，寄托了人们热爱光明、追求真善美的情怀。道不远人，人能弘道。哲学是把握世界、洞悉未来的学问，是思想解放与自由的大门！

古希腊的哲学家们被称为“望天者”。亚里士多德在《形而上学》一书中说："最初人们通过好奇—惊赞来做哲学。"如果说知识源于好奇的话，那么产生哲学的好奇心，必须是大好奇心。这种"大好奇心"只为一件"大事因缘"而来。所谓"大事"，就是天地之间一切事物的"为什么"。哲学精神，是"家事、国事、天下事，事事要问"，是一种永远追问的精神。

哲学不只是思想。哲学将思维本身作为自己的研究对象之一，对思想本身进行反思。哲学不是一般的知识体系，而是把知识概念作为研究的对象，追问"什么才是知识的真正来源和根据"。哲学的"非对象性"的思维方式，不是"纯形式"的推论原则，而有其"非对象性"之对象。哲学不断追求真理，是认识的精粹，是一个理论与实践兼而有之的过程。哲学追求真理的过程本身就显现了哲学的本质。天地之浩瀚，变化之奥妙，正是哲思的玄妙之处。

哲学不是宣示绝对性的教义教条，哲学反对一切形式的绝对。哲学解放束缚，意味着从一切思想教条中解放人类自身。哲学给了我们彻底反思过去的思想自由，给了我们深刻洞察未来的思想能力。哲学就是解放之学，是圣火和利剑。

哲学不是一般的知识。哲学追求"大智慧"。佛教讲"转识成智"，"识"与"智"之间的关系相当于知识与哲学的关系。一般知识是依据于具体认识对象而来的、有所依有所待的"识"，而哲学则是超越于具体对象之上的"智"。

公元前六世纪，中国的老子说："大方无隅，大器晚成，大音希声，大象无形，道隐无名。夫唯道，善贷且成。"又说："反者道之动，弱者道之用。天下万物生于有，有生于无。"对"道"的追求就是对有之为有、无形无名的探究，就是对"天地何以如此"的探究。这种追求，使得哲学具有了天地之大用，具有了超越有形有名之有限经验的大智慧。这种大智慧、大用途，超越一切限制的篱笆，具有趋向无限的解放能力。

哲学不是经验科学，但又与经验有联系。哲学从其诞生之日起，就包含于科学形态之中，是以科学形态出现的。哲学是以理性的方式、概念的方式、论证的方式来思考宇宙与人生的根本问题。在亚里士多德那里，凡是研究“实体（ousia）”的学问，都叫作“哲学”。而“第一实体”则是存在者中的“第一个”。研究“第一实体”的学问被称为“神学”，也就是“形而上学”，这正是后世所谓“哲学”。一般意义上的科学正是从“哲学”最初的意义上赢得自己最原初的规定性的。哲学虽然不是经验科学，却为科学划定了意义的范围，指明了方向。哲学最后必定指向宇宙、人生的根本问题，大科学家的工作在深层意义上总是具有哲学的意味，牛顿和爱因斯坦就是这样的典范。

哲学既不是自然科学，也不是文学、艺术，但在自然科学的前头，哲学的道路展现了；在文学、艺术的山顶，哲学的天梯出现了。哲学不断地激发人的探索和创造精神，使人在认识世界的过程中不断达到新境界，在改造世界的过程中从必然王国到达自由王国。

哲学不断从最根本的问题再次出发。哲学史在一定意义上就是不断重构新的世界观、认识人类自身的历史。哲学的历史呈现，正是对哲学的创造本性的最好说明。哲学史上每一个哲学家对根本问题的思考，都在为哲学添加新思维、新向度，犹如为天籁山上不断增添一只只黄鹂、翠鸟。

如果说哲学是哲学史的连续展现中所具有的统一性特征，那么这种“一”是在“多”个哲学的创造中实现的。如果说每一种哲学体系都追求一种体系性的“一”的话，那么每种“一”的体系之间都存在着千丝相联、多方组合的关系。这正是哲学史昭示于我们的哲学之多样性的意义。多样性与统一性的依存关系，正是哲学寻求现象与本质、具体与普遍相统一的辩证之意义。

哲学的追求是人类精神的自然趋向，是精神自由的花朵。哲学是思想的自由，是自由的思想。

中国哲学是中华民族五千年文明传统中最为内在、最为深刻、最为持久的精神追求和价值观表达。中国哲学已经化为中国人的思维方式、生活态度、道德准则、人生追求、精神境界。中国人的科学技术、伦理道德、小家大国、中医药学、诗歌文学、绘画书法、武术拳法、乡规民俗，乃至日常生活都浸润着中国哲学的精神。华夏文明虽历经磨难而能够透魄醒神、坚韧屹立，正是来自于中国哲学深邃的思维和创造力。

先秦时代，老子、孔子、庄子、孙子、韩非子等诸子之间的百家争鸣，就是哲学精神在中国的展现，是中国人思想解放的第一次大爆发。两汉四百多年的思想和制度，是诸子百家思想在争鸣过程中大整合的结果。魏晋之际玄学的发生，则是儒道冲破各自藩篱、彼此互动互补的结果，形成了儒家独尊的态势。隋唐三百年，佛教深入中国文化，又一次带来了思想的大融合和大解放。禅宗的形成就是这一融合和解放的结果。两宋三百多年，中国哲学迎来了第三次大解放。儒释道三教之间的互润互持日趋深入，朱熹的理学和陆象山的心学，就是这一思想潮流的哲学结晶。

与古希腊哲学强调沉思和理论建构不同，中国哲学的旨趣在于实践人文关怀,它更关注实践的义理性意义。在中国哲学当中,知与行从未分离,有着深厚的实践观点和生活观点。伦理道德观是中国哲学的贡献。马克思说:“全部社会生活在本质上是实践的。”实践的观点、生活的观点也正是马克思主义认识论的基本观点。这种哲学上的契合性,正是马克思主义能够在中国扎根并不断中国化的哲学原因。

“实事求是”是中国的一句古话,在今天已成为深邃的哲理,成为中国人的思维方式和行为基准。实事求是就是解放思想,解放思想就是实事求是。实事求是是毛泽东思想的精髓,是改革开放的基石。只有解放思想才能实事求是。实事求是就是中国人始终坚持的哲学思想。实事求是就是依靠自己,走自己的道路,反对一切绝对观念。所谓中国化就是一切从中国实际出发,一切理论必须符合中国实际。

二　哲学的多样性

实践是人的存在形式,是哲学之母。实践是思维的动力、源泉、价值、标准。人们认识世界、探索规律的根本目的是改造世界、完善自己。哲学问题的提出和回答都离不开实践。马克思有句名言:“哲学家们只是用不同的方式解释世界,而问题在于改变世界。”理论只有成为人的精神智慧,才具有改变世界的力量。

哲学关心人类命运。时代的哲学,必定关心时代的命运。对时代命运的关心就是对人类实践和命运的关心。人在实践中产生的一切都具有现实性。哲学的实践性必定带来哲学的现实性。哲学的现实性就是强调人在不断回答实践中的各种问题时应该具有的态度。

哲学作为一门科学是现实的。哲学是一门回答并解释现实的学问；哲学是人们联系实际、面对现实的思想。可以说哲学是现实的最本质的理论，也是本质的最现实的理论。哲学始终追问现实的发展和变化。哲学存在于实践中，也必定在现实中发展。哲学的现实性要求我们直面实践本身。

哲学不是简单跟在实践后面，成为当下实践的“奴仆”，而是以特有的深邃方式，关注着实践的发展，提升人的实践水平，为社会实践提供理论支撑。从直接的、急功近利的要求出发来理解和从事哲学，无异于向哲学提出它本身不可能完成的任务。哲学是深沉的反思、厚重的智慧，是对事物的抽象、理论的把握。哲学是人类把握世界最深邃的理论思维。

哲学是立足人的学问，是人用于理解世界、把握世界、改造世界的智慧之学。“民之所好，好之，民之所恶，恶之。”哲学的目的是为了人。用哲学理解外在的世界，理解人本身，也是为了用哲学改造世界、改造人。哲学研究无禁区，无终无界，与宇宙同在，与人类同在。

存在是多样的，发展亦是多样的，这是客观世界的必然。宇宙万物本身是多样的存在，多样的变化。历史表明，每一民族的文化都有其独特的价值。文化的多样性是自然律，是动力，是生命力。各民族文化之间的相互借鉴、补充浸染，共同推动着人类社会的发展和繁荣，这是规律。对象的多样性、复杂性，决定了哲学的多样性；即使对同一事物，人们也会产生不同的哲学认识，形成不同的哲学派别。哲学观点、思潮、流派及其表现形式上的区别，来自于哲学的时代性、地域性和民族性的差异。世界哲学是不同民族的哲学的荟萃。多样性构成了世界，百花齐放形成了花园。不同的民族会有不同风格的哲学。恰恰是哲学的民族性，使不同的哲学都可以在世界舞台上演绎出各种"戏剧"。不同民族即使有相似的哲学观点，在实践中的表达和运用也会各有特色。

人类的实践是多方面的，具有多样性、发展性，大体可以分为：改造自然界的实践、改造人类社会的实践、完善人本身的实践、提升人的精神世界的精神活动。人是实践中的人，实践是人的生命的第一属性。实践的社会性决定了哲学的社会性，哲学不是脱离社会现实生活的某种遐想，而是社会现实生活的观念形态，是文明进步的重要标志，是人的发展水平的重要维度。哲学的发展状况，反映着一个社会人的理性成熟程度，反映着这个社会的文明程度。

哲学史实质上是对自然史、社会史、人的发展史和人类思维史的总结和概括。自然界是多样的，社会是多样的，人类思维是多样的。所谓哲学的多样性，就是哲学基本观念、理论学说、方法的异同，是哲学思维方式上的多姿多彩。哲学的多样性是哲学的常态，是哲学进步、发展和繁荣的标志。哲学是人的哲学，哲学是人对事物的自觉，是人对外界和自我认识的学问，也是人把握世界和自我的学问。哲学的多样性，是哲学的常态和必然，是哲学发展和繁荣的内在动力。一般是普遍性，特色也是普遍性。从单一性到多样性，从简单性到复杂性，是哲学思维的一大变革。用一种哲学话语和方法否定另一种哲学话语和方法，这本身就不是哲学的态度。

多样性并不否定共同性、统一性、普遍性。物质和精神、存在和意识，一切事物都是在运动、变化中的，是哲学的基本问题，也是我们的基本哲学观点！

当今的世界如此纷繁复杂，哲学多样性就是世界多样性的反映。哲学是以观念形态表现出的现实世界。哲学的多样性，就是文明多样性和人类历史发展多样性的表达。多样性是宇宙之道。

哲学的实践性、多样性还体现在哲学的时代性上。哲学总是特定时代精神的精华，是一定历史条件下人的反思活动的理论形态。在不同的时代，哲学具有不同的内容和形式。哲学的多样性，也是历史时代多样性的表达，让我们能够更科学地理解不同历史时代，更为内在地理解历史发展的道理。多样性是历史之道。

哲学之所以能发挥解放思想的作用，原因就在于它始终关注实践，关注现实的发展；在于它始终关注着科学技术的进步。哲学本身没有绝对空间，没有自在的世界，只能是客观世界的映象、观念的形态。没有了现实性，哲学就远离人，远离了存在。哲学的实践性说到底是在说明哲学本质上是人的哲学，是人的思维，是为了人的科学！哲学的实践性、多样性告诉我们，哲学必须百花齐放、百家争鸣。哲学的发展首先要解放自己，解放哲学，也就是实现思维、观念及范式的变革。人类发展也必须多途并进、交流互鉴、共同繁荣。采百花之粉，才能酿天下之蜜。

三　哲学与当代中国

中国自古以来就有思辨的传统，中国思想史上的百家争鸣就是哲学繁荣的史象。哲学是历史发展的号角。中国思想文化的每一次大跃升,都是哲学解放的结果。中国古代贤哲的思想传承至今,他们的智慧已浸入中国人的精神境界和生命情怀。

中国共产党人历来重视哲学。1938 年,毛泽东同志在抗日战争最困难的时期,在延安研究哲学,创作了《实践论》和《矛盾论》,推动了中国革命的思想解放,成为中国人民的精神力量。

中华民族的伟大复兴必将迎来中国哲学的新发展。当代中国必须要有自己的哲学,当代中国的哲学必须要从根本上讲清楚中国道路的哲学内涵。中华民族的伟大复兴必须要有哲学的思维,必须要有不断深入的反思。发展的道路就是哲思的道路;文化的自信就是哲学思维的自信。哲学是引领者,可谓永恒的"北斗",哲学是时代的"火焰",是时代最精致最深刻的"光芒"。从社会变革的意义上说,任何一次巨大的社会变革,总是以理论思维为先导。理论的变革总是以思想观念的空前解放为前提,而"吹响"人类思想解放第一声"号角"的,往往就是代表时代精神精华的哲学。社会实践对于哲学的需求可谓"迫不及待",因为哲学总是"吹响"新的时代的"号角"。"吹响"中国改革开放之"号角"的,正是"解放思想""实践是检验真理的唯一标准""不改革死路一条"等哲学观念。"吹响"新时代"号角"的是"中国梦""人民对美好生活的向往,就是我们奋斗的目标"。发展是人类社会永恒的动力,变革是社会解放的永恒的课题,思想解放、解放思想是无尽的哲思。中国正走在理论和实践的双重探索之路上,搞探索没有哲学不成!

中国哲学的新发展,必须反映中国与世界最新的实践成果,必须反映科学的最新成果,必须具有走向未来的思想力量。今天的中国人所面临的历史时代,是史无前例的。14 亿人齐步迈向现代化，这是怎样的一幅历史画卷！是何等壮丽、令人震撼！不仅中国亘古未有，在世界历史上也从未有过。当今中国需要的哲学，是结合天道、地理、人德的哲学，是整合古今中外的哲学，只有这样的哲学才是中华民族伟大复兴的哲学。

当今中国需要的哲学，必须是适合中国的哲学。无论古今中外，再好的东西，也需要经过再吸收、再消化，经过现代化、中国化，才能成为今天中国自己的哲学。哲学的目的是解放人，哲学自身的发展也是一次思想解放，也是人的一次思维升华、羽化的过程。中国人的思想解放，总是随着历史不断进行的。历史有多长，思想解放的道路就有多长；发展进步是永恒的，思想解放也是永无止境的；思想解放就是哲学的解放。

习近平同志在 2013 年 8 月 19 日重要讲话中指出，思想工作就是“引导人们更加全面客观地认识当代中国、看待外部世界”。这就需要我们确立一种“知己知彼”的知识态度和理论立场，而哲学则是对文明价值核心最精炼和最集中的深邃性表达，有助于我们认识中国、认识世界。立足中国、认识中国，需要我们审视我们走过的道路；立足中国、认识世界，需要我们观察和借鉴世界历史上的不同文化。中国“独特的文化传统”、中国“独特的历史命运”、中国“独特的基本国情”，决定了我们必然要走适合自己特点的发展道路。一切现实的、存在的社会制度，其形态都是具体的，都是特色的，都必须是符合本国实际的。抽象的或所谓“普世”的制度是不存在的。同时，我们要全面、客观地“看待外部世界”。研究古今中外的哲学，是中国认识世界、认识人类史、认识自己未来发展的必修课。今天中国的发展不仅要读中国书，还要读世界书。不仅要学习自然科学、社会科学的经典，更要学习哲学的经典。当前，中国正走在实现“中国梦”的“长征”路上，这也正是一条思想不断解放的道路！要回答中国的问题，解释中国的发展，首先需要哲学思维本身的解放。哲学的发展，就是哲学的解放，这是由哲学的实践性、时代性所决定的。哲学无禁区、无疆界。哲学关乎宇宙之精神，关乎人类之思想。哲学将与宇宙、人类同在。

四 哲学典籍

《中外哲学典籍大全》的编纂，是要让中国人能研究中外哲学经典，吸收人类思想的精华；是要提升我们的思维，让中国人的思想更加理性、更加科学、更加智慧。

中国有盛世修典的传统，如中国古代的多部典籍类书（如《永乐大典》《四库全书》等）。在新时代编纂《中外哲学典籍大全》，是我们的历史使命，是民族复兴的重大思想工程。

只有学习和借鉴人类思想的成就，才能实现我们自己的发展，走向未来。《中外哲学典籍大全》的编纂，就是在思维层面上，在智慧境界中，继承自己的精神文明，学习世界优秀文化。这是我们的必修课。

不同文化之间的交流、合作和友谊，必须在哲学层面上获得相互认同和借鉴。哲学之间的对话和倾听，才是从心到心的交流。《中外哲学典籍大全》的编纂，就是在搭建心心相通的桥梁。

我们编纂的这套哲学典籍大全包括四个方面的内容：一是中国哲学，整理中国历史上的思想典籍，浓缩中国思想史上的精华；

二是外国哲学，主要是西方哲学，以吸收、借鉴人类发展的优秀哲学成果；三是马克思主义哲学，展示马克思主义哲学中国化的成就；四是中国近现代以来的哲学成果，特别是马克思主义在中国的发展。

编纂《中外哲学典籍大全》，是中国哲学界早有的心愿，也是哲学界的一份奉献。《中外哲学典籍大全》总结的是经典中的思想，是先哲们的思维，是前人的足迹。我们希望把它们奉献给后来人，使他们能够站在前人的肩膀上，站在历史岸边看待自身。

《中外哲学典籍大全》的编纂，是以“知以藏往”的方式实现“神以知来”；《中外哲学典籍大全》的编纂，是通过对中外哲学历史的“原始反终”，从人类共同面临的根本大问题出发，在哲学生生不息的道路上，彩绘出人类文明进步的盛德大业！

发展的中国，既是一个政治、经济大国，也是一个文化大国，也必将是一个哲学大国、思想王国。人类的精神文明成果是不分国界的，哲学的边界是实践，实践的永恒性是哲学的永续线性，敞开胸怀拥抱人类文明成就，是一个民族和国家自强自立，始终伫立于人类文明潮流的根本条件。

拥抱世界、拥抱未来、走向复兴，构建中国人的世界观、人生观、价值观、方法论，这是中国人的视野、情怀，也是中国哲学家的愿望！

李铁映

二〇一八年八月

关于外国哲学

——“外国哲学典籍卷”弁言

李铁映

有人类，有人类的活动，就有文化，就有思维，就有哲学。哲学是人类文明的精华。文化是人的实践的精神形态。

人类初蒙，问天究地，思来想去，就是萌味之初的哲学思考。

文明之初，如埃及法老的文化；两河流域的西亚文明；印度的吠陀时代，都有哲学的意蕴。

欧洲古希腊古罗马文明等，拉丁美洲的印第安文明，玛雅文化，都是哲学的初萌。

文化即一般存在，而哲学是文化的灵魂。文化是哲学的基础，社会存在。文化不等同于哲学，但没有文化的哲学，是空中楼阁。哲学产生于人类的生产、生活，概言之，即产生于人类的实践。是人类对自然、社会、人身体、人的精神的认识。

但历史的悲剧，发生在许多文明的消失。文化的灭绝是人类最大的痛疚。

只有自己的经验，才是最真实的。只有自己的道路才是最好的路。自己的路，是自己走出来的。世界各个民族在自己的历史上，也在不断的探索自己的路，形成自己生存、发展的哲学。

知行是合一的。知来自于行，哲学打开了人的天聪，睁开了眼睛。

欧洲哲学，作为学术对人类的发展曾作出过大贡献，启迪了人们的思想。特别是在自然科学、经济学、医学、文化等方面的哲学，达到了当时人类认识的高峰。欧洲哲学是欧洲历史的产物，是欧洲人对物质、精神的探究。欧洲哲学也吸收了世界各民族的思想。它对哲学的研究，对世界的影响，特别是在思维观念、语意思维的层面，构成了新认知。

历史上，有许多智者，研究世界、自然和人本身。人类社会产生许多观念，解读世界，解释人的认识和思维，形成了一些哲学的流派。这些思想对人类思维和文化的发展，有重大作用，是人类进步的力量。但不能把哲学仅看成是一些学者的论说。哲学最根本的智慧来源于人类的实践，来源于人类的生产和生活。任何学说的真价值都是由人的实践为判据的。

哲学研究的是物质和精神，存在和思维，宇宙和人世间的诸多问题。可以说一切涉及人类、人本身和自然的深邃的问题，都是哲学的对象。哲学是人的思维，是为人服务的。

资本主义社会，就是资本控制的社会。资本主义社会的文化、哲学，有着浓厚的铜臭。

有什么样的人类社会，就会有什么样的哲学，不足为怪。应深思“为什么？”“为什么的为什么？”这就是哲学之问，是哲学发展的自然律。哲学尚回答不了的问题，正是哲学发展之时。

哲学研究人类社会，当然有意识形态性质。哲学产生于一定社会，当然要为它服务。人类的历史，长期是阶级斗争的历史，而哲学作为上层建筑，是意识形态。阶级斗争的意识，深刻影响着意识形态，哲学也如此。为了殖民、压迫、剥削……社会的资本化，文化也随之资本化。许多人性的、精神扭曲的东西通过文化也资本化。如色情业、毒品业、枪支业、黑社会、政治献金，各种资本的社会形态成了资本社会的基石。这些社会、人性的变态，逐渐社会化、合法化，使人性变得都扭曲、丑恶。社会资本化、文化资本化、人性的资本化，精神、哲学成了资本的外衣。真的、美的、好的何在？！令人战栗！！

哲学的光芒也腐败了，失其真！资本的洪水冲刷之后的大地苍茫……

人类社会不是一片净土，是有污浊渣滓的，一切发展、进步都要排放自身不需要的垃圾，社会发展也如此。进步和发展是要逐步剔除这些污泥浊水。但资本揭开了魔窟，打开了潘多拉魔盒，呜呜！这些哲学也必然带有其诈骗、愚昧人民之魔术。

外国哲学正是这些国家、民族对自己的存在、未来的思考，是他们自己的生产、生活的实践的意识。

哲学不是天条，不是绝对的化身。没有人，没有人的实践，哪来人的哲学？归根结底，哲学是人类社会的产物。

哲学的功能在于解放人的思想，哲学能够使人从桎梏中解放出来，找到自己的自信的生存之道。

欧洲哲学的特点，是欧洲历史文化的结节，它的一个特点，是与神学粘联在一起，与宗教有着深厚的渊源。它的另一个特点是私有制、个人主义。使人际之间关系冷漠，资本主义的殖民主义，对世界的奴役、暴力、战争，和这种哲学密切相关。

马克思恩格斯突破了欧洲资本主义哲学，突破了欧洲哲学的神学框架，批判了欧洲哲学的私有制个人主义体系，举起了历史唯物主义，唯物辩证法的大旗，解放了全人类的头脑。人类从此知道了自己的历史，看到了未来光明。社会主义兴起，殖民主义解体，被压迫人民的解放斗争，正是马哲的力量。没有马哲对西方哲学的批判，就没有今天的世界。

二十一世纪将是哲学大发展的世纪，是人类解放的世纪，是人类走向新的辉煌的世纪。不仅是霸权主义的崩塌，更是资本主义的存亡之际，人类共同体的哲学必将兴起。

哲学解放了人类，人类必将创造辉煌的新时代，创造新时代的哲学。英特纳雄耐尔就一定会实现，这就是哲学的力量。未来属于人民，人民万岁！

物　性　论

目 录[①]

① 原书无目录,此目录系我们按本书卷次编制。——编者

第 一 卷

序 诗(1—145)

序:对维娜丝——自然的创造力——的祈求

罗马的母亲①,群神和众生的欢乐,
维娜丝,生命的给予者②,
在悄然运行的群星底下,
你使生命充满③航道纵横的海洋,
和果实累累的土地,——
因为一切生物只由于你才不断地被孕育,
只由于你才生出来看见这片阳光——
在你面前,女神啊,在你出现的时候,
狂暴的风和巨大的云块逃奔了,

---

① 罗马的母亲"Aeneadum genetrix"直译应该是"爱尼亚斯及其子孙的母亲"。爱尼亚斯(Aeneas)是古典神话中 Anchises 和 Aphrodite(即维娜丝)的儿子;他是荷马所歌咏的特洛依战争的英雄之一,是罗马的建立者。古罗马诗人维吉尔(Virgil)曾用一篇名《埃尼依特》(Aeneid)的诗来歌咏他的事迹。

② 生命的给予者(Alma);维娜丝(Venus)是古罗马的园地与春之女神,被罗马人视为即希腊神话中的爱与美之女神亚佛罗台特。

③ "... concelebras",贝里认为不是"使生命充满……"而是"用(维娜丝)自己充满……"。

为了你，巧妙多计的大地长出香花，
为了你，平静的海面微笑着，
而宁静的天宇也为你发出灿烂的光彩！
因为当春天的容貌刚一出现，
而养育万物的风也从西方无阻地吹来，
天空的第一群飞鸟，为你所迷，
就歌唱你的到来，啊，女神，
牲畜变野了，就在快乐的田野奔跳，
或者泅过满满的湍流。
骤然为魅力所驱，
所有的生命都跟随着你，
走向任何你带头前往的地方，
这样，遍历洋海，群山和急流，
遍历禽鸟的巢林和绿色的原野，
在每个胸中燃烧起爱情的引诱，
你不断带来无数世代的生物，各如其类。
既然只是你统御着宇宙，
没有你就没有什么能生长
而来到这明亮光朗的境界①，
也没有什么欢乐的或可爱的能生出来，
所以我渴求你和我合作这诗篇，

---

① 明亮光朗的境界"dias in luminis oras exoritur"(22—23)：直译应该是"来到这明亮光朗之岸"；oras(岸)意在暗示存在与不存在之间的界线，所以这句的意思就是"来到这个阳光灿烂的世界"。

我要冒昧地用它来论说自然，
以献给我的明米佑[①]；是你愿望他
在他一生中任何时候都美德胜人——
因此，神圣的，请给我的诗章
以不朽的魅力。同时让全世界各地
一切战争的野蛮行为都停息下来，
因为只有你才能够
给予安静的和平来帮助人类，
因为那指挥着战争的野蛮行为者，
那有力的战神，他常常地
把他的强壮的身体投进你的怀抱，
为爱情的永恒创伤所征服，——
在你怀里，翘起头来张开嘴
用他的眼睛注视着你，
他的贪馋的眼光啮食着爱情，
他的气息贴住你的双唇。
当他这样躺着的时候，我的女神，
用你神圣的身体从四围从上面把他拥抱，
从你两唇倾吐出柔和的声音，
来为罗马的人争取和平！光辉的女神！

---

① 明米佑(Memmius)是古罗马政治家、文学与艺术的保护者，卢克莱修的长诗就是献给他的。明米佑本来已经是伊壁鸠鲁的信徒，卢克莱修想用这诗来在理论上进一步帮助他建立信心。

因为，在国家多难的时日①，
我就不能从事于我这件工作，
而思绪不被骚扰；在那种事变中，
这个明米佑家族的光辉的后裔
也不能疏忽国家的事务。

伊壁鸠鲁和宗教

当人类在大地上到处悲惨地呻吟，
人所共见地在宗教的重压底下，
而她则在天际昂然露出头来
用她凶恶的脸孔怒视人群的时候——
是一个希腊人②首先敢于
抬起凡人的眼睛抗拒那个恐怖；
没有什么神灵的威名或雷电的轰击
或天空的吓人的雷霆能使他畏惧；
相反地它更激起他勇敢的心，
以愤怒的热情第一个去劈开
那古老的自然之门的横木③，
就这样他的意志和坚实的智慧战胜了；
就这样他旅行到远方，

---

① 卢克莱修这首诗是他死（约公元前55年）后发表的，诗的未完成的形式表示他在死前那一段时期在从事这工作，当时恺撒正在高卢（今法兰西）征战，但卢克莱修所谓“多难”恐怕是指他心中想到的即将到来的内战的风暴。

② 指伊壁鸠鲁。

③ 原文“claustra”是门闩，或门上的横木。此处是譬喻的意思：冲进自然里面去发现它的秘密。

远离这个世界的烈焰熊熊的墙垒[①]，
直至他游遍了无穷无尽的大宇。
然后他，一个征服者，向我们报道
什么东西能产生，什么东西不能够，
以及每样东西的力量
如何有一定的限制，
有它那永久不易的界碑[②]。
由于这样，宗教现在就被打倒，
而他的胜利就把我们凌霄举起。
我知道很难用拉丁文的诗句， 对明米佑的希求
来把希腊人深邃的发现说出，
主要是因为我们贫乏的文字
必须找寻新的词来适应事物的新奇；
但你的品德和那给我以意外欢乐的
你的甜蜜的友谊鼓励着我，
去忍受一切辛苦和多少个不眠之夜，
尝试着用什么语言什么歌唱，
我能否终于为你的心灵揭露出那明亮的光，
给你用来观察隐藏在中心的存在的内核。
至于其他的，就请这些来作真实的判断：

---

① “世界的墙垒”，卢克莱修把世界设想为一个圆球，它的外层是火热的以太的旋流。“这个世界”只是指我们这个世界，即宇宙中无数世界之一而已。

② 永久不易的界碑(alte terminus haerens)(i. 77)意思是“深深地埋入地里面去的界碑”；“terminus”是田地之间的界限标志。

不被吵扰的耳朵和无牵无挂的专心一意，
以免我这些忠诚热切地奉献给你的礼物，
在你还未能了解之前便受到轻视；
因为我将为你证明
关于神和天的最高定律①，
我将为你揭示事物的始基②，
自然用它们来创造一切，
用它们来繁殖和养育一切，
而当一件东西终于被颠覆的时候，
她又使它分解为这些始基。
在我的论说中我想把这些东西叫做
质料、产生事物的物体、
事物的种子或原初物体，
因为万物以它们为起点而获得存在。

宗教上的亵渎行为

我恐怕你也许以为我们
正在走上一条不虔敬的道路，
前往罪恶的思想的国度，
但是，正是宗教更常地孵育了
人们的罪恶的亵渎的行为：

伊菲贞尼亚

有一次，在奥里斯，那些公推的首领③，

① 所谓关于神的定律，是指那证明神不干预人事的定律，不是指神用来统治人的定律。

② 事物的始基(rerum primordia)是"事物的最初的起点"，即原子。

③ 此段故事见尤里披底的悲剧。亚迦迈农的女儿伊菲贞尼亚被带到奥里斯，口头上说是要她和亚基里斯结婚，其实是把她作为牺牲来祭神。

亚的牺牲

英雄中的英雄，达拿亚的头目，
用血染污了歧路贞女狄安娜的圣坛，——
用被杀害的亚迦迈农的女儿的血；
她感到她头发上的圈带①，
和那飘垂在她两颊上的带端，
她看见祭坛那边她忧容满面的父亲，
和那些把利刃藏在背后的巫师，
和所有看见她而泪痕满面的人，
她恐怖得半句话也说不出来，
她双足无力地跪下了，
即使她乃是国王的第一个女儿，
此时也不能救她一命。
他们把她拉起来，
把那战栗的少女抬往祭坛——
不是伴以庄严的仪式和婚礼的咏唱，
而是一个无罪的女子被罪恶地杀害，
一个父亲在她新婚的日子②把她砍倒，
把亲生女儿作为一个献祭的牺牲，
来给远征特洛伊的舰队祷求顺风；
宗教所能招致的罪恶就是这样。

　而且将要有一天，那时候

① “圈带”是牺牲的象征。
② “新婚的日子”，参阅上页注③。

你也会被巫卜的吓人的鬼话所迫，
而力求离开真理和我。
就是现在他们也能捏造多少梦兆
来破坏你的生活的计划，
用恐惧来骚扰你的全部幸福。
而这也并不是没有理由的：
因为只要人们认识不幸有它一定的止境，
他们就能用一些方法坚强不屈地
抵抗各种宗教和预言者的威胁；
但现在他们却没有什么技能和武器，
因为人们据说应该害怕死后永恒的痛苦。
因为他们不知道灵魂究竟是什么，
是否它自己是被生出来的呢，
还是在人出生时它就从外面进来？
当我们死去时它是和我们同时死去呢，
还是落入奥尔谷①的暗影和那些空阔的洞穴，
抑或由神的意旨而进入畜生的身体，
像我们的诗人恩尼乌斯②所歌唱的一样——
恩尼乌斯，是他第一个
从那可爱的希里康山③上
带来一个光辉的常青之叶的桂冠，

---

① 奥尔谷(Orcus)即地狱。

② 恩尼乌斯(Ennius)是古罗马著名诗人。

③ 希里康山是希腊南部高山，希腊神话中此山被视为诗和诗的灵感的泉源。

在意大利各族中间永远享着盛名。
但即使是恩尼乌斯，在他不朽的诗篇里，
也宣言着亚基龙河[①]那些地窟的存在。
虽则他说我们的灵魂和躯体不能到达[②]那里，
而只有那些奇异地憔悴的魅影；
他还告诉我们怎样有一次从那些地方
老荷马的鬼魂向他走过来，辛酸地流泪，
用他的话揭露了事物的本性。
然则我们就必须去说明天上各种现象，
和那包含在日月运行里面的规律，
以及那催促地上一切生命的力量；
最重要的是我们必须以锐利的推理
去看精神和灵魂是由什么所构成，
去看什么东西这样可怕地袭击
睡眠中的我们，痛苦中醒着的我们，
使得我们就像看见和听见在我们面前
有着那些早已被大地怀藏了白骨的死人。

将加以讨论的问题

物质是永恒的(146—328)

能驱散这个恐怖、这心灵中的黑暗的，

① 亚基龙河(Acheron)，即地狱河。

② 原文"quo neque permaneant animae neque corpora nostra"(122)."permaneant"一字的意思是"坚持下去"；全句的意思是灵魂和身体在到达那里之前已经消散。

不是初升太阳炫目的光芒，
也不是早晨闪亮的箭头，
而是自然的面貌和规律。
这个教导我们的规律乃开始于：
甲、一般原理。第一个规律：无物能由无中生
未有任何事物从无中生出。
恐惧所以能统治亿万众生，
只是因为人们看见大地宇寰
有无数他们不懂其原因的现象，
因此以为有神灵操纵其间。
而当一朝我们知道无中不能生有，
我们就将更清楚看到我们寻求的：
那些由之万物才被创造的原素，
以及万物之成如何是未借神助。
证明：一切东西都需要一定的种子
假如一切都可以从无中生出，
则任何东西就能从任何东西产生，
而不需要一定的种子。
人能从大海升起，鱼类从陆地出来，
羽毛丰盛的鸟禽从天空骤然爆出，
牛羊牲畜，以及一切的猛兽，
就会漫山遍野到处都是；
同样的果子也不会老守住它的老树，
而是那一种果子都能从任何枝干
随便地换来换去长出来。真的，
因为：1.它们有一
如果每种东西不是自有产生它的物体，

事物怎能够每样都有它不变的老母亲？ 定的实体；
但是，既然一切都从一定的种子产生，
所以每样被产生而来到这个光之岸[①]的东西，
其来源乃是这一东西自己的质料，
自己的原初物体所寄托的东西。
不是随便什么都能从随便什么生成，
因为每样东西都有自己的独有的力。
再者，为什么我们会看见大地上 2. 有一定的节季；
春天洒满玫瑰，夏天布满谷穗，
而当秋天发出魅力时葡萄就成熟累累，
如果不是因为万物的一定的种子
在它们自己的节季必会涌集一起？
如果不是因为新的创造
只有显露在适当的时刻已到、
而怀孕的大地能够把它脆弱的幼类
安全地送上这个灿烂的世界的时候？
但如果它们能够从无中生成，
它们就会在反常的节季，
不可预见地骤然跳到世界上来，
既然没有原初种子被自然扣留住
不去在不利的时刻为产育而交合。
如果生命是从无中长出来的， 3. 需要

① 来到光之岸“oras in luminis exit”(170)，即来到这个灿烂的世界。

一定时间来增长；

那么生命的种子的结集也就
不需要一定时间来使事物长成：
小小的婴儿立刻会像成人一样行走，
从土地里会跳出一棵枝椏茂盛的大树——
这种闻所未闻的奇迹：但自然的律令是：
每样东西都从自己合法的种子缓缓长大，
借长大而延续它自己的种类。
从这里你就可以证实：
万物是从自己的物质长大并取得营养。

4. 和固定的营养；

这也就是为什么大地
如果没有她固定的雨季，
就不会产生出那些使我们欢悦的东西，
而不论什么生物，如果得不到食物，
就再不会延续其种族而保全其生命。
因此，认为许多东西有共同的原始物体
（像单个的字母是许多的字所共有），
比起认为有些东西没有根源而能存在，
我们看到在道理上是更说得过去。

5. 也有一定的发育的限度；

再者，为什么自然不能制备
躯体巨大而能跋渡大海、
或者以双手就能撕开山岭、
或者活万岁而征服时间①的人物？

---

① 原文“multaque vivendo vitalia vincere saeela”(i. 202)：意即经历许多世代而犹活着。

如果不是因为一切有生的东西
都有它的永久不变的原料，
从这原料能生出来的永远是有定？
最后，我们看见耕耘的土地
如何胜过那些未耕的荒地，
前者如何在双手的劳动底下
以它们更丰盛的果实报答我们；
在大地里面确实有许多东西的始基，
当犁头翻起肥沃的泥土筑起田畦的时候，
我们就促使这些东西生长出来。
如果不是这么样，那你就会看见：
许多东西无须我们的辛劳
就会自动地生成，并且形状更美。
所以应该承认无物能从无中生，
既然一切都必须有自己的种子，
从种子生长出来，生长到微风里。

6. 耕耘使土地更肥沃

　此外，自然也把一切东西
再分解为它们的原初物体，
没有什么东西曾彻底毁灭消失。
因为任何东西如果是每部分皆不免于死，
它就会从我们眼前被骤然抢去而毁灭，
既然不需要什么力量来分开
它的诸部分，把它的结带松解。
但是事实上因为所有的东西

第二个规律：无物能归于无。否则1.一切东西都会立刻毁灭；

都是带着不朽的种子存在着，
所以自然不容许任何东西灭亡或崩溃，
除非一种外力用打击来把它粉碎，
或一种内力进入它空虚的小隙将它肢解。

2. 世界也不会再被充满；

再者，如果“时间”，
那用岁月破坏世上一切的作业者，
是将全部消灭，将物质整个耗尽，
那么从何处维娜丝还能使许多世代的生物，
各如其类地复活到生命的亮光中来？
而当它们复活之后，巧妙的大地又怎能
以她古老的食物充实而养育它们——
按照物类的不同，各各给以适当的食品？
而大海底下的水泉，
或自远方奔流而来的内陆河流，
又怎能使深不可测的大洋永远水满？
以太又能从哪里取得东西来养育星辰？
因为已逝的岁月和无限的年代
一定早已把一切有死物类的形骸吃光：
但如果是“远古”已有那些种子
所有这些物类皆从它们吸取生命，
那些种子无疑地是永不会死，
也没有什么东西会归于乌有。

3. 同样的力量会

并且同样的力量会同样毁坏所有的东西，

如果它们不是由永恒的物质所维系，
各部分都被束缚着，或松，或紧。
轻轻的一触会足以招致毁灭。
因为最微小的力量会使物的组织松懈，
如果在物里面没有半点不朽的东西。
但现在，由于原始组分①的钩链
是以不同的方式连结起来的，
而质料又是永存的，因此，
物就能保持自己安全不受伤害，
除非遇到一种强力足以破坏各物的经纬；
可见没有什么东西会归于无有；
在崩溃时一切都化为原初质料。
以太②父亲投到大地母亲怀里的雨点消失了，
但是这之后金黄的谷穗就长出来，
绿枝就摇曳在树林间，
而树木自己也涨大起来，
载满了累累的果实；
这样，人类和动物就得到了食品，
这样，快乐的城市就充满了少女少男，
而茂密的林地就回响着新的鸟声；
这样，肥大而贪睡的家畜

把一切毁坏；

4. 但事实上一物的损失等于另一物的增加

① “原始组分的钩链”“nexus principcorum”，原始组分也是指原子。

② 以太指天空。

就会在使人欢乐的牧场上舒展躺卧，
白色的乳汁就会从涨大的乳房滴下，
幼畜就用弱小的四肢在嫩草上跳跃，
新生的心由于暖热的鲜乳而充满快乐。
任何东西都不绝对消灭，虽然看来好像如此①；
因为自然永远以一物建造他物，
从不让任何东西产生，
除非有他物的死来作补偿。

. . . . ②

不可见的微粒的存在，可以由其他的不可见的东西的存在来佐证。

现在，既然我已教给你
事物不能从无中产生，
当产生之后也不能使归于无有，
你切不要怀疑我的话，
说我们的眼睛并没有看见事物的始基；
因为，你该记住那些别的东西，
人们知道它们存在于这个世界中，
但是它们却不能被我们看见。

1. 风

大风狂暴地鞭打我们的脸孔和身体，
把巨大的船只翻沉，云块撕开，
或者疯狂地卷旋而下，

---

① “. . . quaecumque videntur”（262）：贝里认为与其解释为“虽然看来如此”不如解释为“一切可感知的事物”，这样，这一句就得释成：——“一切可见的东西都不会绝对消灭。”鲁斯读法与里奥诺德读法相同。

② 这些记号表示拉丁文原稿此处有中断。

在平野上撒满大树，
或者掠过山岭的峰头，
用震撼森林的狂飙。
它们就是这样地继续怒哮，
带着喧腾呼啸和凶兆的惨叫。
所以，显然是有不可见的风的物体①
疾扫过大海、陆地和空中的云块，
暴烈地把一切搅扰、卷旋、抓起；
狂风就这样继续奔流，遍地堆起废墟，
正如大量本来性质柔顺的水
变成一条滔滔巨流，
而高山上倾盆骤雨
又以巨量雨水使它猛涨，
就冲击着向前带走了
林地的断枝残干和整株的大树；
当水流这样突然而至的时候，
就是那些坚固的桥梁
也不能抵抗这种冲击：
汹涌的巨流为不可计量的雨水所增强，
向桥墩四面攻打，使它们哗啦倾倒，
用波浪卷去那倾倒了的砖石和庞然巨块，

---

① 原文是“sunt igitur venti nimirum corpora caeca”(277)，此句可以有两种解释；另一解释是：“所以显然风是不可见的物体”。

把一切想要挡住它的东西都冲开。
一切的狂风就像这样地运动着,
当它们像一条有力的水流
向某一个方向进展的时候,
就把许多东西向前驱赶,
然后又再以新增的暴力把它们抛下地面,
有时或者在卷旋中把它们抓住
并举起在锥形的旋涡里,带往远方:
所以,事实一次又一次地表明
必定有不可见的风的物体①,
既然它们的行径完全比得上
那些巨大的河流,其形可见的东西。
2. 气味 还有,我们认识许多不同的物味,
但却从未看见它们走向我们的鼻孔。
3. 热,4. 冷 用眼睛我们看不见炎热或寒冷,
5. 声音 人们的声音我们也老是看不见。
然而这些东西根本上必定是物体,
既然它能触打我们的感官;
因为除物体之外,没有什么别的东西
能够接触他物或被他物所接触。
6. 湿气 衣裳挂在白浪拍岸的海边慢慢就变湿,

① 原文是"quare etiam atque etiam sunt venti corpora caeca"(295),这一行和 277 行一样,还有另外一种解释:"……风是不可见的物体"。

湿了的衣服晒在太阳底下就会变干；
但是没有人瞧见湿气如何侵入衣裳，
也无人瞧见它如何被阳光赶走。
可见湿气是分散的许许多多的小点，
小得眼睛看不见。还有一种情况：
戴在手指上的戒指会逐渐变薄，　7. 损耗的事例
沿内面那边，一年又一年；
屋檐的雨滴会把墙脚石块滴出窟窿；
弯弯的犁头，虽然是铁造，
却慢慢在耕地里不知不觉地磨耗。
我们看见石铺的大路
被无数行人的脚所磨光。
许多城门旁边的铜像，
由于无数过往旅人和它们握手致敬，
它们的右手就因屡被触抚而变瘦。
我们看见所有这些东西
如何由于消耗而越来越小，
但每次究竟有若干微粒消失，
妒忌成性的视觉却不让我们瞧见。
最后，时日和自然是把什么东西　8. 增长
一点一滴地加到许多东西上面，
而驱使它们按一定的比例长大，
不管我们眼光多锐利，也半点瞧不出来。

9. 损耗

当许多东西由于岁月的消耗而衰老的时候①,
当悬崖为它们下面的海水所腐蚀的时候,
我们也看不出它们每次失掉了多少:
自然就这样永远用不可见的物体来工作。

虚　空(329—417)

虚空的存在

但世界并非到处都被物体挤满堵住:
因为在物体里面存在着虚空——
认识了这一点,对你帮忙会不少,
它会使你免于日夕疑惑不止,
永远究问一切而不信我的话。
因此必定有一种虚空,
一种其中无物而不可触的空间。

1. 没有虚空就不能有运动

如果不是这样,东西就绝不能运动;
既然物体那种能堵塞的本性
就会永远到处对一切发生作用。
这样就没有什么东西能推向前进,
因为没有什么东西会让路给它先开步。
但现在,遍海洋、陆地和高空,
由于不同的原因并以不同的方式,

① 原文是"nec porro quaecumque aevo macieque senescunt"(325),"……由于岁日(aevo)和消耗(macie)而衰老……",这是一种修辞学上的重名法,意即由于岁月的消耗而衰老。

有多少东西我们亲眼看见在运动，
如果没有虚空，它们就会被剥夺去
不停的运动；不，那时候它们甚至
根本就不能生出来，既然那时候物质
会停留在静止中，各部分被挤紧在一块。
再者，任何东西不管看来如何结实，
仍然还是由物质和虚空混合所形成：
在石洞里面，有水滴渗出，
石壁上的水珠像许多眼泪；
还有，食物在每一个机体中找到进路；
树木长大并按照自己的季节结果实，
因为养料灌注了它们的每个部分，
从最深的树根经过树干和树枝；
回声经过厚厚的墙壁回荡着，
经过房屋紧闭的门户；
使人僵冻的寒气，渗入我们的骨肌。
如果不是有空隙让物体通得过，
显然这种种情形就绝不能发生。
再者，为什么在物与物之间我们能看见
有些东西更重，虽然它体积不更大？
真的，如果在一个棉花小团里面
有着和它同样大小的一块铅块那么多物体，
这两个东西就会同样那么重，
既然物体倾向于使东西坠下去；

2. 虚空说明了看来坚实的东西的可透性，

3. 说明了等大的体积重量的不同

反之虚空由于相反的本性却是无重量的。
因此，一个同样大小而却较轻的东西
无误地告诉我们它包含更多的虚空；
正如较重的东西表示更多的物质，
以及它内部包含着更少的虚空。
我们用论证来探求的东西
无疑是存在的，和物混合在一起，——
这就是虚空、那个不可见的无。

无虚空而有运动的错误理论

这里我却必须阐明一个问题，
预先对于某些人①的思想加以答复，
不然它就会引你离开真理的道路；
水，他们说，在敏捷的鱼类面前
总是让开来，使水中立刻就有路，
这乃是因为鱼类留下空隙在背后，
而空隙立刻又被让路的水流所填上。
这样，在它们自己中间，物是能运动，
并且互相换位置，不管物的总和怎样满——
这被人接受了的意见其实完全是错误。

1. 没有空间怎能运动？

因为，鱼类怎能向前突过去，
除非水已经让开路？
而水又怎能让开路，
当鱼类还不能向前游去的时候？

① “某些人”，指斯多葛派。

所以或者是所有物体都该没有运动，
否则一切东西就应包含着虚空，
以便从它获得运动的开端。
　最后，在两个宽而平的物体
撞在一起而又突然彼此跳开去的地方，
空气必定涌进这两个物体之间
刚刚形成的那整个虚空里面；
但空气不管冲流得多么快，
也不能一下子把空隙填满——
因为在它充满整个空隙之前，
它首先要流向一个地方。
但是，如果有人认为这件事[①]
其所以发生在物体跳开的时候，
乃是由于空气如此这般地凝缩了，——
那他们就是离开了真理。
因为本来不是虚空的现在就会是虚空；
而本来是虚空的地方，现在则是被填满。
并且空气也不是能够这样被凝缩；
就算它能够，但如果没有虚空，
我想它仍然不能把自身收缩，
并把所有部分拉紧成一块。

2. 在两个突然彼此离开的物体之间，有一个瞬间的虚空

关于空气的凝缩的错误理论

没有虚空就不能有凝缩

① “这件事”，指该二物体中间的空隙被填满这件事。卢克莱修在此处意想着一种把空气看成可伸缩的弹性流体的见解，而驳斥它，说：就算如此，扩张和凝缩都必须以虚空的存在为前提。

因此，不管异论不管反驳，
你还应该承认物里有虚空。

（知识的发展）

本来我还可以用许多的论据，
在这里来为我的话收集证明。
但是对于锐利的眼睛，
仅仅这些注脚已够用，
借着它们，你自己就能认识其他的；
犹如猎犬常常地用鼻子嗅地，
只要它们嗅出了路面上某些足迹，
就能够找到虽然隐藏在树丛里面的
野兽的巢穴，那些山岭的梭巡者；
同样地，在像这样的问题上面，
你自己能够逐一循思想的足迹去追猎，
警觉地沿蜿蜒的道路
向秘密的地方前进，
而把真理从那里拉出来。
但是如果你懒洋洋游荡，
或者离开要点，就算所差极小，
那么，明米佑，我就能对你许约：
我的歌喉将倾注出如此之多的
从我满怀深深水泉涌出的甘液，
因为我深恐步履徐徐的岁月
将会偷偷地沿我们的肢体爬进，
而把我们体内的生命的链锁解开，

当我还来不及借我的诗篇在你双耳中
灌进关于一个问题的全部证明的时候。

除原子和虚空外，无物自存(418—482)

自然：物质和虚空

　现在，回头再来编写
我的已经开始了的论说；
独立存在的全部自然，
是由两种东西所构成：
因为存在着物体和虚空，
而物体是在虚空里面，
以不同的方向在其中运动。
人类的共同本能宣称物体存在着，
除非这根深蒂固的基本信念不欺骗我们，
我们就不能依赖什么东西
来帮助我们处理深奥的问题，
当我们用心智企图有所证明的时候。
而如果没有我们称为虚空的空间、场所，
那么正如我刚才在上面所已经指出，
物体就无处安置，根本也不能移动。
此外，你也不能声称有什么东西
能离开物体存在，与虚空也无涉——
说它是自然里面的第三种东西。
因为任何东西如果它是存在，

没有第三种的自然。1.可触性表明物质，不可触性

表明虚空

那么就必定是某种东西，
如果这东西是具有可触性的，
那么不管它是多么轻微，
也会以它的或大或小的贡献，
对物体的总量有所增加；

2. 物体能动作或承受动作，虚空是动作的场所

但是如果它是不可触的，
并且不能阻止任何东西
通过自己随便来去，
那么，它就不外是那种
我们称为虚空、称为无的东西。
再者，任何本身存在着的东西，
一定或是有所动作，或是承受动作。
再不然就必定是具有这样的性质：
事物能在其中运动和存在。
但是除了物体之外，
没有什么能动作或承受动作；
除虚空之外，没有什么能提供场所。
所以除了虚空和物体以外，
在一切东西中找不到第三种的自然——
这种第三者在任何时候
也不出现在我们的感觉范围中，
也不被任何人由心智推理所把握。

特性和偶性

在所有的创造物中，不管你提起什么，
你将发现它不过是前面两种东西的特质，

或者这两种东西所产生的偶然事件。

　特质完全不能够从事物割裂分开
而不引起事物致命的解体，例如：
重量之于石头，热之于火，
流动性之于水[①]，
可触性之于有形体的东西，
不可触性之于看不见的虚空。
但奴役、贫穷、富裕、
自由、战争、和谐，
以及其他一切时来时去，
而物体的本性却停留不变的东西，
我们正确地习惯于称之为偶然事件。
就是时间[②]也还不是自己独立存在；
从事物中产生出一种感觉[③]：
什么是许久以前发生的，
什么是现在存在着，
什么是将跟着来：
应该承认，离开了事物的动静，
人们就不能感觉到时间本身。

时间不是一种独立的存在而是物的偶性

---

① 原文是"liquor aquai"(i. 454)贝里译为"润湿之于水"。

② 卢克莱修此处仍是在驳斥斯多葛派。后者认为时间是本身存在的，甚至称它为一个"物体"。

③ 原文是"sed rebus ab ipsis consequitur sensus"(459—460)，里奥诺德把此句译为："但感觉从事物中读出了……"。

错误的论证：许多过去的事件中的人物已经不存在，但我们仍说“有”这样的事，所以它们不是那些人物的偶性，而是独立的

但是 1. 这些事件可以称为尚存在着的地方的偶性；

2. 如果没有物质和空间，事件也不会发生；

所以当他们[①]说有海伦公主的被劫夺，
有特洛亚之被围与遭劫，
你就要当心，不要让他们
迫使我们承认这些事情是本身存在，
仅仅因为人类中的那些种族
（这些事情就是他们的偶然事件）
老早已经为不可唤回的岁月所带走：
因为一切过去的活动，
有的可以说只是人类的偶性[②]，
有的可以说是世界某一地区的偶性。
加以，如果没有物质，
没有事物在其中运动的空间，
欲火就不会为海伦的美貌所煽起，
弗吕吉亚的亚力山大胸中的火焰
就不会引起那次野蛮的战争的
著名的战斗，希腊人的木马
也不会使柏加曼烈火熊熊，
半夜里从木马涌出大群希腊勇士。
所以你能看清楚每一个行为
根本不是自己独立存在，

① “他们”指斯多葛派。

② 贝里认为原文“... terris，... regionibus”(469)是指大地上一定地区和空间的某些区域。这样，这一句和下一句就得译为：“有的可以说是某些地方的偶性，有的可以说是空间某些区域的偶性”。

不是像物体那样，也不像空虚那样。
而却不如说更宜于称之为
物体的偶性，或空间的偶性——
一切事物运动于其中的那个空间。

原子的特性(483—634)

乙、根本的微粒是坚实而永恒的原子

物体可以分两种：
一种是事物的始基，
一种是始基结合而成的东西，
始基没有什么能加以毁灭，
因为由于它们坚实的躯体，
它们结果总是战胜，
虽然好像不容易相信
事物里面有什么躯体坚实的东西；
因为雷电通过房屋的围墙，
不下于人声和呼唤；铁在火里面
会白热起来；石块会燃烧，
并发出猛烈的气息而爆碎；
坚实的黄金受热就熔化而变软；
冷而硬的黄铜会为烈焰所熔化；
温热和冰冷会透过银制的东西，
因为当我们把银杯端在手里的时候，
我们常常感觉到它的热或冷，

如果从上面把液露倒进闪亮的杯壁间：
可见坚实的东西实在找不到。
但既然真的推理和事物的本性
强迫着我们，所以请你留意听听，
我将用少许诗句来揭露如何存在着
带着坚实和永存的躯体的东西——
我所教导的事物的种子和始基，

证明。1. 虚空和物体是彼此互相排斥的

我们四周的一切皆由它们所构成。
首先，既然我们认识到物性可分两方面，
是两种东西而且它们绝对不相同①：——
物体，和一切事物在其中运动的空间——
因此每方都必定是独立自存，完全纯粹；
哪里是虚空，哪里就没有物体，
而物体所在的地方，
也就完全不存在着虚空。
所以原始物体是坚实而不带半点虚空。

2. 物体必定是坚实的，才能包含虚空。

但既然一切的创造物里面都有虚空，
在虚空四周就必定全是坚实的物质；
你也不能借真的推理证明什么东西
隐藏着包容着一个虚空在自己里面，
除非你承认包容者乃是坚实的东西。

---

① 原文是“... duplex natura duarum ... rerum ...”(503—504)，意思是“两种东西的双重的自然”。卢克莱修惯于用多余的重复来对某一点加以强调。

要知道那能够把物的虚空包容着的，
不能不是物质结合而成的东西。
所以，物质具有坚实的躯体，
就能够是永恒的，尽管其他
一切所有的万物都烟消云散。
再者，如果没有半点虚空的东西， 3. 物体才能区分那充满的和虚空的东西；
那么世界就会整个是坚实的，
正如没有一些物体来填满
它们所占的地方，存在着的大宇
就会只是一个无物的虚空。
因此可以确信：虚空和物体
互相间隔着，彼此互有区别。
既然自然并非完全充满也并非完全空虚。
因此必定有某些物体，它们能够
把虚空的和充实的东西分别开来；
这些物体既不能从外面用打击来破坏， 这些物体不能破坏，因此是永恒的
也不能由侵入从内部来撕碎，
也不能由世界上任何袭击来颠覆——
因为，任何东西如果不包含虚空，
似乎就不能被粉碎破坏或切成两块，
也不会吸入湿气和那袭人的寒冷，
或刺痛的火焰，这三个老破坏；
但是一件东西里面越多虚空，
就越会在这三者的袭击之下完全动摇。

所以，如果像我们已经指出的那样，
原初物体是坚实而没有虚空的，
那么它们就必定是永恒的；

4. 否则所有的东西老早以前就会完全消失了

并且，如果物质不曾是永恒的，
则所有的东西老早就该已全归于无有，
而我们四周所看见的一切东西，
就该都是从无中产生出来的——
但是既然上面我已教导说
没有什么东西能从无中创造，
一经产生了的东西也不会归于无有，
所以这些原初物体必定有不朽的躯体。
当每样东西的末日到来的时候，
必定分解为这种原初物体
以便有足够的原料常备着来补充世界。

· · · · · · · · · · · · ·

因此，原初物体有坚实的单一性，
否则它们就不能够被保存着，
经过亿万年，经过无限的时间，
以备补充消竭了的许多个世界。

5. 如果可分性没有一个极限，那么物就不会在一定的季节成熟，而到现在，破

　还有一点：如果自然对于每样东西
是使它可以无止境地被粉碎，
那么，到了现在，作为质料的物体
就应该都已经由于过去的破坏
而减损到了这样的程度，

以致从它们已经没有什么东西
能够在适当的时节再被产生出来，
并壮大而达到其生命的峰顶。
因为每样东西都是破坏易于建造；
如此则那悠长的无限的日子、
那一切过去了的时间在今天以前
所曾破坏摧毁和解散的东西，
在全部尚遗留下来的时间里
就永不能被再造起来补充这个世界。
但现在无疑地是有一个一定的界限
不可移易地限制着它们的分裂；
既然我们看见无论什么都重新被产生，
一切物类也都按其种类而有各自的季节，
在这些季节中开出它们生命的花朵。
还有，虽然质料物体都是绝对坚实，
我们却能够说明所有那些
被制成很柔软的东西，
空气、水、土和火，
说明它们如何产生，
借什么力量而活动：
这乃是基于物里面存在着虚空。
但如果物的始基本身是柔软的，
那就不能提出道理来说明
坚硬的雪花岩和铁是如何造成的；

坏的程度就会达到了不可收拾的地步了

6. 坚实物体和虚空能造成柔软的东西，如果不是这样就不可能

因为它们的整个本性将根本缺乏
那具备坚实的躯体的最初基础。
但是，由于古老的单纯性而强有力，
那坚实的物体坚持着，那些原初物体；
而由于它们的更紧密的结合，
所有的东西才能被牢固地连结束缚，
而使它们显出不可征服的能力。

7. 如果没有不可分的原子，则许多事物本身就必须是永恒的，但这显然不是真实的①

　再者，如果界限不曾被树立
来限制这个物质世界的毁坏，
那也必须承认所有每种东西的物体
都曾经历永恒的时间而存留至今，
好像不曾遭受过危险的打击一样。
但既然这些物体据说是本性脆弱，
那么就难以和这个事实相符：
它们能经历了永恒的时间而存留下来，
虽然在所有这些年代里遭受过无数的打击。

8. 永恒的原子说明了物种的不变

再者，既然一切东西都按其种类
而有其发育和保存生命的一定限度；
既然自然已经不可违抗地规定了
什么是一物所能做，什么是它所不能；
既然没有什么曾改变，

---

① 就是说，既然尚存在着许多物类（如石头、血、肉），而这些物类之所以仍然存在不能是因为它们本身（即构成它们的“小粒”、阿那克萨哥拉的“种子”）是永恒的（我们看见石头血肉都是可毁的），所以，只能是因为有不可毁灭的原子。

而是一切都这样地有定，
以致所有不同的鸟类都按次序
在身上露出自己种类所特有的标志；
所以，它们必定都有着
一个由不变的物质所构成的躯体。
因为如果事物的始基能够
由任何方式加以征服和改变，
就将不能确定什么能产生、什么不能够，
以及由什么法则来对每样东西规定
它的能力范围、它那历久不变的界限碑。
生物的世世代代也不能按其种类
如此经常地重新产生出它们的
本性、习惯、运动和生活方式，
好像它们的祖先们所有的一样。
再者，既然永远有一个极限的点
〔在一切物体上，它是能被看见的最小的点，
所以，同样地也必定有一个最小的点〕①
在我感官已不能知觉的原初物体上。
这个极限点必定存在着，
但它不是由部分所构成，
它是自然的最小限度，
它从来不曾单独本身存在，

9．由可见的东西的极限，借类推来证明原子的坚实的单一性

① 此处，芒洛认为大约失去二行，兹根据他的猜测补上。

——就是将来也不会如此，
因为它本身还是另外一物的一部分，
是那最初的和单纯的部分；
它和别的其他相似的部分
有秩序地排列在一个紧凑的列式里，
就形成了原初物体的本性；
它们既然不能自己独立存在，
就必定要靠紧它们绝对离不开的东西。
所以，始基有其坚实的单一性，
它们之所以紧挤贴牢团结一起，
乃是由于它们的最小限度的微粒——
它们不仅仅是这些微粒的凑合物，
而是借自己永恒的单一性而强有力，
自然把它们保留来作事物的种子，
不许有任何的裂开和减损。①

10. 除非 再者，如果没有一个最小限度，

① 关于由“再者，既然永远有一个极限的点”到此处，贝里在他的译本里作了如下的注释：“这是关于原子的完全坚实性（因而也就是不可毁灭性）的另一个艰深的证明。卢克莱修像伊壁鸠鲁已经教导他去做的一样，从可见的东西用类推来论证。例如，如果我们把注意力集中在一根针的尖端，我们就能看到这么小的一点，虽然它本身是可见的，但已经是视觉所能见的最小限度的东西。如果我们尝试着看它的一半，那么，它根本就会消失不见。针本身就是由无数这样微小的点所构成的。同样地，原子乃是由一些微小部分构成的，这些部分只能作为原子的部分而存在，而不能从原子分开；它们乃是物质存在的最小限度，离开了它们所组成的原子，就不能独立存在。所以原子是有广延的，但却没有可分开的部分：换言之，原子是完全坚实的。”

那么，最小的东西也会有无限的部分，
既然那时候一半的一半仍然能够分为一半，
由无止境的分割而越来越小。然则
在总量和最小量之间那里还有差别？
没有，因为不管总量是怎样地无限，
但那最小的量也仍同样会有无限的部分；
但既然真正的理性在这里提出抗议，
否认心智能设想这个，
所以你必须相信而且承认：
有这样没有部分的东西存在着，
它们是自然的最小限度。
而既然有这样的东西，
同样地你就必须承认
原初物体乃是坚实而永恒的。
再者，如果自然，那万物的创造者，
是惯于强使一切都分解为最小的部分，
那她就会不能用它们为原料，
再把任何东西产生出来；
因为任何不具备部分的东西，
就不能具有能产的质料所需的
那些特质：——不同的联结、
重量、撞击、冲突、运动，
事物永远借以生存的这些东西。

有"最小限度的部分"，宇宙和极小的东西就会相等

11. 最小的部分如果被分开，就不能产生出东西

对其他哲学家的驳斥(635—920)

丙、错误的理论。认一种原素为最初实体的理论

正是基于这些理由,可见那些主张
火是万物的原料,并且单独由火
宇宙的全部东西就被形成的人们,
乃是远远地离开了真正的推理。
作为这些人的首领来负担战斗任务的,

赫拉克利特的火的学说

是那个赫拉克利特①,他以晦涩的语言
闻名于愚人中间,而不是闻名
于那些严肃的寻求真理的希腊人之间。
因为庸人惯于惊异和崇拜
隐藏在乖僻的语言底下的东西,
认为凡他们愚蠢的耳朵听来很甜蜜
或用巧妙雕琢的词句所粉饰的就是真理。

1. 它不能说明事物的多样性

因为,请问事物如何能这样各不相同,
如果它们是由单一而纯粹的火所形成?

---

① 赫拉克利特(约公元前540—前480年)认为火是用来创造世界的原始实体,火由于不断的流转而产生别的东西;每样东西或者是向上流去而成为火的补充物,或向下流而成为那在“路”的另一端的湿气。卢克莱修把他看成早期哲学家的典型,这些哲学家相信世界是由一种原素构成的。卢克莱修引入了那些事实上不属于赫拉克利特的观念:例如稀化和凝聚的观念事实上乃是出自阿那克西美尼的,阿那克西美尼相信空气是原始质料。但卢克莱修的论据对于任何这类的理论是同样可适用的,他的意思是:如果你挑选一种原素作为基础,那么,如果它变为别的东西,则它自己就不再存在;反之,如果它继续存在,则别的东西就不存在。

说火被凝缩或稀化也完全无补于事，
如果火的所有部分所仍然保存着的，
只是以前见于大量的火中的火自己的本性。
火的各部分紧迫在一起热就加剧，
当它们被分开或驱散时热就较为温和——
除此之外，你就不能再设想
什么能从这一类的原因生成出来；
更不用说大地上许多不同的东西
怎样能够从任何的火生出来，
不管火是浓密是稀薄。
还有：如果他们承认物里面有虚空，
那么火还能够被凝缩和保持稀薄；
但因为他们看见许多东西跟他们为难，
以致不愿意承认物里面有纯粹的虚空[①]，
他们就害怕危崖而迷失了真理的道路。
他们也看不出如果把虚空从物里面取掉，
一切的东西就会被凝缩起来，
全部的东西就会形成一个物体，
它不能从自己飞速地抛出任何东西，
如火向四周抛出了光和热，
向你证明它的各部分并不是紧迫着的。

2. 他们否认虚空，因此也就损坏了自己的理论

① 卢克莱修的意思是说，他们因为觉得如果承认有虚空，就会发生许多困难，因此不承认虚空；但是，避免了一个困难，又掉进另一个困难里面去。

3. 火永远变为他物，意味着自己的彻底毁灭

但他们也许会认为：以别的方式
火通过它们自己的结合能被熄灭，
并改变它们的实质；好，请看看，
如果火不吝啬在每一部分都这样做，
那么热就会彻底地全部消灭，
而世界就会是从无中形成出来。
因为任何东西的变化超出了它的界限，
就意味着先前所有的东西的立刻死亡；
可见必须有一种某物不受影响地存在着，
以免一切的东西归于乌有，
而后，自无中生出，森罗万象又出现。

真的原子理论

现在，既然确实有那些最稳定的物体
保持它们自己的本性永远不变，
随着它们的减少、增加以及
改变了的秩序，事物就变化其本性，
一切有形的实体就被改变，
所以你就应认识那些原初物体
并不是火。因为那也会毫无用处
即使这些物体有些散掉离开，
有些被加上，有些则被改变秩序，
如果它们全部都仍保留热那个老本性：
因为不管它们创造了什么，
在任何情况之下仍然都会只是火。
真理，我想是这样：有这样的物体，

它们的碰撞、运动、秩序、姿态和形状
产生了火，并且，由于秩序改变，
就改变了所产生的东西的本性，
它们因此完全不是像火那样，
也不是像任何其他的东西——
能投送出物体来碰撞我们的感官
用它们的撞迫来接触我们的触觉[①]的东西。

再者，说一切的东西不外是火，
以及在所有存在物之中除了火之外
数不出别的真东西，像这个人所说的，
看来是疯狂的愚蠢。因为这个人自己
用感官来对感官作战，
并且破坏一切信仰所依据的东西，
也就是他所借以认识
他称之为火的那种东西。
因为虽然他以为感官能真确地感知火，
却又以为对其他的一切，感官就不能感知，
尽管它们对于感官也是同样清楚明显——
在我看来这是一个无用而荒唐的想法。
因为，我们将向何处申诉？[②]
还有什么比我们的感官更确实可靠，

4. 赫拉克利特攻击感官

① 对于卢克莱修，所有的感觉归根到底都是触觉。
② 卢克莱修在这里再一次强调感觉是真理的基本准则。

借之可以把真理和错误分开？

5. 为什么单单挑选火，

此外，为什么宁把一切抛弃
而只愿承认热？何以不否认火
而仍然让其他的一切存在？——
两种的说法看来是同样的疯狂。
所以谁认为物的原料不外是火，
认为宇宙可以从火产生出来，

或别的原素，

谁把空气弄成一切被产生的东西的始基，
谁认为水自己本身能单独造成万物，
或以为土创造一切东西，
自己又变为种种不同的东西，
谁看来就是远远离开了真理。

或两个原素的结合或四个原素的结合？

还有那些人，他们认为最初质料是两种：
火加上气，或者水加上土；
还有那些人，他们以为万物能够
由四种原素构成——火、土、气和雨；

恩培多克勒

首先，像阿格里琴托的恩培多克勒[①]，

---

① 恩培多克勒被选择来代表那些认为世界是由一种以上的原素所构成的哲学家；他自己相信世界是由土、气、火和水四种原素构成的，四者都是永恒而不可毁灭的；但由于它们的结合或分散却能够形成可见的世界。卢克莱修在对他们的批评中又包括了两派的思想，即那些认为原素在结合时仍保留自己的本性的人的思想，和那些认为它们“变”为别的东西的人的思想。但他的一般的批评是正确的：一方面，恩培多克勒太过于是一个多元论者，因为由于他那四种永远不同性质的原素，他破坏了世界的基本的统一性；另一方面，他的理论又远不够多元，因为四种原素还不足以说明现象的无限杂多性。

他是那个三角形的岛[①]的土地
在它的海岸上所诞生的，
环绕着它永远流着
巨湾和港口里的爱奥尼亚的海水，
溅着灰绿色的波涛带来的浪花；
这里，湍急的海洋通过海峡向前奔流，
从意大利本土海岸把西西里的界线切开；
在这里，有那荒险的卡立底斯[②]；
在这里依特那峰轰鸣着威胁着
要重新积集起它的火焰的怒潮，
用它的全部力量从它的咽喉吐射出火焰，
向天空再一次抛出它的闪龟光芒。
尽管西西里岛在人们看来
早已是一个巨大而奇异的海岛，
富于一切美好的东西，
拥有许多的英雄，
但她从未有过任何东西比这真正的人
更有名声、更为神圣、更为珍奇可爱，——
他神圣的心胸唱出了崇高的音乐
诉说着那些光辉的发现，

① 指西西里岛，该岛大体上是三角形的。

② 卡立底斯是西西里海边的一个危险的旋涡，它的对面又有一个叫西拉的岩礁，航海者要兼避两者常感十分困难。

使得他几乎不像是一个凡人①。

恩培多克勒及其同派的错误

但是他，以及前面提到的那些人，
（他们比他低能得多，什么都比不上他），
虽然是许多美好的真理的发现者，
并且好像他们胸中的圣坛给了人们
以更神圣的和更有根据的答复，
胜于比提亚女巫所曾向人们宣告的
德尔菲②的桂冠和三脚祭坛所发出的神谕，
但在关于始基的问题上
他们仍然使自己遭殃，
而且，既然是伟大的人，
他们的失败也就更沉重更厉害：——

1. 他们否认虚空

首先因为既从事物中驱逐了虚空，
他们却又赋予它们以运动，
而且让柔软和组织松懈的东西存在，
像空气、露水、火、土、动物和谷粒，
可是又没有虚空混杂在它们的躯体中。

2. 他们对于可分性没有规定一个极限

其次因为他们认为可以无止境地
把物分割得越来越小，
说它们的分裂没有固定的界限；
认为物里面并无最小限度的东西；

---

① 据说恩培多克勒会弄魔术，并且似乎自称他具有神灵的能力。

② “德尔菲”是古希腊地名，有亚波罗的神庙。比提亚是该庙的女巫，亚波罗的神谕由她说出。

但是我们看见任何一物的界限点，
乃是我们的感官看来最小的东西，
由此你就可以猜想到：既然
你不能知觉到的东西也有它们的界限点，
它们当然也有它们的最小量。
还有，既然这些哲学赋给事物 3. 他们的原素是柔软的
以柔软的始基，这些东西我们看见
是生长出来的，并有可死的形体，
那么全部物的总和必定再归于无有，
而，从无中生成，森罗万象又出现——
可见每种这样的理论是如何远离真理。
再其次，这些物体彼此之间 4. 并且他们的原素是互相毒害的
在许多方面都是互相毒害和敌对的，
因此它们的结集就会把它们完全
毁掉或驱散，正如我们看见
风、雨、雷电在暴风中全部飞散。
　还有，如果一切是由这四者造成的， 5. 为什么不称他物是这四种原素的原初实体呢？
而且全都又分解为这四种原素，
那怎能把这四种原素称为物的始基，
而不反过来把那些东西
认为是这四种原素的始基？
因为两方面乃是永远轮流被产生，
并交换其面貌和本性，
自不能记起的远古直至现在。

6. 或者，如果原素在复合体中不改变其本性，那么它们那里还能够创造什么别的东西？

但如果你以为火、土、气和露水等物，
能够以这样的方式结集，
使得不至于因混合而失去它们的本性，
那么，由它们就不能创造出什么，——
无论是活动的东西，抑或带着
不活动的躯体的东西，像树木那样：
在这堆不同的东西的混乱的结集里面，
每样东西都将显出它自己的特殊本性，
空气会明显地被看见和土混在一块，
未熄灭的火被看见混合着水。
但始基在把物产生出来的时候，
应该给以一种潜藏的不可见的性质，
以免一些突出的外来因素
搅乱和减损了被创造的
东西的自己特有的存在。

7. 原素的流转毁坏常住性

但这些人以天和天的火为起点；
首先他们向壁虚构，
说火会转化为气的风，
然后从气就产生出雨，
而土又从雨造成，然后
一切走返路又从土回复过来，
首先是湿气，然后是空气，然后是热——
并且这些东西永远不停地
互相转化，继续走它们从天到地

和从地到高天的星辰这两条路——
但事物的始基无论如何不能这样做。
因为必须有一种不变的东西存在，
以免所有的东西都归结于无有；
因为任何东西的变化超出自己的界限，
就等于原来那东西的立刻死亡。
因此，既然刚才提到的那些东西，
其状况遭到变化，它们就必定
是由其他的永不能转变的东西所构成，
否则全部东西就会归于乌有。
然则为什么不宁可假定有这样的物体，
它们即或偶尔造成火，
也仍然能由于有些被抽去或被加上，
或由于其运动和秩序有所改变，
而制造气的风，这么一来
一切东西就能永远地互相转化？

8. 由生物发育中四种原素的存在所作的论证

“但事实显然证明，”你会说，
“一切的东西都长到空气的微风里，
并且是从土地取得自己的营养，
并且除非季节在吉祥的日子
降下这么多的雨水，足够使树木摇颤
在巨大的圆块积云的淫雨底下，
而太阳在它分内也供给热来养育它们，
就没有什么谷物、树木和生物能长大。”

对的，——而且除非硬的食物和软的液汁
补充一个人，他的形体就会磨耗，
生命就会从它的肌骨消失掉；
正确的原子说的解释
因为无疑地我们是被养育和补充，
由一定的东西，正如别的由别的东西。
正因为许多东西所共有的那许多始基
是以多种方式混合在许多东西里面，
所以，不足为奇，不同的东西
因此就以不同的东西为滋养。
再者，这些常常是十分重要的：
那些始基和什么样的别的始基、
以什么样的位置结合在一起，以及
它们互相取得和给予了什么样的运动；
因为这些始基构成天空海洋和陆地，
河流、太阳、五谷、树木和生物，——
但只有当它们以不同的方式
和不同的东西混合并不停运动的时候。
真的，在我们这些诗句里面，
你看见许多因素为许多字所共有，
虽然你必须承认每句诗每个字
彼此既是意义不同，也是声音有别，
——这些字母竟能够做出这么多事情，
单单由于它们次序的改变。
但是那些作为事物的始基的东西，

它们能有更多不同方式的结合，
由之不同的东西就能一一被产生。

现在，让我们又来考察
阿那克萨哥拉的“种子”①，
希腊人这样称它们，
对于这个，我们的贫乏的语言
却提不出一个意大利文名称，
虽然事情本身并非很难于说明。
第一，当他谈到事物的这种“种子”的时候，
他意思是说骨头是由非常小的骨头构成，
小而又小的肉构成了一切的肉，
而血则是由血滴所造成；
认为黄金是黄金粒子的结集，
土是由许多小小土块所构成，
火由许多的火苗，水由水，
对于所有其他的质料，
他也虚构了同样的情形。
但他却又不承认物里面有虚空，
也不承认物体的分割应有止境。
因此，我想，在这两方面他的错误

阿那克萨哥拉的“种子”：

1. 他否认虚空；
2. 他没有给可分性定一个极限，

① “种子”(homoeomeria)，希腊原文原义为“部分与整体同种”。卢克莱修认为这样的“种子”不能说明世界事物的变化。但这个批评没有看到阿那克萨哥拉的真意，阿那克萨哥拉原来正是企图用“种子”种类的繁多以及其因聚积而显现来解释事物的杂多性的。

不下于那些我们前面已经提过的人。

3. 他的原初粒子是柔软的；

此外他所虚构的“种子”也太脆弱，
如果它们真是事物始基的话，——
这些和许多东西本性相同，
并且和它们同样受苦和消失，
也没有什么能阻止其灭亡的东西！
因为，其中哪一种会抵抗紧扼和压轧，
在死神的巨牙底下仍然活下去？
是火？是水？或者空气？
是哪一种？是血？是骨？
都不能，我想，如果每一种东西
归根到底都不免于死，像我们所看见的
那些由于暴力而从我们眼前消失的东西。
但我所求助的还是上面那一些事实①，
它们证明没有什么东西能归于乌有，
也没有什么东西能从无有中增长。

4. 他不能说明变化

此外，既然食物壮大和滋养了人体，
你就应该知道我们的血管和血和骨肉
是许多与它们不同种类的粒子所构成，
或者，如果他们说：
食物都是混合的实体，
它们包含着肌肉小体、

① 即原作第149—214行。

小骨和管脉和血粒子，
那就必须认为每一种食物，
不论它是固体还是液体，
都由种类不同的东西混合构成——
由骨、肌肉、精液[①]和血液。
再者，如果一切从土地长出来的物体，
原先都是在土里面的东西，那么土地
就必定是许多不同的实体的复合，
它们能从土地里面涌出而盛开。
把论据用于别的地方，
你同样可以这样说：
如果火焰和烟和灰烬
总是不可见地潜伏在木柴里面，
那它就是许多不同实体的复合，
这些东西能从木柴里面涌出来。
这里，对于他们，只留下一条
希望甚微的道路来逃避真理，
阿那克萨哥拉就采取它来救自己，
他认为一切东西都潜混在一切中，
而只有那一种东西能显露，
即其物体的数目大大超过于他物、
并且位于近处和前头的那种东西。

① 原文 sanie，英译 ichor，希腊文 ἰκώρ，即血液中最重要的部分。

这是一种远离真正推理的想法。

要是这样，它们就应该出现；

因为，要是这样，谷实就应该，
当它们在石块之间被碾碎的时候，
常常露出一些血液的痕迹，
或者任何其他的东西的痕迹，——
那在我们的躯体里面被喂养[1]的东西；
石块和石块的摩擦也应该使血汁滴[2]出来。
同样地草料也应该常常滴出
甜蜜的乳汁，味道像牛乳一样；
真的，当我们捣碎土块的时候，
就应当发现小小的草、谷粒和叶子，
各式各样地散布在泥土里面。
最后，我们也应该在劈开的木柴里发现
其中隐藏着灰烬、烟和许多小火苗。
但既然事实教导我们并不是这样，
你就应该知道物和物
并不是这样地混合在一块，
而是许多东西所共有的许多种子[3]，
以许多方式混合而潜藏在物里面。

由森林里的大火所

“但高山上常有这种事”，你会说，

---

① 例如骨头；因为骨头和肉一样是在我们身体内“被喂养着的”。

② 即谷物在两块磨石中间被磨碎时，就应该流出血汁来。

③ 此句的种子乃是卢克莱修自己的种子，即原子，不是阿那克萨哥拉的“种子”。其他各处也应看上下文判别此词的意义。

作的论证

“高大的树木的相邻的顶端，
会由于狂吹的南风而互相摩擦，
直至它们全都着火而发出熊熊烈焰。”
完全确实；但火并不是移植在树木里的，
而是有许多热的种子①，
当它们由于摩擦而汇合在一起的时候，
就引起了森林里的大燃烧。
反之，如果火焰已经是成品，
已经被储藏在森林里面，
那么火就一刻也不能被抑住不让看见，
而会把全部树林耗光，把所有森林烧掉。

真正的原子说的解释

所以你难道还看不出来，
正如我刚才在上面才谈到的，
重要的是这些始基和什么别的始基
以什么样的位置被结合在一起？
还有，它们彼此之间互相
给予和取得的是什么样的运动？
看不出如何因此同样的始基
如果彼此相互掉换了位置，
就能够造出火焰或木材？——
完全像这几个词本身的构成

① 此处所谓“热的种子”（即火的种子）并不是指已经成为火的东西，而是指能够形成火的原子；上句“火不是移植在树木里的”，就是说树里面并没有现成的火。

只是由于稍稍改换它们本身的因素，
当我们用发音不同的名称
来标示“火焰”[①]和“木材”的时候。
归谬法
再者，如果你以为在可见的事物中
凡你所能看见的东西都不能存在，
除非设想原初物体具有同样的本性，——
由于你这种虚构，对于你，
所有事物的始基就会全都完结：
这样的事就会发生：它们会大笑，
因一阵欢乐的袭击而笑破肚皮，
或者满面被辛酸的泪水湿透。

宇宙的无限性(921—1109)

卢克莱修的使命
现在，再认识其他的，请听清楚些；
至于我自己，我深知它是如何晦暗，
但是那对于荣誉的巨大期望，
已用尖锐的酒神杖[②]戳穿了我的心，
同时还向我胸中灌进了诗神甜蜜的爱，
现在，为这种爱这种希望所鼓励，

---

① 卢克莱修原诗此处用(ignis)(火焰)和(lignum)(木材)，因为这两个词有几个共同字母(原素)。中文无法表达出来，除非把“笔画”当作原素来看。

② 酒神杖(thyrsus)是酒神(Bacchus)及其信徒所执的杖，缠以常春藤而冠以松球，所以说它是“尖锐的”。

带着壮健的心灵，我漫游于
派依里亚[①]的遥远的仙境，
那里从来人迹不至；我乐于
来到那里的处女泉边吸饮清泉，
我乐于采摘这个地方的新的花朵，
为我自己编织一个光荣的王冠，——
文艺女神从来还未曾从这个地方
采摘花朵编成花环加在一个凡人头上：
第一因为我所教导的是极重要的东西，
并且是急切地去从人的心灵解开
那束缚着它的可怕的宗教的锁链；
其次因为关于这样晦涩的主题，
我却唱出了如此明澈的歌声，
把一切全都染以诗神的魅力，——
这，应该说并不是没有理由的：
而是正如医生企图把讨厌的苦艾
拿给小孩子去吃的时候，
就先在杯口四周涂满了
甜汁和黄色的蜜糖，
使年轻而无思虑的孩童的嘴受了骗，
同时就吞下苦艾的苦汁，这样
孩子虽然被逗弄，却不是全然受欺害，

① 派依里亚，古典神话中司文艺美术的九位女神。又指她们居住的地方。

反而因此恢复健康并重新长得强壮；
由于我的论说对从来未尝过它的人
看来一般地是有些太苦严，
大家总是厌恶地避开它，
所以现在我也希望用歌声
来把我的哲学向你阐述，
用女神柔和的语声，
正好像是把它涂上诗的蜜汁，——
如果用这个方法我幸而能够
把你的心神留住在我的诗句上，
直至你看透了万有事物的本性，
以及那交织成的结构是怎么样。

无限性的问题

但既然我已经教导说
那些最坚实的物体到处飞动，
历亿万年而永不被征服，
现在再让我来向你揭露
这些物体的总和是否有一个极限，
同样也让我们来考察
我们所发现的那个广大的虚空，
那任何事物皆存在其中的场所或空间，
它的整体是否是有限的，
抑或它是向各方面无限地展开，
毫无止境，深不可测。

(1)宇宙

因此，实有的宇宙在它前进的路上

没有一个方向是被限制住的， 是无限的：1. 因为它没有限界点；
因为如果是有限，那就得有末端，
但任何东西显然永不能有末端，
除非更远点还有一些别的什么，
在那里来限制这个东西，——
以致可以看见有一个地方，
超过它我们的感觉就毫无所见。
但现在既然我们必须承认
整个宇宙之外再没有别物存在，
所以它没有什么外边，
因此它也就没有终点。
不管你把自己放在哪个地方，
在宇宙的任何地区，都没有关系，
一个人不论站在任何地方，
在他周围总会有那无限的宇宙
向各方面伸展；或者暂时 2. 飞矛的实验；
假定全部空间是有限的，
如果有人旅行到最远的地方
跑到天的尽头，向前投射一支飞矛，
你是宁愿认为这被用力投射了的飞矛
向它被投去的目的地远远飞去，
还是宁愿那里有一物能把它阻住？
因为或这或那你总得承认其中之一。
但不论你选择其一或其他，

它对于你都关闭了逃避之门，
而迫使你必得承认
宇宙向各方伸展，绝无止境。
因为不论你认为有一些东西能阻止它，
使它不能达到它被投往的地方，
使它不能射中目标；
抑或认为它继续向前飞去，
无论哪一种说法，
矛都不是从终点出发。
我将这样继续追问下去，
不论你在什么地方定下终极的岸，
我都将询问“你的飞矛又如何？”
结果将是没有什么地方能是世界的终点，
向前续飞的机会永远能把飞行延长。

(2)空间是无限的：否则物质就会沉积在底部

此外，如果宇宙的全部空间
是被限定在一定的边际之间
是四面八方都有着界限，
那么，世界的全部物质
就会由于坚实的重量
而从各方面汇合而流向
世界的底部，沉淀，沉淀，
也就没有什么能在天宇之下发生，
根本也就不会有一个天或太阳——
真的，全部的物质会堆集在一起，

由于经过无限的时间而沉积下来。
但是，事实上任何一种原素
都没有获得静息的机会，
因为并没有一个底部
可以让它们汇流而沉积，
并且成为它们的安静的居地。
每样东西都在无终止的运动中，
永远永远；从四面八方，甚至
从底下的深渊和辽阔的太空，
被冲撞的物体永远源源而来。
场所的本性、深渊的空间
就是这样：即使是闪亮的雷电
在它们的疾驰中也不能完全穿透，
尽管它们奔跑了无穷无数的时间，
也不能由于它们不断的奔跑，
而使得它们的路程缩短半点：
这么多的空间为事物向周围伸展——
每方面都有空间，毫无止境。
最后，就在我们眼前我们能见
物限住了物：空气把山从山隔开，
而山岭则围住空气；陆地结束大海，
海反过来结束陆地；但对于宇宙，
实在没有什么东西能在外边把它围住。
还有，全部物的总量本身

宇宙的情形不同于可见的世界，不能有另外的东西限住宇宙

不能给自己定下一个限度，
这一点，伟大的自然绝不放松，
她强迫虚空围住一切物体，
正如物体围住所有的虚空，
由这种交替而使整体成为一个无限，
要不然就是其中之一不受另一个的限制，
虽然只是自己单独地伸展开去，
也仍然是无限地向四面八方伸延……
〔但空间我已教导是无限地伸展；
所以如果物质的总量是有限，〕①

否则物就不能生存下去

那么海洋、陆地或光亮的天宇，
众生族类或神灵的神圣之躯，
就都不能够片刻保持自己的存在：
因为，从它的适当的结合被驱开，
那散开了的物质原料就会
飘浮过无限的虚空远远而去；

或者甚至不能被创造出来

事实上它们甚至根本上就永远
不会结合而使什么东西生出来，
因为稀疏错落，它便不能被联结起来。

我们的世界不是由计划造成的，而是由

说真话，事物的始基
并不是由预谋而安置自己②，

---

① 此处约漏去两行，今按芒洛的推测补出如上。

② 参看第五卷第412行以下各行，即“世界的形成和一些天文学问题”一节。

原子的偶然运动形成的

不是由于什么心灵的聪明作为
而各各落在自己的适当的地位上；
它们也不是订立契约规定各应如何运动；
而是因为有极多始基以许多不同的方式
移动在宇宙中，它们到处被驱迫着，
自远古以来就遭受接续的冲撞打击，
这样，在试过所有各种运动和结合之后，
它们终于达到了那些伟大的排列方式，
这个事物世界就以这些方式建立起来；
而且也正是借助于这些排列方式，
在悠长的年代里世界才被保存，
当它一度被投进了适当的运动之后；
这样，就使得河流对贪馋的大海
补充以大量的洪水，
而大地为太阳的热气所养育，
就重新产生出它的子孙，
强壮的生物的族类就得以生育并壮大，
天空的滑动的火就能维持生命——
这些事情它们会怎么也做不来，
除非从无限的空间里面有物质源源而至，
从那里它们惯于在一定的季节，
对所有损失了的东西加以补充。
因为当生物被剥夺去食物的时候，
就会衰萎而失去它的躯体；

同样地所有的东西都必定会立刻解体，
当物质不管由于什么原因
而离开了它的常规以致供应不来的时候。

世界是由外面的撞击而被保持着的

从外面来的撞击也不能在四面八方
把已经结成一体的任何世界保持下来；
由于频繁不断的撞击，
它们当然能够维持它的一部分，
直到别的到达来补充总量；
但同时它们也常常被迫向后跳开，
而当它们跳开的时候，
就对那些足以构成世界的原素
供给空间和时间来让他们逃跑，
容许它们离开那巨大的结合体自由远去。
由此，一而再地足以证明：
必定要有许多的供应源源而来；
而且为了撞击本身永远不停止，
四面八方也必须永远
要有无限的物质力量。

斯多葛派的错误理论；世界

在这些问题中，我的明米佑，
绝不要相信那种著名的说法①：

① 此处所指的“说法”指斯多葛派的理论，他们认为一切的东西都倾向世界的中心，这种理论很像近代关于引力的观念。但卢克莱修当然不能采取这种看法，因为它和伊壁鸠鲁的基本理论是矛盾的，后者认为物的自然的运动是永远向下的。

说什么一切的东西都向中心进迫，
而正是因此世界才坚固不易，
永远不必有外来撞击来支持；
说它的上下各部也不能向任何方向散开，
因为所有的东西从来都永远向中心迫进；
（如果你准备相信有任何东西
自己能停息在自己上面的话；）
或者说什么大地下面那些有重量的东西
全部向上迫进并且终于停止在大地上，
以头脚倒置的方式，正好像此刻
我们所看见的那些水里的倒影一样，——
同样地，他们说，一切生物
都是头脚倒置地行走着，
但却不会从大地掉进下面的天空，
正犹如我们这些身体并不
自动地向头上的天穹飞去；
说什么我们看见夜晚的星空，
当那些生物看见太阳的时候；
以及什么他们和我们之间
轮流地分有天的各个时辰①，
他们所过的夜等于我们的白天，——

是由向心力所维系着的

这理论的荒谬

① 原文是"tempora caeli"，许多人（包括里奥诺德）译为"the seasons of the sky"，按此处上下文，应译为"天的各个时辰"，亦即日夜各个时辰。

空洞的〔错误〕把这些〔幻想给予〕愚人，①
〔由歪曲的推理〕他们相信了这些东西。
因为中心不能够有，〔既然世界是〕无限；
但就算有一个中心，任何东西
也不会因此在那里得到一个固定位置，
而不会因为别的原因〔而从那里被逐开〕。
因为一切我们称为〔虚空〕的场所和空间，
不论是中心也好，不是中心也好，
〔必定〕都同样地对有重量的东西让路，
——在它们运动所指向的任何地方。
也不会有一个什么地点，
当物体到达了那里之后
就失去了它的重量的力，
而能够在那里停留在虚空中；
虚空也不能支撑任何东西，——
忠实于它的本性的倾向，
它倒是应该不断地让路。
可见物根本不能这样被维系在一块，
好像被中心的渴望所强迫一样。
这理论的不一贯性；因为
但是，此外鉴于他们以为
并非一切物体都向内迫往中心，

① 此句以下共八句，在卢克莱修原作抄稿中有损坏，今依芒洛意见补上大意。补上各字加以〔〕标出。但中文与外国文各字位置不能对得很准，所以只能是一个大概。

不是所有的东西都趋向中心

而只是那些土的或水的物体，
海水和从山岭倾泻下来的大量洪涛，
以及任何好像包藏在土的躯体里的东西；
反之，他们说稀薄的气和热的火
如何离开中心被带走，以及如何
整个天空因此就闪烁着繁星，
太阳的火焰也沿着整个蓝天得到补养，
（因为从中心逃开的火全部集中在那里）
如何最高的树枝将不能长出绿叶，
除非泥土里一点一点地，
对于每株树，有养料……
　　．．．．．．．．．．．．．．①
恐怕像那些会飞的火焰一样，
世界的墙垒也会飞逃开去，
突然消解于辽阔的虚空，
而其他的东西也会跟着飞走；
真的，恐怕雷电所在的天穹
也会爆裂而在上空散开；
大地也会从我们足底匆匆退开

---

①　最好的卢克莱修的抄稿，标出此处失去了八行，贝里在此处所提出的猜测，大意是：

“……由自然来供给；——

可见他们的思想本身就不一贯。

……

此外，如果气和火是不断上升，就有这样的危险；”

而它的整个大块，
在它自己和天的混合的毁灭中间，
当原初物体正在从它滑散的时候，
会沿不可测量的虚空逝去，
永不复返；在一刹那之间
将没有什么残剩的东西会留下来，
除了那荒凉的空间和不可见的始基。
因为不论你认为在哪一方面
最先没有原初物体的存在，
哪一方面就将是物的死亡的大门：
大群物质会全部冲过这个大门走散。

知识的发展过程

这几点如果你肯想一想，那么，
不消多少麻烦就能被引领着……
· · · · · · · · · · · · ·
因为，事情会一件一件变清楚，
瞎眼睛的夜也不会把你的路抢走，
阻碍你投往自然的最遥远处的眼光。
这样，事物将为事物燃起新的火炬。

第　二　卷

序　诗(1—61)

小引：哲学的宁静的高峰

当狂风在大海里卷起波浪的时候，
自己却从陆地上看别人在远处拼命挣扎，
这该是如何的一件乐事；
并非因为我们乐于看见别人遭受苦难，
引以为幸的是因为我们看见
我们自己免于受到如何的灾害。
这同样也是一件乐事：去瞭望
远处平原上两军布成阵势大战方酣，
而我们自己却不是危险的分受者；
但再没有什么更胜于守住宁静的高原，
自身为圣贤的教训所武装，
从那里你能瞭望下面别的人们，
看他们四处漂泊，全都迷途，
当他们各自寻求着生的道路的时候；
他们彼此较量天才，争取名位，
夜以继日地用最大的卖命苦干

企图攫取高高的权位和对世事的支配。
啊，可怜虫的精神！冥顽不灵的心！
在惶惶不可终日中，在黑暗的生活中
人们度过了他们极其短促的岁月。
自然的需要：
竟然看不见自然为她自己
并不要求任何别的东西，
除了使痛苦勿近，叫它离开肉体，
除了要精神享受愉快的感觉，无忧无虑。
肉体方面的，
因此，我们看见我们有形的生命
所需要的东西根本很少，
只是那些能把痛苦去掉，
又能撒下一些欢乐的东西。
更愉快的无过于有的时候
（因为自然既不渴求纤巧也不渴求奢侈）
如果实在没有黄金童子的雕像沿着大厅
用右手举着明亮的灯火来照耀夜宴，
如果府第没有闪烁着金杯和银器，
上面也没有彩色镀金的天花板
来使竖琴的声音绕梁回荡，
却还能去和朋友在柔软草地上逍遥，
在流水之边，在大树的绿荫底下
开怀行乐养息身体，而所费不多[1]。

---

① 原文是"non magnis opipus iucunde corpora curant"（30）：这句子包含着"所费不多"，所以 Servius 认为它暗示着吃东西和沐浴。

特别是如果适逢风和日暖，
季节恰好又在草地上到处点缀了香花。
病热也不会更容易从身上消退，
如果你是在花毡上辗转反侧或穿着紫袍，
较之于当你必须躺在穷人床铺上的时候。
因此既然财富名位或君王的光荣
都无所裨益于我们的身体，
所以应该认为它们同样无益于精神：
除了有的时候当你也许看见
你的兵马涌聚在练兵场上①
激起一场小型战争——
双方皆有大队后备军和骑兵增援，
同样武备齐全，精神振奋；
或者除了有的时候当你看见
你的舰队云集海面，布成阵势——
因为这种时候，为这种鲜明景象所吓倒，
宗教就会面如土色而逃出你的脑子；
啊，在这种时候，死的恐惧
就会离开而让胸怀无忧无虑。
但如果我们看出这全部的装腔作势
怎样究竟不外是一出活剧，一场开玩笑，

和精神方面的尘世的权力和宗教的恐怖

① 贝里注："指罗马城外阅兵的地方，有时一支军队会驻在那里。"芒洛注云："在公元前58年恺撒在向高卢出发之前，曾在该地驻军三个月，此事很可能正是卢克莱修在写此段时所想起的。"

而事实上人们的恐惧和那尾随着的忧虑，
并不害怕这些武器和这些野蛮的刀枪，
而是无畏地往来于全世界帝王人主之间，
也并不震慑于黄金的闪烁或紫袍的光彩，
那么那时候你难道还能够怀疑
这[①]只能是思想的力量？——特别是
当整个生命都挣扎在黑暗之中的时候。
因为正如孩子们发抖而害怕一切
在不可见的黑暗中的东西一样，
我们在大白天有时也害怕着许多东西，
它们其实半点也不比孩子们战栗着
以为会在黑暗中发生的东西更为可怕。
能驱散这个恐怖，这心灵的黑暗的，
不是初升太阳炫目的光芒
也不是早晨闪亮的箭头
而只是自然的面貌及其规律。

原子的运动(62—332)

原子的运动

来吧，现在我将为你逐步解答：
产生世界万物的物体借什么运动
把这个多样的世界产生出来，

① “这”，指驱走恐惧和忧虑这回事。

而当已产生之后又总是把它拆散；
它们受什么力量的约束而这样做，
以及什么样的速度被赋予了它们，
用这样的速度去在辽阔的虚空中运动：
你切要记住听信我所说的话。
因为说真话，物质并不是 接续长成和衰老的原因
大家紧紧挤在一起结合成一块，
因为我们看见每样东西都衰萎，
我们也观察到一切如何流走
如何好像与光阴偕逝，岁月如何
到底总将每样东西从我们眼前带走，
但是总量看来却永远一样，毫无损失，
因为这些离开每样东西的微粒，
使它们所离开的那东西减少，
却使那它们跟着投往的东西增大，
它们迫使这一些在老年时枯萎，
迫使那一些在少壮时开花，
但却不是长久留在它们中间。
就这样，总量永远得到补充，
我们凡人就借着永恒的互相取予而活着。
有些民族强大了，有些衰落了；
在短短的时间内许多世代过去了，
像赛跑者一样把生命的火炬递给别人。

但如果你相信事物的始基能静止， 原子的不

断的运动，及其两种原因：

而它们静止时仍能产生新的运动，
那你就是远远离开了真理的道路。
因为既然它们动荡着经过虚空，①
所有的事物的始基之所以能运动，
必定或是由于它们自己的重量，
或是由于外面另一个始基的撞击。

虚空中游离原子的运动；

因为，当它们在不断的运动中
常常相遇而互相冲撞的时候，
它们就会突然跃开，各自退后，
无疑地这是因为它们都很硬，
都有着坚实而沉重的躯体，
它们背后又没有东西阻止它们的运动。
为了使你自己更清楚地看出
所有这些物质微粒如何飞动着，
请记住在整个宇宙里面
并没有什么地方是底部，——
没有什么原初物体可以停止的地方，
因为可靠的推理已经充分指出和证明
空间并没有什么边界和限度，
而是向周围所有方向无限地伸展。
既然这是绝对确实，所以，
无疑地在整个无限的虚空里面

① 此处卢克莱修只谈到原子的两种运动，另一种运动将在以后再谈到。

原初物体绝对不能够有任何宁息；
正相反，它们不断地为各种运动所袭击，
当它们拥迫一起时有些就向后跳开，
而留下巨大的空隙在它们中间；
有些则被撞开而在四周转动着，
留下在它们中间的是小小空隙。
那些被驱迫在一起的时候
本来已是更紧密地结合着、
而当大家向后跳开时又不是跳开得很远、
由自己的互相勾搭的形状所联起来的，——
所有这些始基就形成坚固的石头的基础，
以及蛮硬的铁块，和所有其他
同种类的东西……
别的跳开得很远，退得很远，
在中间留下极大空隙：这些始基
供给我们以稀薄的空气和太阳的亮光。
还有另外许多则在辽阔的虚空里动荡——
它们从存在物的结合被抛开，
在宇宙里到处不被接纳，
绝不和其他的始基在运动中联结起来。
关于我在这里所描写的这个事实，
有一种相似的情形时常出现在我们眼前：
瞧，每当你让太阳的光线投射进来，
斜穿过屋内黑暗的厅堂的时候，

结合在一起的原子的运动

阳光里面微粒的例子；

你就会看见许多微粒以许多方式混合着，
恰恰在光线所照亮的那个空间里面，
像在一场永恒的战争中，不停地互相撞击，
一团一团地角斗着，没有休止，
时而遇合，时而分开，被推上推下。
从这个你就可以猜测到：
在那更广大的虚空里面
有怎样一种不停的始基的运动，——
至少就一件小事能够暗示大道理而言，
这例子可以把你引去追寻知识的踪迹。
也正是为了这个缘故，
你应该更多地用心注意这些物体，
它们被看见在这个光柱里互相推撞着：
因为这些推撞正足以标示①
还有秘密而不可见的物质运动
隐藏在下面，在它们背后。
因为在这里你将看见许多微粒

---

① 这是卢克莱修关于运动的理论很重要的一段。一切原子经常以原子的完全的速度运动着，即使在复合体中也如此。在复合体中，当它们彼此冲突时，它们完成小小的轨道，每个原子在最后一个撞击所给予它的方向中运动着，直至它和另一个原子相撞，才开始另一个新方向。内部的一切方向的浮动，当然会使整体的运动徐缓起来，所以我们必须想象原子形成了分子，然后形成稍大些的物体，运动速度则越来越小，直至物体大到足以给我们知觉到的时候，像阳光中的微粒那么大时，运动也就徐缓到足以被我们见到。这一切，虽然没有清楚地表达出来，但在这几句诗里面却是意涵着的。

迫于不可见的撞击而改变它小小的路线，
在被迫向后退开之后又再回来，
时而这里，时而那边，
在周围的四面八方。
要知道，所有它们这些转移的运动
都是从最初的始基开始的，
因为正是事物的始基最先自己运动，
接着，那些由始基的小型结合所构成，
并且最接近始基而首当其冲的物体，
就由那些始基不可见的撞击而骚动起来，
之后这些东西又刺激更大些的东西：
这样，运动就由原子开始而逐步上升①
而终于出现在我们的感觉里面，直至
那些能在阳光中见到的粒子也动起来，
虽然看不出什么撞击在推动它们。

虽然整体看来是静止的，但原子乃在不可见的运动中

这里，不必疑惑为什么
既然始基全都永远在运动着，
但整个看来物却像是完全静止，
除了有的时候在有些地方
一件东西显出是整个在运动。
因为，远远落在感觉范围之外，

---

① 所谓上升，并不是说逐渐加速，而是逐渐变慢，终于慢到了人眼所能见的程度。

这乃是世界的那些根本物体的本性；
因此，既然那些东西本身你不能看见，
它们也必定把它们的运动对人遮盖起来——
因为，你看，我们能看见的东西如何
事实上却常常把自己的运动隐藏起来，
当它们处于离我们很远的地方的时候。

经验的事实：

譬如，常常地在一个山坡上，
一群绵羊在啮食它们的好东西，
向缀满鲜露的牧草招引它们的地方移动，
许多羊吃得饱饱，正在欢跃角斗着玩要；
但这一切我们从远处看来却模糊不清——
一片光亮的白色停止在一个绿色小山上。
还有，有时巨大的队伍正在迈进，
把下面平原所有地方都充满，
举行着一场演习战争，
刀光剑影，缭乱四射，
整个战场都闪烁着铜盔铁甲，
底下，从壮士们脚底升起了一种声响，
山岭的高壁被呐喊所冲击，
就把这些声音直送上云霄；
这里那里，到处疾驰着骑兵，
并且猝然深入敌方阵地猛冲过去，
猛烈得足以动摇坚实的大地；
然而在高高的山顶上还有一个地方，

从那里看来这一切都像是静止不动——
只是停在平原上的一些闪光。

现在，物质的物体赋有什么速度，
你能够，明米佑，从这几句话得知：
当黎明最初用新鲜的亮光洒满大地，
而各种的禽鸟都离开它们的巢，
在无人迹的树林里飞来飞去，
用清澈歌声充满空气芬芳之地的时候，
我们看见，一切人都能显然看见：
初升的太阳是如何惯于在这个时候
突然散布自己的光辉，披盖在一切上面；
但太阳温暖的热气和这肃穆的光线，
它们所经过的并不是一个虚空；
因此，当它们好像在分割着气流的时候，
它们就不得不进行得徐缓些；
这些热气小粒也并不是
一个一个单独旅行着，①
而是全都互相纠缠成一块的，
因此它们既是彼此互相牵制，
并且又受着从外部来的阻碍，
就只好被迫进行得更加缓慢。

原子的速度与阳光比较；

但阳光是受到外物所抗阻的，

又受内部幅动阻碍；

① 内部的浮动以及因此而来的运动的徐缓这个观念，在这里表现得很清楚；阳光就是既这样被妨碍，又遭受它们所通过的空气所阻碍的。

而原子则是完全不受阻碍

但是那些由于单纯性而坚实的始基，
当它们在通过虚空的时候，
既完全不遭受外面任何东西的阻滞，
而它们每一个基于它的部分的本性，
又都各各成为单一的东西，①
所以在前往它们所要去的地方的时候，
无疑地必定是有更大的速度，
并且比阳光移动得更加急速；
在太阳的光辉扩散在天空
所需的同样长短的时间里，
始基所冲过的地区一定来得更广大。

……………②

也不要老追踪一个一个的始基
去看每件东西借以存在的规律。

认为世界是神力为人而创造的，这是一种错误

但有些人不认识物质，就反对这意见，
而认为如果没有神灵的干预，
自然就不能这么符合于人类的需要

---

① 就是说，每一原子固然是由它的各部分组成的，但这些部分只能作为部分才存在，不能不以这个资格而存在着。因此，每一个原子乃是不可分的、单一的。

② 此处所失去的行数似不少；卢克莱修可能在此处先说出了原子速度的另外一些理由，然后履行上面的诺言，解释原子如何借它们的运动把事物创造出来而又加以解散；下面接着的两句，看来像是所失这一段的结论。这两句的意思是：使一事物产生、存在和发展的，是众多原子运动的结果，而不是单一原子的运动的结果，因此，即使人们不能追踪个别的原子运动来看事物如何造成和存在，也不必引起疑惑。鲁斯则认为这两行乃是某一段的结束语，在该段中，诗人暗示说神灵不屑干涉个别原子的命运。

使一年之中有四季的变化；

不能产生谷物以及其他一切，

那神圣的欢乐，生命的引导者

引诱人去接近的那些东西。

她给人们做带路的向导，

目的在于通过她的爱的狡谲勾诱，

叫人类永远繁殖出新的世代以免灭种。

当人们设想神为人类才创造万物的时候，

他们在一切方面似乎都远远违背了真理；

因为即使我从未认识事物的始基是什么，

但根据天的行为[①]和别的许多事实，

我也会敢于断定这一点；

万物绝不是神力为我们而创造的，

它是充满着如此之多的缺点：

关于这一点，我的明米佑，

以后我将给你清楚地说明。

现在，关于始基的运动方面，

我们将把尚待说明的说出来。

在这些问题中，我想，现在

是来对你证明这一点的时候了：

没有任何物质的东西能由自身力量[②]

的理论

但世界是造得很坏的

原子运动的原因：

---

① 天的行为(Caeli rationibus) (178)：可能是指气候以及别的天象。

② 这里又是另一重要之点：向上的运动永远是外力的结果。即使在原子中间，向上的运动也只能由于冲突的结果才发生，例如，当一个原子被挤压在另外两

而被带着上升或向上运动——
也不要让火焰物体在这里欺骗你：
1. 普遍的向下的运动：
因为它们是生而具有向上的冲力，
因此它们也向上增大，
借之金黄的谷物和树木才向上生长[①]，
虽则它们之中的重量总把它们向下拉。
向上的运动永远是由于暴力：
也不应该以为当火从下面四处跳上屋顶
而烈焰迅速地升上去舐食梁柱的时候，
火焰乃是自动地这样做，
并没有什么力量在暗中推它们向上。

个原子之间因而向上飞射的时候。

① 里奥纳德在此处注释道："'借之'，照我的解释，这一句是谈及斯多葛派认为植物的生长都由于一种内在的火那种理论。"但此四行，即"因为它们……"至"……向下拉"，贝里对原文的解释有些不同。贝里的译文是："因为微笑的谷物和树木确实生出来了并且增大了，虽则所有它们里面的重量的东西都是向下坠，它们还是往上长。"这里贝里在注释里面虽然也提到斯多葛派关于内在的火的理论，但翻译时没有用"借之"一词。意思是指树木谷物虽然都是有重量的，但因为受外力压迫（譬如泥土的挤迫）才向上长，这是卢克莱修的正面意见。照里奥纳德的译法和解释，则此四行必须视为是代表卢克莱修所不同意的斯多葛派的意见，他之所以提出来，不过是为了接着加以反驳。所以，在此处，在这四行开头是以"："这记号和上面"……欺骗你"相连，结尾则以句点与正面意见分开。在贝里译文中，则此四行开头是以句点和上面分开的。拉格兰的法文散文本与贝里相同。雷撒姆的解释大意也与贝里相同。芒洛和鲁斯从此四行中则解释出如下的意思："……因为火焰是生而具有向上升和增长的本性的，而谷物和树木也是向上生长的，虽则它们里面的重量都是向下坠的。"芒洛和鲁斯的意思是：不要被火上升这现象所欺骗，而认为火是具有向上运动的本性的；应该认识，包括火在内，向上的运动都是被迫的结果；因为谷物和树木的原子都有重量，但也向上生长，这是因为它们里面的原子受挤迫的缘故，同样地，火的原子也是有重量的，只是由于被挤迫，才往上升。

总的来说，里奥纳德的解释虽然是可能的，但他的译文则显然不能由卢克莱修的原文取得保证。原文是接近鲁斯等的译文的。如果我们不同意里奥纳德的解释和译法，读时可以把"借之"两字省去。

其实这正像那从我们身体射出的血，
向上喷出而使血污四溅。
你难道未见过水用了怎样的力量
把木材和柱梁吐出来？
我们把它们按下得越深入水底，
我们人数越多，越用力硬压它们下去，
水就越把它们吐上来，把它们抛回来，
以致它们有大半截会回跃而突出水面，——
但是，我想，我们从来未怀疑
它们里面所有的重量
在虚空中都是往下沉的。
那么，同样地，火焰当被挤压的时候，
应该也能够通过空气的微风而向上升，
虽则它们里面的重量竭力把它们往下拉。
你难道未见过疾扫过远远高空的流星，
那些午夜的天上的火把，
如何在自己后面拖着一条长长的火焰，
在自然让给一条通路的任何地方？
难道你未见过星辰和星座落下大地？
不，还有太阳也从天顶
向周围每个地方倾注下它大量的热，
并且在那刚犁好的田畦上播下它的光：
可见太阳的热也是朝着大地往下走。
你看见闪电在雨中斜穿飞过；

有时这里，有时那里，
从云层迸出的火曲折地冲下来，——
火焰的力同样地向大地落下。

2. 原子的偏斜

在这些问题上面希望你还认识这一点：
当原初物体自己的重量把它们
通过虚空垂直地向下拉的时候，
在极不确定的时刻和极不确定的地点，
它们会从它们的轨道稍稍偏斜——
但是可以说不外略略改变方向。
因为若非它们惯于这样稍为偏斜，
它们就会像雨点一样地
经过无底的虚空各自往下落，
那时候，在原初的物体之间
就永不能有冲突，也不会有撞击；
这样自然就永远不会创造出什么东西。

错误的理论：较重的原子落得较快

但是，如果竟然有谁相信较重的始基[①]
由于它们能够更迅速地
在虚空中直落而下，
就能够从上面击中较轻的始基
因此产生了撞击，这些撞击
足以引起那些产生事物的运动，——

① 此段包含着卢克莱修最锐利的推理之一，即在真空里面一切东西都以同等速度下落。

谁就是远远地离开了真理的大道。
因为任何在水中落下的东西，
或任何在稀薄空气中落下的东西，
其所以都按各自的重量
而以不同的速度落下，
乃是由于水和稀薄空气两者的物体
绝不能相等地延阻每一物，
而是对较重的东西就让开得更快；
反之，虚空就不能在无论哪一边，　　但这不能在虚空里发生
在任何时候，拒抗任何东西，
而总是会屈服，忠于它本性的倾向。
因此，每样东西虽然重量不相等，
却必定以同等的速度冲下，
通过静寂的虚空在运动。
可见较重的物体绝不能够从上面
迅速地打中较轻的物体而引起撞击，
这些撞击足以引起不同的运动，
自然就借这些运动来执行它的工作。
因此，一次又一次地应该说
原初物体必定从它的轨道略略偏离——　　轻微的偏斜是需要的，
但仅仅是最微小的偏离，
否则我们会想象有倾斜的运动，
而事实在这方面会把我们驳倒。
因为这一点我们立刻看得很清楚：

当它们从上面直往下掉的时候
任何重量就本身而言
都不能够有倾斜的运动，
至少就你能看见的都是如此；
但谁能借感觉认出根本就没有什么东西
能够从它直线的道路稍微向旁边偏开？

并且是不被事实所否决的

　再者，如果一切的运动
永远是互相联系着的，
并且新的运动总是从旧的运动中
按一定不变的秩序产生出来，
而始基也并不以它们的偏离
产生出某种运动的新的开端
来割断命运的约束，
以便使原因不致永远跟着原因而来，——
如果是这样，那么大地上的生物
将从何处得到这自由的意志，
如何能从命运手中把它夺取过来，——
我们正是借着这个自由的意志
而向欲望所招引的地方迈进，
同样地我们正是借这个意志
而在运动中略为偏离，
不是在一定的时刻和一定的空间，
而是在心灵自己所催促的地方。

偏离说明了生物自由运动的能力

因为无疑地在这些方面

它发端于

乃是每个人的意志本身给予发端，

从那里开始，透过我们所有的四肢，

新开始的运动就流遍全身。

意志而透过四肢

再者，你难道未见过

在某一个瞬间，当栅门被打开的时候，

马匹的急切想动的躯体

却如何不能立刻就向前奔出去，

像它们的心所渴望的那样？

因为整个躯体的全部物质

必须被刺激而运动起来，

以便在每一个骨节都被激动之后，

它就循心所欲地向前冲去，

所以你能看出开端的运动是始自心脏，①

说实话，它首先从心灵的意志出发，

然后从那里传布到四肢和整个身体。

当我们受到他人的大力撞击和催促

而向前运动的时候，情形就不大相同，

它和被迫的运动是很不同的

因为我们全身的全部物质，

在那种时候显然都动了起来，

违反我们自己的愿望被赶向前，——

直至意志拉紧了缰绳，

① 原子的偏离和人的自由意志之间的关系，对于卢克莱修，当然不仅是一种类似：前者乃是后者的原因。心灵是由精微原子的精微组织所构成的（见本书第三卷），并且正是这些原子的偏离产生了意志的行为。

通过我们全身四肢把身体勒住。
有时确实是由于意志的裁决，
全部物质就被迫改变它的路线，
包括我们的四肢和所有的骨节，
在被推向前去之后又被勒住，
这样就重新使它安静了下来。
你难道还看不见虽然外力驱使人向前，
并且常常叫他们违反自己的愿望
向前运动，被迫一直向前冲，
但在我们胸中仍然有着某种东西，
足以和它斗争并抗拒这种外力？

它是由于运动的第二种原因，即原子的偏离

可见同样地在种子中间，
除所有的撞击和重量之外，
你必须承认还有运动的另一种原因，
作为我们自由行为的天赋力量的根源——
既然我们看到无物能从无中生。
因为重量不容许所有的事物
都是由某种外力通过撞击而发生；
但人的心灵本身在它的一切作为里面
并不是有一种内在的一定必然性，
也不是像一个被征服的东西一样
只是被迫来忍受来负担，
这情况的发生乃是由于始基的微小偏离，
在空间不一定的方向，不一定的时间。

物质的总库也不曾是比现在更拥挤，
也不曾是比现在更空疏：
因为既没有什么给它以增添，
也没有什么东西从它取走，
因此，正如它们今天的运动一样，
原初物体在太古也有这样的运动，
并且此后也将永远有这样的运动。
而往昔惯于被产生出来的东西，
此后也将按同样的规律被产生出来，
〔而存在〕①而长大而壮健有力，
按照自然的法则对于每一物所规定的。
没有什么力量能改变万物的总量，
因为在宇宙外面没有什么东西存在，
可以让任何种物质离开世界而跑往那里，
或让一种新鲜的补充能从它那里涌出来，
而冲进这个已建好了的世界，
改变物的整个本性，更改它们的运动。

运动的总量，正像物质的总量一样是不变的

原子的形式和它们的结合(333—729)

现在，进一步要认识的是
这些万物的始基的种类如何，

原子的形状。它们的多样性

① 而存在(et erunt)，依贝里本原文增补。

它们的形式是如何大不相同，
它们各种各式的形状是如何多样——
不是说只有很少始基
具有一种相同的形式，
而是说它们彼此之间
并不是一般地全都相同。①

这是由于原子数目的无限而产生的，

不足为奇，既然始基的数量是这么巨大，
以致像我已指出的没有止境也计算不完，
所以它们实在一定不是所有每一个
全都带着相等的轮廓和同样的形状。

· · · · · · · · · · · ·

并且是同一类的个体之间互相区别的原因

人类和在水里游泳的哑巴鱼类，
快活的牲畜和一切野兽，
和所有各种各式的鸟类——
那些栖居在近水美好的地带、
在河岸、泉潭和池塘旁边的鸟类，
以及那些群集飞翔在树木间、
在人迹不到的森林里的鸟类，
随便你挑哪一种的哪一个，
你总会发现它们每一个
和其他的总是形状有所不同。

---

① 这两三行的意思是：并非没有许多原子在形式上相同（同一种形式的原子数目是很多的）；而是说，它们不是全部都是形式相同，而且，形式相同的同一种原子中，各个原子也是彼此有区别的。

如果事情不是这么样，
子女就不能认识母亲，
母亲不能认识子女，
可是我们看见它们能够这样做，
它们借清楚的记号而彼此有区别，
正不下于那在人与人之间的情形。
例如，常常地，在美丽的神庙前，
在香烟绕绕的圣坛旁边，
一只才一岁的小犊被宰杀而倒毙了，
从它胸部流出了温暖的血；
这时候，那失去了幼类的母亲，
正在青青的林间草地上到处徘徊，
她很熟识那些分趾蹄所踏成的足迹，[1]
她用眼睛望望四周围每个地方，
寻求着能否在什么地方找到
她所失去的稚犊的影迹，
有时，她突然地停下来，
用她的哀鸣充满了林间空地；
她时常再回牛厩里去找寻，
仍然为她的渴望在心碎。
嫩绿的柳树和蒙着露珠的茂草，
低低的两岸间的可爱的流水，

以例子说明：母牛和她的小犊

① 原文是 quaerit“找寻着”；所以这一句有人译为“她找寻那些……”。

都不能吸引她的心怀，
使她忘记那不测所带来的痛苦。
在附近吃草的别的小犊的形象，
也不能转移她的心情，
或使她的痛苦减轻半点——
她是如此焦急地找寻着
她所熟知的和属于她的东西。

小山羊和羊羔和它们的母亲；

再者，咩咩地叫着的小山羊
能认识它们有角的母亲，
而那些用角相牴着玩的羔羊
也认识它们自己的羊群，
因此它们的每一个
都常常无误地循其本性
奔回各自的母亲的乳房。

谷粒；

最后，试拿任何的谷粒，
你会看到对于任何谷类来说，
其中没有一粒是和另一粒这样地相同，
以致他们之间在形状上再没有什么差别。

贝壳

同样地，我们看见大地上
如何杂陈着贝壳和螺蛳，
在这里，海水的轻波撞击着
曲折的海岸的干渴的沙滩。
因此，一次又一次地证明，
既然事物的始基是由自然而存在，

而非用手按照一个定型来造成的，
所以同样地必定有一些始基
带着彼此不同的形状到处在飞翔。

· · · · · · · · · · · ·

只要用心想想，便很容易解答为什么
与我们用地上的松脂所生的火比较起来，
闪电的火就更能穿过许多的东西。①
因为你能够说闪电的天火是如此精微，
是由细致得多的形体所构成，
因此能通过那些小孔，
我们从木料和松材所生的火
所不能通过的那些小孔。
再者，光能穿过角灯②射出来，
而雨点则被挡开，这是为什么？
除非是因为那些火的物体，
比水的甘霖的那些物体更为精细。
我们看见酒能多么迅速地流过过滤器；
反之迟钝的橄榄油如何流得慢吞吞：
无疑这是因为它是由更大的原素所造成，
或者由更弯曲和彼此勾结着的原素，

正是基于这种多样性，有些东西才能经过那别的东西所不能通过的地方

① 这个问题在第六卷中又讨论到。

② “角灯”估计是用一种透明的兽角来做灯笼或灯罩，它既能透光，又能挡雨水。

因此,它的原初物体①

就不能这么突然地彼此分开,

而一一渗透过一件东西的各个小孔。

味觉的不同也基于它。

此外,再注意蜜汁或乳液

在口里引起一种愉快的味觉,

而令人作呕的苦艾和辛辣的龙胆草,

则用它们恶劣的味道叫人嘴唇都歪起来;

由此很容易看到:所有一切

能够愉快地触动我们的感官的东西,

都是由圆滑的原素所构成,

而那些显出苦味和辛辣的东西,

乃是由更弯曲的原素缠结在一起,

因此老是钩呀割呀才进得我们的感官,

而当它们进入时就撕切着我们的身体。

还有听觉中的不同也由于它,

最后,所有对感觉好受的东西,

和所有对触觉不好受的东西,②

既然由如此不同的形状所构成,

所以它们是彼此互相敌对的——

---

① 此处所谓"原初物体"(primordia)似乎不可能是指原子,而应该是指橄榄油的"原素"(现代意义的),因为如果指原子,那么,在流过过滤器之后,它就不能够很快地又成为橄榄油。

② 原文是"omnia postremo bona sensibus et mala tactu"(408):贝里认为"tactu"不是"与格"而是"夺格",因此必须译为:

"最后,一切在接触时对于感官是好受和不好受的东西"。里奥纳德的解释和芒洛、鲁斯相同;雷撒姆和贝里相同。我以为贝里是正确的,因为卢克莱修把一切感觉归根到底都视为是触觉,因此不可能在这里把感觉和触觉分开来讲。

切勿以为尖锐而使人起疙瘩的锯子声音[①]
是由于同样光滑的原素所构成，
像那由灵敏的手指在琴弦上所唤醒的
那巧妙的乐师们所塑造的旋律一样；
也不要以为当腐臭的尸体在焚化的时候，
和当舞台刚撒满了西里西亚的番红花
而附近圣坛正放散着阿拉伯香味的时候，
钻进了人们鼻孔的乃是同样形状的原素。
也不要以为赏心悦目的东西的美好色彩，
和那些刺痛眼睛而使人流泪，
或以可憎的面目显出其凶恶的东西一样，
都是由相似的种子所构成。
因为从未有一件迷醉我们感官的东西，
能够不是由一定的原素的平滑所构成；
反之，凡是粗糙而讨厌的东西，
乃是由一些原素的粗糙所构成。
还有一些原素则是很正确地被认为
既不是平滑又不是带着倒钩，
而只是略为凹凸不平，
能撩动感官而不伤害感官；
属于这类的是酸性的酒石，

愉快和痛苦乃是由原子的形状决定的

① 在卢克莱修的思想中，声音正像视觉和气味，乃是由于对象放出了许多的细粒并透进耳朵而引起的。

和土木香花的醪酱的味道。
再者，烈火和寒霜具有
不同的毒牙来螫刺我们身体的感官，
这点已由对它们两者的接触所证明。

触角是感觉的最终原因

因为触觉——借神灵的圣威[①]！——
触觉的确是身体唯一的感觉[②]：
不论是当有些东西从外面进入体内，
或有些身体所生的东西在使我们痛苦；
或使我们快乐，当它在维娜丝的
创造的活动中从体内走出体外的时候；
或是当种子因冲撞而在体内乱转，
并以骚动和混乱搅扰了全部感觉的时候，——
像你能够发现的那样，如果你自己
用手试试击打自己身体的任一部分。
所以始基的形式必定彼此大有差别，
因此它们能够引起各种不同的感觉。

硬的东西也由于原子形状不同；

再者，对我们显出是硬而密实的东西，
必定是由彼此勾结得更紧的始基所造成，
仿佛像是由一些有枝桠的粒子
在内部深处把它们牢固地结合着。

---

① “借神灵的圣威！”只是通常起誓时的用语，不是说触觉之为感觉的原因这件事是神灵所命令的；也不表示卢克莱修是信神的。

② 下面几句的意思是说：在这几种场合中（例如痛苦、快乐、不安等等），感觉归根到底乃是原子的冲撞引起的。

在这种东西里面要首推金刚钻，
它是一切打击的蔑视者；
还有那结实的燧石和硬铁块，
和铜门臼，当它抵抗着门闩的时候[①]
就轧轧地响叫。但凡是液体，　还有流体亦然；
凡是具有流动性的东西，
它们必定是由更圆滑的原素所构成——
因为它们的小圆球粒子
彼此不善于黏合在一起；
从手掌里吸饮罂粟子，
正像喝水一样的容易，
当它们受打击的时候，
就会像水一样滚动[②]。
但在流动的东西中间你看见　流动而苦涩的东西亦然；
有些乃是苦涩的，例如海水，
这一点也是丝毫不足为奇……

---

① 原文是"aeraque quae claustris restantia vociferantur"(450)：对于这一句的解释，各人见解差别颇大。很可能罗马人用铜做门臼，当人推门或风推动大门时，门闩在门臼里面磨动就发出声音。

② 以上六行(原文453—455)，贝里、鲁斯、雷撒姆等人的解释和里奥纳德的解释不同。根据贝里本的拉丁原文，应译为：——

"因为用手抓一把罂粟子，
它会流动得像水一样容易，
因为它们的小圆粒子
彼此并不互相阻碍，
只要稍为把它摇动一下，
它就像水一样容易地流动。"

因为既然它是流体，
它的粒子就是光滑和圆形的，
其中混着刺痛人的粗粒子；
但是这些不必是紧紧钩在一起的；
实际上，虽然粗糙，它们却也是球形，
既能滑过，同时又能擦痛感官。
为了使你在这里更能相信我，
相信光滑的原素混合着粗糙的原素，
（因此有了海神的咸而苦的身躯），
有一种方法能把这两者分开，
借它可以单独看见甜蜜的水
如何当它多次在地下滤过之后，
就再次新鲜地在洼地里流出来；
因为它把那令人作呕的
盐水的原初物体留在上面，
既然粗糙的粒子更会黏住在土里。

酷烈而易逝的东西亦然

最后，任何你看见立刻就消散的东西，
——例如烟、云和火焰，——
即使不全都是由圆滑的粒子所构成，
也必定不是被互相纠缠的粒子所阻碍，①
因此它们能够不紧紧地纠结在一起，

① 原文是“at non esse tamen perplcxis indupedeta”(459)。

而是会钻进我们的身体和穿透石头。①
凡是我们看见〔能被烈风所吹散，
而且像毒物一样〕被给予我们感官的，②
你一定知道它们是由尖锐的原素
而不是由互相纠缠着的原素所构成。

原子的形状的不同，在数目上是有限度的

把这些教给了你之后，
我将要在这上面加上一个有关的事实，
这事实从上面这些取得其证明：
这些事物的始基有不同的形状，
但这些形状仅有有限数的种类。

否则：1. 有些原子就会有极巨大的体积；

因为如果这些形状的数目是无限，
有些种子就会有一个无限的身体。
因为在一个种子里面，
在任何一种种子的小小躯体中，
各种形状不能彼此有很大的不同。
假定是三个最小限度的部分，
譬如说，构成了一个原初物体——
如果你愿意，也可以多加几部分；

① 钻进身体的如烟之类，因为烟会刺激眼睛流泪；穿透石头的指火焰，因为火能把石头烧红变碎。

② 此处原稿有损坏，也许有一行失去。括弧内所加的意思是根据 Brieger 的估计。贝里根据芒洛的解释，有保留地认为 461—463 三行意思是：

“所以你能很容易地认识到
凡我们看见能由感官减轻其危害性的东西，
必定是由尖锐而并非互相纠缠的原素所构成。”

现在，当把这一个始基的这些部分
上下左右换来换去加以安放的时候，
你就会看到每一个新的安排
会给它整个躯体以怎样的形貌；
超出了这限度，如果你还想
进一步再改变它的原有形状，
新的部分就必须被加上去；
因此如果你还要改变它的形状，
由相同的逻辑，每次的排列
就总必要求另外的部分的增加。
可见跟随着形式的每一新变化，
必然是它的结构的一种增大。
因此，你不可能相信种子
在形式方面有无限多的不同，
否则你就会迫使一些种子竟然
成为一种不可测量的巨大的东西——
这一点我上面已指出不能被证实。
　　　　· · · · · · · · · · · · · ·①

2. 我们经验中的极端就会被超过

那么，对于你，东方蛮族的长袍
以及用帖利撒的贝壳染了色的②

---

① 此处好像失去数行，在该数行里面，卢克莱修说出了一个一般性的论据，即如果原子的形状的多样性是无限的，那么我们经验中的极端就会被超越，接着他就举例说明。

② 美利波是帖利撒海边的一个城市，在那里，人们从一种叫 κόχλος 的紫色贝壳制取色料。

美利波的紫袍的光彩……
和那些装饰着斑斑悦目的彩羽的
孔雀的黄金子孙们，就会在比赛中
输给了更光辉的新东西的新色彩；
没药的香和蜜汁的味就会被鄙弃；
天鹅昔日的歌唱和亚波罗的颂诗，
曾经在许多琴弦上被弹唱了的，
同样地也会被战败而寂然消沉；
因为某种比其他一切还要美好的东西
永远会不断地出现、出现。
同样地，一切都会退而为更低劣的东西，
正像我们说它们会越来越好：
因为，瞧，某些比其他的东西
更难闻、难听、难看、难尝的东西，
反过来说也同样地会存在。
但是，既然事实并非如此，
而是凡物都有它们一定的界限，
在事物的两端来限制住它的总量，
所以必须承认物质也是这样，
是以有限数目的形状来互相区别。
再者，从大地仲夏的炎热
到一年中的冰冷的寒霜，
这前进的道路是有定的，
回头走的这条路也是同样长短。

但事实上一定的限界是存在的。

因为所有的热，所有的冷和温暖，
按有条不紊的次序凑满总数的，
全都处于两个极端之间：
被创造的东西因此必定是
借有限的变化而彼此不同，
既然它们的两端总受一定的点所限，
一头为焰热所染上，
另一头由严酷的寒霜。

每一种形状的原子，其数目是无限的；

　把这些教给你之后，我将要
在这上面加上一个有关的事实，
这事实从这些取得它的证明：
那些具有相同的形状的始基，
它们的数目乃是无限的；

否则物质的总量会是有限的；

因为既然不同的形式本身是有限的，
那么那些有相同形式的始基，
就必须在数目上是无限，
否则物质的总量依然会是有限——
这我已用诗章证明不是事实，
指出物质粒子如何从亘古至今
都同样地以继续不断的撞击
在四面八方支持着整个宇宙。

在一个地

因为虽然你看到有些野兽较为稀有，①

① 此处我们遇见伊壁鸠鲁一个奇异的原则，即物的“平均分配”（ἰσονομία）

看到在它们这方面自然不是那么丰富，
但是在别的地方，在遥远的国土，
该类的众多的动物会把总数补上；
正如在四足动物中我们看见
那些有蛇一样的手[①]的大象
如何成千上万地以象牙的壁垒
在印度到处筑起了墙防，
使得印度内地都不能进去——
在印度这种巨兽是如此众多，
我们所见到的它们却极少，
还有，假定我们设想一个东西，
它是它那一类中唯一的个体，
是带着一个独一无二的身体生出来的，[②]
整个世界上没有别的东西像它一样，
但是，如果没有无限多的一种物质
可以用来孕育和生产这个东西，
那么它就不能被创造出来，
并且也不能取得食物而长大。

方是稀有的动物，在别处则是很普通的

即使一个独特的东西，也意涵着所需的该类的原子数目是无限的

的原则。卢克莱修没有在什么地方说出它，但却常常根据它来论证。如果某一类东西在世界的某些地方，甚至在我们的整个世界里，是稀有的，那么它在世界的其他地方，或在宇宙的其他的世界里，就会是很多很多；整个说来，一类的东西，其数目是和别类东西的数目相等的。

① 蛇一样的手(anguimanus)指象的鼻子。

② 卢克莱修式的不必要的重复。

如果数目有限，它们就可能在宇宙里被抛来抛去而永不相遇

是的，如果能产生某一东西的物体，
当它们在宇宙中运动的时候
它们的数目是有限的，
那么，从那儿和在那里，
以什么方式和借什么力量，
它们能来到一起而相遇，
在那样辽阔的物质海洋
和异类[①]的喧嚣之中？
它们没有什么法子来结合为一体。
而是，正像在许多巨舟覆没之后，
大海惯于把那许许多多的
船夫坐椅、肋材、帆衔、船头、
船桅和飘荡着的船桨远远地散开，
以致在遥远的各处海岸都能看见
漂浮着破碎了的船尾的残块，
给予人类一场教训，
叫人避开那背信的大海的埋伏，
避开它的狂暴和欺诈，
任何时候都不要相信它，
不管那宁静的海洋
如何带着狡谲的蛊惑在微笑：

① “异类”，即不能相结合而产生所说的这种东西的原子；每种东西，不论是奇特独有的，或成为一类的，都必须有无限多适合产生它的原子，才能生成、存在和长大。

完全同样地，如果你一旦
真的认为某种始基的总数是有限的，
那么，物质的各种不同的浪潮
就必定会时刻把它们驱散到处飘荡，
以致它们永远不能够相遇，
永远不能被驱赶在一起而结合，
也不能借增添而长大——
但事实对每个人都清楚地证明：
许多东西既能产生，又能增大。
因此，显然无论哪一种始基，
它的数目必定是无限的——
万物就是从那里获得了物质供应。
那些引起死亡的运动也不能永远胜利，
或者把世界的生命永远葬埋；
但那些使万物产生和长大的运动
也不能把创造了的东西永远保住。
这样，这从亘古开始的长期战争
是以相等的战斗力在所有始基之间
继续地进行着。时而这里，时而那里，
世界的生产力量胜利了，——或失败了。
混杂在葬仪之中的是那刚刚
到达这光之岸的初生婴儿的哭声：
没有一个黑夜跟着白天，
没有一个黎明跟着黑夜，

创造和毁灭之间的战争是势均力敌的

而不在新生婴儿的哭声中间
听见那失常的哀泣，
那死亡和黑色仪式的老伴。

没有什么东西是由单一种原子造成的

在这个问题中还有这一点
你也宜封好而加以保藏，
不要委之于健忘的头脑：
没有什么其本性为我们所熟知东西
是只由一种的原素所构成的，——
万物莫不由混合的种子所构成。
任何东西如果在它里面
具有更大量的许多能力和特质，
就是表明这里在它本身里面
有最多种类的和不同形状的原素。

大地有着每种原子，

首先，大地在她自己里面
就包含着那些原初物体，
由于它们，水泉就流出了冰冷的水
来不断地重新补充那不可测量的大海；
她也包含着那产生火的原初物体，
因为在许多地方她的外壳有烈焰燃烧，
而暴怒的伊特那峰则更是猛烈地
把更深藏在地下的火焰喷出来；
她在自己里面还包含着那样的种子，
用它们她就能为人们而产生出
黄金的谷粒和可喜的树木；

她也在自己里面包含着那样的种子，
由之才能把河流绿叶和可喜的草地
拿来供给那些在山岭间梭巡的野兽。
因此只有她才被称为神的伟大的母亲，
野兽的母亲，和人类的生育者①。
古昔多才的希腊诗人曾对她歌颂

因此大地被称为母亲

对大地母亲薛比里的崇拜

· · · · · · · · · · · ·

〔说她〕坐在四轮车中的宝座上②
驱策着她的一群狮子……
用以教人知道大地是悬挂在空中
而不能是安置在另一个大地上面。
他们把野兽套在她的车子上，
因为一个后裔，无论如何野蛮，
都必须由亲生父母的照顾
来加以驯服和督责。
他们在她头上围上有角塔的王冠，
因为牢固地建筑在她高高的要塞上，
是她支持着一切的都城；③
今天，仍然装饰着同样的标志，

城墙状的王冠；

① 此句拉丁文原文的意思是："……和我们身体的生育者。"贝里注释道："诸神伟大的母亲是大地女神薛比里的称号，对于她的崇拜，曾于公元前204年从佛里基亚传至罗马。卢克莱修在次节以寓言的方式来解释这个教派的仪式。"

② 以下数句里奥纳德解释有误，今根据贝里本原文译出。

③ 上一句"牢固地建筑在……"是形容这句的"一切的都城"，但又似移位而成为形容此句的"她"。这是诗人的一种手法。

在庄严而使人敬畏的气氛中，
这个神圣的母亲的偶像
在许多强盛的国度仍被抬出来游行。
许许多多的民族按照古老的仪式
称她为哀达①的母亲，
弗里基亚的护卫； 给她配上弗里基亚的随从队伍作护卫，
因为他们说是从那些地区
谷物才开始传遍了整个世界。
祭司们 他们指派阉割了的加罗②来侍奉她，
他们想这样来宣告
那些冒犯母亲的尊严并对两亲不孝者，
都应该被判定没有资格
把一个活着的后裔带来到
音乐 这光之岸。加罗们来了：
凹孔的铙钹，紧张的皮鼓，
在他们的手的击打之下响声喧天；
凶狠的号角发出吓人的重浊的沙嗄声；
而管笛则用弗里基亚的调子，
激发他们疯狂的心；
和武器； 他们在自己面前抬着刀器，

---

① 哀达峰在小亚细亚西南弗里基亚境内，特洛依古城附近；克里特岛也有一哀达峰，现称匹西罗里地峰。弗里基亚地方对于大地母亲的崇拜，根据近代学者考察，乃是从克里特岛传过去的。

② “加罗”(gallos)，即祭司。

他们的狂乱野性的标志，
它们能够以女神的可怕威力
来使群众忘恩负义的头脑
和不虔敬的心有所戒惧。
就这样，当她的队伍经过每个大城，
用她沉默的问候来祝福人类的时候，
他们就在她所经过的大路上
撒满了铜币和银币，
献给她许多义捐和礼品，
在她头上落下雪花一样的玫瑰花朵，
遮蔽了这位母亲和她那些护卫者。
这里有一队武装的队伍，
希腊人称之为弗里基亚的丘勒塔①。
因为有时在他们自己中间
他们惯于玩玩持武器的游戏，
并按节拍跳来跳去，
见血而开心②，并且以他们的点头
使头上那吓人的盔羽摇动着，
这是一个武装队伍，

---

① 据希腊神话，丘勒塔(curatas)是大地所生的鬼魂，是里亚(即薛比里)的侍从。在克里特岛，当里亚把她初生的婴儿宙斯交给他们照管时，他们就作一种狂野的舞蹈，用矛击盾，使得闹声淹没了宙斯的哭声使他不致被他的父亲克罗那斯所发觉。克罗那斯是将于后来为宙斯所打倒的。丘勒塔司又指克里特岛里亚女神的祭司。此处一指弗里基司亚的祭司，一指克里特岛的祭司。

② 丘勒塔用刀割他们自己。

它使人记起狄克特的丘勒塔，①
他们在克里特岛，据传说，
曾经用声音淹没了婴孩宙斯的哭声，
同时他们的乐队，那些年轻的孩子们，
则围住那男孩急速地跳着舞，
并按合于他们步伐的节奏
用铜器击着铜器，
叫魔王不能把他抢走去吞食，
而在他母亲的心中
留下一个永恒的创伤。
就是因为这个缘故，
他们才武装着来护卫这伟大的母亲；
或者，也许是因为他们要借此表示：
她，这位女神，教导人们
要热诚地用武装的勇力去保卫祖国，
并准备挺身而出
成为他们祖先们的卫士和光荣。
但这一切都是虚假的。神灵过着一种与世界无涉的平静的生活
这个传说，不论说得多么美丽，
还是与理性相去千万里。
因为一切神灵必定是本身就享受着
不朽的长寿和最完满的和平，
远离我们的事务，泰然与世无争，

① 参看上页注①。狄克特是克里特岛的一座山峰。

不遭受危险，不遭受痛苦，
自身就具有无数的自己的财富，
既不需要我们，他们就不会被触怒，
人们也不能以奉侍和礼品取得其欢心，
说实话，大地在一切时候都并无感觉；
只是由于获得许多东西的种子
她就以许多方式把许多东西
带到阳光里面。而在这方面
谁决意称大洋为内普顿①，
或者把五谷称为丝里丝②，
并且宁愿滥用巴克斯③的称号
而不直说烈酒本身的名称，
对于这种人，让我们准许他
继续称大地为神灵的母亲，
只要他不用恶臭的宗教
把他自己的灵魂染污。
因此，那些羊群和牛只，
那些渴望战斗的马匹，
常常一起牧食于同一个草原，
在同一个蔚蓝的天穹底下，
并饮吸同一条水流的水来解渴，

同样的食物能营养不同的动物

① “内普顿”是海神。
② “丝里丝”是谷神。
③ “巴克斯”是酒神。

却全带着不同的形貌过它们的生活，
保持着祖先的本性，祖先的习惯，
它们永远各按种类把这些东西
重复带来。在任何一种草里面，
在大地的任何一条河流中，
物质的多样性是如此巨大。

它们的肉、骨等等是不同的

再者，每种生物，它们之中任一个，
同样全是由骨、血、管脉、
热气、肌和肉等等所复合构成，
这一切就它们的形式而言都差异很大，
并且是由形状不同的原素所造成。

许多不同的东西包含着火种子

再者，一切所被火所燃烧的东西，
在它们里面如果没有包含着别的东西，
至少也包含着某些粒子，因之
它们才能投出火焰和放出光，
射出火花和把灰烬撒得远远。
如果你用同样的心智的推理，
对其他一切也照样逐一想一想，
你就会发觉在它们的躯体中
有许多东西的种子被它们藏住，
有形状不同的种子被包含。

同一物能触动不同的感官。

　此外，你看见许多东西，
它们既有颜色和滋味，又有气味，
其中首先要提的是那许多的献品，

. . . .[1]

因此它们必定是由不同的形状[2]所构成。
因为烧东西的气味进入我们体内，
所经过之路不是明亮的色彩所能走进；
颜色由一条路进入我们的感官，
滋味则由另一条；所以你能看到
它们的原素的形状也必彼此不同。
这样，不同形式的原子结合成一团，
许多东西是由互相混合的种子而存在。[3]

一切东西都包含各种不同形状的原子但不是一切的结合方式都是可能的

　但也应该不要以为一切的原素
都能在一切的方式中被结合起来，
因为如果是这样，你就会看见
怪物在你四周到处生长：
半人半兽的东西突然冒起来，
有时巨大的树枝从人身伸出，
海兽的手脚附生在陆地动物身上，

---

① 芒洛以为此处遗失一行，并且以为大概是如下的意思："它们被焚烧时就使神坛香烟缭绕；"这是指人们所献的香，也许还包括烤的兽类的内脏，因为香没有滋味，内脏才有滋味。贝里最初同意芒洛的说法，后来"犹豫地"接受了 Bruno 的读法；Bruno 把第 681 行中最后一字 dona(献品)读作 poma(水果)，就使得芒洛的增补成为不必要；而"水果"又恰好具备三个条件：色、香、味，但是，如果改为"水果"，那么下一句的 nidor 就必须作为普通的"气味"解释，而不能作为"烧〔东西〕的气味"了。

② 即不同形状的原子。

③ 自此以下尚有 12 行(即第 688—699 行)；Giussani 将它们移到 724 行之后。里奥纳德本也然。

自然在整个产生一切的大地上养育着
那些从可怕的口里吐出火焰的狰狞怪物——
这样的事显然一件也未曾发生过；

每样东西都有它自己的种子、食物和运动

因为我们看到一切的东西
都由一定的种子和爹娘生育出来，
并且在生长时具有如此的机能
来保持它们自己祖先的类型：
这必然是按一定的规律而发生。
因为从那已经吃下的一切食物，
分离了的适合于各种生物的粒子，
就走遍它们全身，并且在那儿
结合起来而产生了适当的运动；
反之，我们看见自然如何在地面上
抛弃了那些异于它们体质的东西。
许多不见形体的东西则由撞击所迫
而从它们的身体飞开去[①]——
那些不能连接上任何部分
或者当已在体内时却不能协调
而在其中采取那些活命的运动的东西。

这对于无生命的东西和这于生物一样是真的

但不要以为也许只是有生命的东西
才被这些规律所限制：它们限制一切。

· · · · · · · · · · · ·

① 例如呼吸出来的气息。

因为正如所创造出来的东西
就它们的整个本性说是各各不同，
同样地它们的始基也必定形状各异——
不是说因为只有极少始基有相同的形式，
而是说因为它们①一般地不是全都一样。
不，在我们这些诗句中，
你看见许多的原素为许多字所共有，
但是依然必须承认
字和字，句和句都彼此各不相同，
都是由不同的原素所组成，——
不是说因为只有少数几个共通的字母
出现在所有的字里，或者说没有两个字
彼此都由完全相同的元素所构成，
而是说因为它们②一般地并不是全都一样。
同样地，在别的东西里面，　　有共通的原素，但整体则是不同的
虽然有许多为许多东西所共有的始基，
但它们③当彼此结合起来的时候，
却能形成新的整体，与别的很不相同。
所以的确可以说人类五谷和愉快的树木
全都是由不同的粒子所构成。④

① 此行的“它们”指原子。
② “它们”指字母。
③ “它们”指原子。
④ 关于自“不，在我们这些诗句中”起至此行止各行，参看第102页注①。

再者，既然种子是彼此不同，
所以必定也有不同的间隔和孔道，
联结和重量，撞击、冲突和运动，
所有这些东西不单区别了生物，
而且使大地的全部海洋从陆地分开，
并将整个天空从大地区别出来。

第二性的性质是不存在的(730—990)

原子是无色的，

来吧，我快乐的劳动所找到的这些话，
你要注意认识，否则你也许会猜想
那些在你的眼前闪烁的白色东西
乃是由白色的种子所造成的，
而黑色的则是用一种黑种子；
或相信染上任何种色彩的东西
是从有同样色彩的物质粒子取得其颜色。
因为物质的原初物体丝毫不带色彩——
既不是和物同色，也不是和物不同色。

但是心灵能很好地意想它们

但如果你竟然会以为心灵本身
不能投射它自己的影响到这些物体里面，①

---

① 这里提及的是伊壁鸠鲁的心理学里面一个颇暗昧的观念。心灵本身是一堆灵魂原子的聚合，当这些原子受从外物来的或从它自己的库藏来的肖像所搅动的时候，就引起了思想(第四卷，第722行以下)。但心灵有一种自发地“把自己投射”(ἐπιβολὴ τῆs διανοίαs)到肖像上去的力量，其结果就有了注意、观察、选择等

那么你就是大错而特错。
因为既然生而盲的人虽从未见过阳光，
但借触觉他们却仍然能够认出那些
他们出生以来对他们就是无色的东西，
所以你就能知道物体同样能够
落在我们的心灵的认识范围之内，
虽则这些物体没有染上什么色彩。
其次，我们在黑暗中所触及的东西，
我们也不感到它们染着任何颜色。
现在，既然我已赢得这个论证，　1. 颜色能变化，
我将接着来指出……

. . . . ①

现在，每种颜色都会完全变为别种②

. . . .

但原初物体无论如何不应该会这样。　但原子必须是不变的

等，或者有时当它这样把一个以上的肖像结合起来把握的时候，就创造了一个新的概念。这里卢克莱修想象他的读者会怀疑心灵是否可能借这种“投射”的行为来把握观念，就是说，来“见到”无色的原子，于是他就用盲者的类比来答复，提示说：我们应该把原子想成某些可触到而不可见到的东西。参阅原文第二卷第1047和1080行。

① 此处所失去的一行，贝里认为可能是如下的意思：
“原初物体并不具有任何颜色。”

② 原文是“omnis enim color omnino mutatur in omnis”(749)；人们对此句处理不同，这里不详论。我暂时同意雷撒姆的解释，把 omnino 理解为“完全”(completely)或“全部”。但存疑。

因为一种不变的某物必须要永存，
以免一切东西彻底归于乌有。
因为任何东西的变化如超出其界限，
就等于原来的东西的立刻死亡。
因此小心不要用颜色染污物的种子，
否则对于你万物就将彻底归于无有。

2. 如果原子是无色的，它们的形状等等的不同，就足以说明物的颜色不同

此外，如果种子没有任何颜色，
而却具备着不同的形式，
从这些形式它们就产生各种颜色，
并加以变化；因为最要紧的是：
以什么姿态跟什么种子相结合，
以及它们给予和取得什么样的运动；
那么你就可以很容易地猜出，
何以一小时之前是黑色的东西，
能够突然像大理石一样白亮起来，——
例如当狂风挑起了它平静的水面的时候，
大海就变为一片白浪滔滔，
白得像大理石：因为你能够宣称
我们平常看见是黑色的东西
当它的物质被重新搅匀、
有些粒子被再行安排、
有些被抽走、有些被加上的时候，
我们就看见它变成白亮亮的。

但是如果（1）它们

但如果是蔚蓝的种子

构成了大洋的平静的海水，
海水就绝不能变白：因为
不论你如何把蔚蓝的种子摇荡，
它们也永不能转成大理石的颜色。
但是如果在那些这样产生了
海洋那种单纯的色调的种子中，
有些带着这种颜色，有些带着另一种，
像通常许多形式相异形状不同的小块
造成了一个整齐划一的立方体一样，
那么，很自然，正如在这种立方体中
我们看到那些形式各不相同，
同样地在明亮的海水中我们也会看到
（或者在任何一种纯一的光泽中）
许多不同的颜色并且完全不相同。
此外，那些不同形状的小块
绝不妨碍整体在外貌上是一个立方，
但物的不同的色彩却能妨碍
整体总的结果成为一种颜色。
再次，那有的时候引诱我们
把颜色归属于种子的推理，
是完全破产了，既然白的东西
不是由白的东西造出来，
也不是黑的从黑的，
它们却是从多种颜色的东西造成的。

是与它们所构成的东西同颜色，那么变化就不可能，而（2）如果它们有一切颜色，那么各单独的颜色就都会被看见

而整体就不会有一种划一的颜色。另外，这种看法也违背事实

真的，白的东西更容易
从无色的东西生出来，
较之于从黑色或任何敌对相反的颜色。

颜色需要光，但原子与光不发生关系

此外，既然没有光颜色就不能有，
而原初物体却不出现在光里面，
你就应该知道它们并不带着颜色——
真的，在不见五指的黑暗中，
能够存在着什么样的颜色？
不，就是在光里面颜色也会变化；
当被垂直或倾斜的光线所照耀的时候，
就有不同的色泽显出来。
那环绕着装饰鸽子颈项的柔毛，
在阳光里面就会显出
有时红得像光亮的石榴石，
有时，由一种奇异的感觉，
它变成像绿宝石混着珊瑚红。
孔雀的彩尾浴在大量的光线里面，
转来转去时同样也引起颜色的变化。
因此，既然颜色是由光的撞击而产生，
没有这种撞击这些颜色就不能生成。

颜色的知觉是由于眼睛上的一种撞击：而对于触觉，有关重要

而既然当眼睛的瞳孔
被称为感到白色的时候，
乃是因为它在自身中
受到了一种撞击，

而当它感到黑色或任何颜色的时候，
则是受到了另外一种的撞击；
并且，既然你所触到的东西
不管有哪种颜色，都无关重要，
要紧的倒是它具有什么样的形状，
所以你知道始基并不需要颜色，
而仍然能够产生各种触觉，
随它们形式的不同而不同。

的是形状而非颜色

此外，既然特定的形状
并没有一种特定的颜色，
而始基的任何一种结合
都能具有任何一种颜色，
那么为什么那些它们所构成的东西
不是每一类都染上每一种的颜色？
因为那时候就会不足为奇，
如果飞着的乌鸦
从白色的两翼射出白色的光辉，
或者天鹅由于黑种子而变黑，
或任何一种单纯的或斑杂的颜色。

颜色和形状既然不是相连的，如果原子有色，那么，在同类动物中，就会有颜色不同的个体

不，还有，一件东西被撕得越破碎，
你就看见它的颜色消失得越厉害，
一点一点地直至完全消灭掉。
当华丽的织物[①]被拆碎时就是这样：

一个物体越小就越没有颜色

---

① 抄稿原来是“aurum”（金）由 Wakefield 猜改为“austrum”（红布），几乎被大家一致接受。我暂译为“华丽的织物”。

它那紫色，色彩中最辉煌的菲尼基红，
在线条被一根根拆散之后就消失了。
所以从这一点你就能知道那些碎块
早已驱散了它们所有的颜色，
远在它们归结为物的种子之前。

正如有些东西并无气味或声音，原子也是无色的

最后，由于你承认所有的物体
并非都发出一种声音或气味，
你就不对一切都赋以声音和气味，
那么，既然我们用眼睛
不能就知觉到一切的东西，
你就应该知道有些东西是没有颜色，
正如其他的东西之没有气味或缺乏声音，
而锐敏的心灵能知道那些东西
正不下于它能认识缺乏别种性质的东西。

原子也没有热、声音、气味，

但你也不要以为原初物体
只不过是没有颜色而已；
它们同样也与温暖和寒冷无关系，
而且它们也并不发出什么热气；
它们运动着，既缺声音也乏水分；
也并不从它们本身
抛放出任何自己的气味。
正像如果你要从事制作一种没药
或茉沃剌那或甘松花的香醪①，

① 原文是"nardi florem"(848)：贝里认为不应该照字面解释作"甘松花"而应作"甘松的香味"。

那种能给我们以玉露的芬香的东西，
你首先就必须寻找你竭尽能力
所能找到的那种无味的橄榄油，
那种绝不放出一丝气味的东西，
使它不致以强烈的味道弄污而破坏
那和它混合并一起被煮开的香精。
同样地，事物的始基在产生事物的时候，
必须不能被认为供给事物以颜色或声音，
因为它们不能从本身放送出什么东西，
也不能放出气味、寒冷、热气和温暖。

因为它们不从自己的身体放出任何东西

. . . . ①

及其他；但既然这些全都是有死的，
柔软的东西因躯体柔软而不免于死，
易碎的东西因结构易碎而不免于死；
中空的东西则由于身体多孔而必死——
所以这一切都必须从原初物体分开来，——
如果我们还想给世界安下不朽的基础，
在其上可以建造这全部的存在②，
以免你看见一切东西彻底归于乌有。

还有一点：凡我们所见具有感觉的，

原子也没有感觉

① 就抄稿此段现在的样子，不可能弄清楚它的意思，鸠山尼认为此处有数行失掉，恐怕是对的。在该数行中，诗人说只有那些包含着空隙的东西才能放射出一些什么东西，然后举出一些例子，而以下一行的“及其他”结束。

② 原文是“summa salutis”(863)；贝里译为“生命的全部”。

必须承认都是由无感觉的原素所构成。①
那些对于一切的人都很清楚
并且随时可以看见的现象,
既不驳斥也不反对这个说法,
而毋宁是自己拉着手带领我们,
迫使我们相信:正如我们上面所说的,
生物乃是由无感觉的原素而生成。
(1)我们在别处看见有感觉的东西从无感觉的东西生成
真的,我们能够看见在淫雨之后,
当湿透了的大地在腐化的时候,
活生生的虫蛆从发臭的粪堆出现;
一切也都以同样的方式变化着:
(2)无生命的食物造成有生命的身体
河流绿叶和快乐的草地变为牲畜,
牲畜则把它们自己变为我们的身体,
而我们的躯体又常常壮大了野兽
和巨翼之鸟的身体和力量。
就是这样,自然把一切食料变为生物,
从它们产生出所有生物的各种感觉,
其方式大抵正如她把干柴
展开为烈焰而使之全变成火。
因此你难道还看不出最重要的乃是:
事物的始基是按什么秩序而排列,

① 这个证明,即本身有感觉的东西却是无感觉的原子所造成的,对于第三卷是极重要的,在该卷中卢克莱修将证明灵魂是不免于死的。

它们是与什么其他的始基混合起来，
它们互相给予和取得什么样的运动？
　其次，是什么触动你的心灵，
迫使它提出一些犹疑的感觉，
使你不相信能感觉的东西
是从无感觉的粒子产生出来的？
诚然，水土木虽然被混合在一起，
也仍不能产生出有生命的感觉。
因此在这方面，必须记住这一点：
我并没有说过在一切条件之下，
从所有能造成有感觉者的东西，
感觉绝对能够被产生出来；
这里，极要紧的是：第一，
那些构成能感觉的东西的始基
其细小的程度如何？其次，有什么形状？
最后，它们是在什么样的姿态中？
它们有着什么样的运动和排列？
这些情况之中没有一件
是我们能在木块、土块中看得出来的，
但正是这些东西当被雨水浸湿的时候
就长出许多小虫；因为原初物体
受新因素的骚扰而改变其原来的排列，
就以一定的方式重新结合，
这些方式能产生出有生命的东西。

(3)有感觉的东西不是经常从无感觉的东西生出来，这个事实不足以构成反对的理由

一切视乎原子的大小、姿态、排列和运动而定

(4)有感觉的种子会是柔软的,因而是不免于死的

其次,谁以为会感觉的东西
能够从会感觉的东西创造出来,
后者照样又是从会感觉的东西生出,
. . . . .①
当他们把它们弄成柔软的时候;
因为一切感觉都与肌肉和血管
分不开,而我们看到这些东西
都是本性柔软而不免于死的。

(5)就算能够永存,它们必定是或者(甲)像整体的一个部分那样感觉或(乙)像一个独立的整体那样感觉。但(甲)一个部分本身不能有感觉

但假定这些东西能够是永远存在:
那它们就或者会有部分所特有的感觉,
或者应被认为具有那样的一种感觉,
像那存在于整个的生物里面者一样。
但是部分本身不能有感觉,
因为所有在每个部分里面的感觉,
都依赖于别的一种东西——②
砍开的手或我们躯体的任何一部分,
单独其本身并不能维持感觉。
这样就只剩下另一个可能:
它们必须类似整个的生物,

---

① 此处约失去一行,可能是如下的意思:——
"谁就是把感觉的基础弄成有死的"。

② 原文是"alio"(911),"依赖别的东西",这是 Lachmann 对抄稿中 alius 的修改,意思可能是指依赖心灵。但贝里认为应读作(ad nos),那就得译成"都依赖于我们"。

以便能够在每个部分和我们一起
共同去感觉那种生命的感觉。
这样它们就必须完全像我们一样地
感觉到我们所感觉到的东西。①　（乙）1. 它们就不能是永恒的；
如果是这样，那么，它们怎能够
被称为事物的原初物体？
它们如何能避免毁灭的大路？——
既然它们仅仅是生物，
而所有生物都与有死者一样。
但是就算它们能够是永存的，　2. 它们就会仅仅能够造成大堆有感觉的东西的混合体；
那么由它们的一切相遇和结合，
结果也不会有什么东西产生出来，
除了一群全由生物构成的乌合之众——
正如人、牲畜和野兽，
单纯地彼此聚合在一起，
依然不能产生出什么新的东西。
但如果当它们在一个物体之内的时候，②　3. 如果在整体中它们失去它们原有的感觉，那为什么还要把感
它们就失掉它们自己的感觉，
而取得了另一种的感觉，
那么赋予它们以随后又取走的东西，

① 以上两行似宜和再上两行掉换位置，即移至“以便……”一句之前。

② 原文是“corpore”(924)，贝里后来认为这不是“当一旦在一个物体之内”而是“从它们自己的身体上”，他把（中文的）这句连下一句共译成“但如果它们从自己身上失去自己的感觉”。

觉算是属于它们？但我们前面的例子已经够了。

这又有什么好处？此外，让我们
再提一提我们前面说过的证明：
正如我们看见禽卵变为小鸡，
而当淫雨把土地浸湿了的时候
大堆的虫就会涌现，
可见无疑地一切感觉都能够
从没有感觉的东西产生出来。

(6)感觉不能由于一种变质或一种诞生而从无感觉的东西生出；因为两者皆蕴涵一种结合

但如果有人说感觉是能够①
借变质而从无感觉的东西产生，
或者因为某种的诞生而被带来，
那么只需向他清楚指出这点就够了：
除非先有原素的某种形式的结合，
就不会有什么所谓诞生；
除非它们被结合，也不会有变化。

1. 在它的物质实体互相结合好之前，一个物体不能有感觉

　第一，在它的生物的本性产生之前，
一个物体中不能有感觉存在，——
这实在是因为所有它的质料
都尚分散在河流、空气、土
和一切从土造成的东西里面；
它们也未曾相遇并以适当的方式

① 这是一个与上面所论及的略为不同的见解：可以承认原子当分离时是无感觉的，但它们在复合体中就变成为有感觉（即个别地有感觉）的。卢克莱修认为这种看法也不对；他自己的意思是：由它们的结合它们形成了一个有感觉的物体，但个别的原子永远仍是无感觉的。

结合而成为那些生命运动，
足以点燃起那知觉一切的感觉[1]，——
那些保护着任何一个生命的感觉。
再者，一个超出其本性所能忍受的撞击，
会立刻粉碎了任何一个生物，
并进而使身体和精神的一切感觉迷乱。
因为始基的排列被松开了，
并且生命运动深深地被阻碍了，
直至全部物质在整个躯体里被震透之后，
就把灵魂的那些活命的结子从身体解开，
并把灵魂[2]分散地抛出体外，
经过所有的小孔把它驱逐出去。
因为我们还能够想出什么作用
是所加的撞击所能带来的，
除了把一切震散并解开？
也有这样情形，当撞击较轻的时候，
遗留下来的生命运动就常常战胜，
战胜而使撞击所生的巨大骚动止息，
把各部分唤回到各自的轨道上，
摆开已经开始统治身体的死的运动，
并把差不多消失的感觉重新点燃起来。

2. 一个撞击能结束感觉，因为它把结合解散，并使生命运动停止

感觉的恢复意味着结合的恢复和运动的恢复

① 原文是“sensus”(943)，此处指视觉、听觉等等。

② 灵魂是由许多原子构成的(它们形成一簇簇的小集团分布在身体各处)，所以能分散。

因为除此之外它们还有什么别的方法
更能把它们的思想能力收集起来，
从毁灭的大门再次转回到生命里面，
而不走往它们几乎已迫近的地方，
一去而不复返？

（7）快乐和痛苦是由原子的内部运动所引起的：因此原子本身不能经验到快乐和痛苦

　再者，既然当物质物体
在全部血肉肢节中受了暴力骚扰、
就在身体内它们各自的地方颤动的时候，
那里就有着痛苦存在；
而当它们再次回归到原来位置的时候，
就有柔和的愉快到来；
所以你能够知道事物的始基
既不能受痛苦所袭击，
也不能从本身取得快乐；
因为它们不是由任何原初物体所合成，
以致能因那种物体的新奇的运动而受苦，
或由之采撷任何可喜的甜蜜之感的果实，
所以它们必定不具有任何的感觉。

归谬法。能感觉的原子本身应会大哭、大笑、思想及争论

其次，如果为了使每个生物能有感觉，
我们就需要把感觉也给予它的原素，
那么，人类按其特性所由以构成的
那些特殊原素[①]，又该是什么样子？

① 原文是“de quibus auctumst”（975）：贝里同意 Brieger 的解释，认为这是指人类除了一般构成其肉体的原素之外尚需要的那些特殊原素——这是卢克莱修所反对的。

说实话，它们就会像人们一样大笑，
因一阵欢乐的袭击而笑破肚皮，
或者用泪珠洒满自己的两颊和下巴，
并有那样的机智和蛮勇来论说
许多的关于世界的构造的问题，
并且轮到它们也来研究
什么原素是它们自己所具有的；
而既然它们是与整个的人同种类，
它们也就应该由其他的原素所构成，
然后那些原素又是由其他的原素，
如此类推，以致你不敢
在任何地方停止下来。
唔，我要老追问着你直至你承认
那些你说是会说话大笑和思想的种子，
还是从别的种子所导致出来的，
而这些别的种子也同样能干这些事情。
但如果我们看到这一切是多么荒唐，
看到一个人能够大笑，
虽然确实不是由能大笑的原素所构成；
他能够思想并用博学言辞说出种种道理，
虽然自己却不是——说实话——
由智慧和雄辩的种子所构成；
那么我们所见的那些有自己感觉的东西，
为什么就不能够也是由互相混合着

而却完全没有感觉的种子所构成？

无限多的世界(991—1174)

小结：天是万物的父亲，大地是共同的母亲

其次，我们都是由天的种子[①]而来，
万物共有同一个父亲，
而那养育万物的大地母亲，
当她从他取得湿润的雨滴的时候，
就怀孕而生出它的雏类——
闪亮的谷实，快乐的灌木和树林，
并生育出人类和野兽的所有世代，
同时她对它们全体供给食物，
来饲养它们自己身体，
来过一种愉快的生活，
和延续它们的种族；
因此，她正当地赢得了母亲的称号。
凡先前从大地来的，同样又归于大地，
而先前从以太的海岸被遣送下来的，
当它回家的时候，天穹仍加以接受。

死亡不是毁灭而是改造；结

死神也没有如此地破坏事物，
以致他把物质物体都加以毁灭；

---

① “由天的种子”，意思大概是我们不是由有感觉的原子所构成而是由那构成天和地的原子所构成的，我们死后，它们就回到它们所自来的地方，按照别种结合方式而形成别的东西。

合产生了性质和感觉

而只是把它们的联合解散，
使原素重新互相结合；
结果是使所有的东西都改变形式，
改换颜色，并获得感觉，
而转瞬之间又失去了它们。
这样你就可以知道重要的是：
始基是和什么样的其他始基
以**什么样**的结构结合在一起，
它们互相给予和取得**什么样**的运动；
也不要以为我们所看见的，
这里那里飘荡在物的表面上，
忽而诞生，忽而立刻消灭的东西，①
能够安然深深地常住
在世界的永恒的始基里面。
就是在我们这些诗句里面，要紧的也是：
每一原素是和什么别的原素，
以及在什么次序中被放置，
同样的原素标示天空、
海洋陆地河流和太阳；
同样原素标示五谷、树木和生物。
如果不是全部至少也是大部分都相同②——

① 以上两行所指的是所谓"第二性质"；贝里以为上一行指第二性质，下一行指感觉。

② 指字母之间。里奥纳德以为"所用的这个类比，看来与上节所说者是不

但位置所能带来的区别是如何巨大!
同样地在事物本身,当物质的
〔距离、路线、联系、重量、撞击、〕①
冲突、运动、次序、结构、形状
等等方面有所改变的时候,
事物本身也必定同样起变化。

空间里面的其他的世界。勿为新奇的事物而吃惊,

现在,请用心听真正的推理,
因为这里一个极新奇的真理
正在竭力要进入你的耳朵——
事物的一个新面貌正要显露出来。
但是没有什么东西是这样容易,
以致当它初次出现的时候
不是总比后来更难于相信;
而任何东西不论如何伟大和可惊,
一切人也总会逐渐地
放弃他们对它的惊奇。
请向上望望那明洁清朗的天,
和它所包容着的一切东西——
那些在这里那里漂泊的星辰,
月亮,和太阳的光辉灿烂:

连贯的。这似乎也是诗人原稿的未经校改的状态的标志之一”。

①1020=1. 685并类似ii. 727。由于原文这五个词都是受格,不能纳入整句的结构中,故多数人把它除去,认为大概是原稿的一个边注而已。

这一切，如果现在对人们第一次出现，
如果不曾预见地它们现在突然就显露，
那么还能说有什么东西比这个更奇异，
还有什么是人们所事先更不敢相信的？
没有，我想，这景象会是如此地新奇。
现在，大家都已倦于去看这个景象，
竟无人肯抬头望望那些光辉的领域。
所以，不要因为事情的新奇而惊愕，
因此就把理性从你的心灵抛开，
而应以精明的判断好好地加以衡量；
并且如果对于你它显出是真理，
就举手投降；或者，如果最后它是错误，
就准备来战斗。因为我们的心灵
现在正在探求辽阔的彼方的自然，
在那外边的那个无限的总量，
那存在于世界的墙垒之外的东西，
向着它，精神渴望去远远瞭望，
向着它，思想的疾速的冲力①
无阻地一直向前飞去。

而必须探究在我们的世界以外有着什么

　第一，我们发现，向着周围的
一切的区域，在每一边，
上面，下面，遍整个宇宙，

除我们的世界以外，还有别的许多

① 指心灵把自己投射到意象上面以形成概念的那种力量。

世界。1. 既然有无限的原子在无限的空间里面相遇，就时时有产生这种世界的机会

止境是没有的——正如我们已指明，[1]
也正如事情本身所大声宣称，
也正如无底深渊的本性所清楚显露。
既然空间向一切方面无限地自由伸展，
而数目不可计量的种子，
在无底的宇宙中以许多方式在飞翔，
在永恒不断的运动中被骚扰着，
所以我们无论如何不能以为
只有我们这个大地和天曾被创造出来，
而如此众多的那些物质物体，
在这个世界外边却不能完成别的作业；
特别是因为我们这个世界[2]
也是由自然这样制成的：
物的种子由内在的运动而时时互相碰撞，
在它们被偶然地无计划地徒然地[3]
以许多方式被驱使在一起之后，
某些种子终于结合在一起，
这种种子当突然被抛在一块的时候，
常常能够造成伟大的东西的基础——
大地、海、天和生物的族类；

---

① 参阅第一卷关于“宇宙的无限性”一节。

② 下面各行谈到的，在第五卷“关于世界的形成和一些天文学的问题”一节中又被谈到。第一卷中“宇宙的无限性”一节也谈到。

③ 卢克莱修式的重复。

因此，我说，一次又一次地，
必须承认别处也有这样的物质聚合，
像以太所贪馋地拥抱着的①
我们的这个世界一样。

2. 在物质、空间和自然保持同一的情况之下，必然会产生它们

此外，当物质很丰富地预备着
当空间多得很而随手可得，
也没有什么东西或原因来阻碍的时候，
无疑地事物必然会被推动进行并造成，——
事实上如果种子的数量是如此巨大，
以致用生物生存时的全部时间
都不能把它们数尽……
并且如果它们的力量和本性总是不变，
总能够把物的种子各得其所地抛在一起，
正如这里在我们这个世界中
种子被抛在一起那么样，——
那就必须承认在别的地方
仍有其他的世界存在着，
其他的人类和野兽的种族。

3. 自然里面没有什么东西

还要加上这个事实②：在宇宙里面
没有什么是它的种类中单独被诞生的，③

---

① 原文是“avido complexu”（1066），“贪馋地拥抱着”；以太指天空。

② 原文是“huc accedit ut”（1077），里奥纳德释作“因此有了这种情形：（在……）”。

③ 物的“平均分配”（σονομία）的原则。

是独特的

是单独地和唯一地长大起来的，
任何一物都只是某一种类的一员而已，
在同类之中还有许许多多其他的个体；
首先，注意瞧瞧那些有生命的东西：
你会发现在山岭间梭巡的野兽是这么样，
人类的子孙也是这样诞生出来的，[1]
最后，那些沉默的有鳞的鱼类，
以及各种各样的飞鸟，也莫不如此。
因此我们根据同样理由就必须承认：
大地、太阳、月亮、海洋和其他一切
都不是孤单单地存在着的，——
而是在数量上有无限之多的。
因为那深深竖立了的生命的界碑[2]
对于它们仍然并无不同，
而它们的躯体之不免于死，
也正如任何一种在我们这个大地上
如此成员众多地存在着的东西。

可见自然是自己工作着，不

　如果你好好地认识并记住这一点，
那么从一切暴主解放出来

---

① 原文是“genitam”(1082)(诞生)，抄稿“O”和“Q”俱作 geminam(两性)。鲁斯接受抄稿原来读法；贝里读 genitam，但认为 geminam 也可能。如果维持原读法，这一句就应译作：——

“人类的两性也都是这样”。

② 所谓“生命的界碑”就是规律。

受神灵所控制

而自由了的自然，
就能被看到
是独立自主地做它一切的事情，
未受到任何神灵的干预。
因为，让神灵的心来作证！
（它们在和平的悠久的静穆中
度其无忧无虑的岁月和宁静的生活：）
请问，谁能够、谁能够有力量
统治那无边无际的宇宙，
以坚定的手执住那无底深渊的
巨大缰绳？谁有力量
同时使诸天旋转，
同时以天上的火来烘暖这一切
众多世界的所有丰饶的土地，
在任何时候出现在任何地方，
用他的云块来建立黑暗，
用他的雷声来震动天空的宁静地带，
并投射他的闪电——并且如何常常地
突然用它击毁他自己的庙宇，
而当向荒野退去时就在那里
练习他的雷霆大肆咆哮，①

---

① 原文是"et 〈in〉 deserta recedens saeviat exercens telum"(1102—1103)这种关于神退往荒凉地带练习霹雷的奇怪的想法，在第六卷，第 96—97 行还谈到。

但霹雷一声却常常把有罪者放过，
而将正直无辜的人们加以屠杀？

世界在它发育的时期是由于外来的经常的增添而长大的

自世界诞生的时候开始，
自水陆初生和太阳初升之日起，[①]
曾有许多的物体从外面加进来，
曾有许多种子从四面八方被补上，
它们是大宇将它们抛来抛去时所带来的，
以便使海洋和陆地能由于它们而长大，
以便使天之大厦能更为广阔，
使它的圆顶高高地矗立在大地上，
以便使空气也能向上升上去。

所以，只要一天它取入比给出为多，一物就一天天在长大

因为从所有地区，所有的物体
都由撞击而被分给各种适当的东西，[②]
然后又全都回归到它们自己的同类：
湿归于湿；土从土物体取得其增添；
火炼出了新的火，以太炼出以太；
直至自然，世界的创造者和完成者，
把万物带到了生长的极端界限：
这发生于送进生命的血管中的东西
不再多于从它们流失的东西的时候。
在这里，对于每一物，生命停止了；

---

① solisque coortum(1106)，coortum(初升)是和 solis(太阳)连在一起的。

② 即甲类原子给甲类原子所能构成的东西，乙类原子给乙类原子所能构成的东西。

在这里，自然以她的力量阻止一切增长。
因为凡你看见借愉快的补充而长大，
并且逐步地攀达壮年的东西，
它们就是为自己取进了
比他们所送出者为多的物体，——
只要食物仍然能容易地渗透所有血管，
而各物的组织也还不是如此松弛，
以致它们抛掉了如此之多的东西，
使消耗超过它们为生长而吸进的养料。
因为，我们应该承认我们相信：
有许多物体从物的身上流开；
但是永远必须有更多的物体到来，
直至那些东西达到了发展的峰顶；
之后老年就把它们的力量和成熟的健壮
逐渐加以毁坏，而使它们踏上下坡路。
因为一个东西越是身广体胖，
则一朝当它的增长停止的时候，
它就会向四周散放更多的物体，
把它们从自己遣开出去。
现在食物也不容易散入它所有的血管，
而且食物也不够，不能用新的供应
来抵消它所抛开的极多的放散物。
因此，很有理由万物都是要死亡，
当它们因为原素的减退而消瘦，

之后，衰败的时期到来，那时候它们失去的比取得的为多而外来的打击又把它们击倒的时候；
因为食物终于接济不了极端的老耆，
而外来的物体却不断用击打来把它毁坏，
并且以敌对的打击来置之于死地。

世界的情形也是这样

　同样地，伟大的世界的墙垒
也必将被风暴从四面八方
加以摧毁而崩坠为残垣断块，
因为必须食物的补充才能维持物的完整，
必须是食物才能对一切给以支持，——
但是现在这一切已毫无用处，
既然血管已不能保住足够的养料，
自然也没有供给所需要的那么多。
就是现在，它的生命也已经被损坏了，
大地由于分娩过多而亏耗，
几乎再也不能创造出小小的生命——
而以前她却曾创造过一切的物类，
生产了昔日的野兽的巨大躯体。
因为，我想，从没有一根黄金绳索[①]
从上面天界把有死族类放下到地面；
创造了它们的也不是大海或那冲击岩石的波浪；
生育了它们的乃是大地——

① 这个典故见于荷马《伊里亚特》中著名的一段，在那里，宙斯向其他的神挑战，要他们把他系上一根黄金绳子并把他自天上放到地面。斯多葛派显然曾经用离言的方式来解释这一段，以为它指大地上生命的创造。

今天仍以自己饲养它们的大地。
此外正是她自己最先独立自主地
为人类创造发亮的谷实
和万众所欢的葡萄；
正是她带来了甜蜜的果实和快乐的草地；
而现在它们差不多几乎不能长大，
即使得到我们辛劳的手臂的帮助。
我们磨垮牛畜，叫壮健田工筋疲力竭；
今天的铁犁几乎不足以耕种那些田地，
它们是如此吝啬给我们以收获，
是如此加重了我们的劳力。
今天年老的农夫摇着头，
一再叹息他双手的辛劳全落了空；
当他想到眼前光景是如何不如昔日
他就常常会赞羡他祖先的好运气，
并且喋喋不休地叫怨，
说如何在古时人们充满虔敬之心，
生活过得简单舒适，田地虽只有一小块；
因为，按每一个人计算，
古时每份田地确比现在小得多。
还有那起皱的、闷闷不乐的葡萄种植者，
也咒骂着季节的变化，
并且不断地去麻烦老天[1]；

它现在已显露出衰败的征候

① “而使老天厌倦”(caelumque fatigat)(1169)是Wakefield对抄稿O和Q

也不明白所有的东西
为岁月和生命的消逝所损耗
都必逐渐衰老而走向坟墓。

原读“saeclumque fatigat”的修改，为多人所接受；Ernout 和 Martin 恢复了原来读法，贝里后来也赞成。如按原来读法应译为：“不断地埋怨自己的时代。”

第　三　卷

序　诗(1—93)

是你第一个在这样的黑暗中
高高举起如此明亮的火炬，
是你最先照亮了生命的幸福目标，
是你引导着我，你，希腊人的荣光！
循着你所留下的足印
现在我踏下我坚定的足步，——
并非热中于和你争取荣誉，
而是出于非常的敬爱
而渴望能够学习你的榜样！——
因为燕子怎能与天鹅争强？
或者，在双足柔软的羊羔
和强壮有力的骏马之间
怎谈得上什么比赛竞跑？
你是我们的父亲，你是真理的发现者，
你给我们以一个父亲的告诫；
从你的书页中，啊，贤名远播的你！

对于伊壁鸠鲁的赞颂。他为人们揭示了宇宙的本性

正像蜜蜂吮吸繁花盛开的林地的每朵花，
我们也以你的黄金的教言来养育自己，——
黄金的教言，并且最配得上永远不朽。
因为你那出自神一样的灵智的推理
一开始它关于物性的响亮的宣告，
我们心中的恐怖就飞散，
世界的墙垒就分开，
我就看见宇宙在整个虚空中的运动，
神灵的华严就在眼前浮上来，
还有他们那永远宁静的驻地，
他们是既不会受风吹雨淋，
也不会被严寒所冻成而落下的
白漫漫的大雪所损坏：
无云的天空永远遮护着他们，
带着远远散开的光辉在微笑。
自然给他们以他们所需的一切，
也没有什么能把他们精神的安宁蛊害。
但是在我眼界内的任何一个地方
却再也没有亚基龙的地带现出来，
虽然大地再也不能阻止我看见一切
在我们脚底在下面虚空发生的事象。
在这种景象面前，啊，就有一种
新的神圣的喜悦和战栗的敬畏
流遍我全身；因为由于你的力量，

自然终于如此清楚而显明地
各方面都被展露在人的眼前！

灵魂的本性

而既然我已经教导过你
万物的种子是什么样的东西，
它们是怎样由于不同的形式而不同，
为永恒的运动所驱迫，自动地飞翔，
以及万物以怎样的方式从种子产生，
现在，在这些之后，我的诗篇
似乎应该来阐明心灵和灵魂的本性，
并把对于亚基龙的恐惧驱逐干净，
正是它从根底搅扰了我们的生命，
是它在一切上面倾注了死的黑暗，
不让任何欢乐保持无污而纯清。

哲学的假话

因为，虽然时常有人会这样断言：
较之于对死的国土趑趄鲁斯，
他们是更害怕疾病和耻辱的生活，
并且知道灵魂的实质就是血，
或者不如说风①，如果这是他们的怪想，
因此并不需要我们这种知识；
但你能够从下面就要谈到的情形，
看出他们毋宁是为沽名钓誉而夸口，
而并非有着真正的信仰。

---

① 主张灵魂是血者，是恩培多克勒；主张是风者，是克里底亚 Critias。

一个生死关头就会把那对于死的古老的恐惧揭示出来，

因为，试看同样这些人：
当他们被逐出祖国，
离开人们而流亡远方，
带着丑恶的罪名受着各种悲苦的时候，
他们却仍然要活下去；
并且这些可怜虫无论到了什么地方，
依然会祭祀祖先，宰杀羔羊，
对下界神灵奉献礼品，
在悲惨的境况中更悲切地求助于宗教。
所以，当一个人在不安的危难中，
对于他的检查就更为可靠——
观察他在逆境里是怎样一个人：
因为只有在那种时候
才能把实话从他胸中引出来，
假面具剥掉了，剩下了真面目。

这种对于死的恐惧是许多罪恶的渊源，

还有，贪婪和对荣誉的盲目追求，
这些东西迫使可怜虫们干违法的勾当，
并且常常变为罪行的帮凶和工具，
而夜以继日地以卖命苦干的劲头
想〔一帆风顺〕爬上权力的峰顶——
这些生命的创伤的很大部分
都是由这种对死亡的恐惧所培养。
因为凶暴的“贫困”和丑恶的“耻辱”
看来是和有保障的甜蜜的生活离得很远，

它们正像在死亡门口悉索抖擞着的形骸；
而当人们为错误的恐惧所驱使，
想远远避开这些东西的时候，
他们就用同胞的血来为自己积累好运，
他们增值自己的财富，他们是贪婪的，
是死尸的堆集者，他们用残酷的大笑
对待一个亲弟兄的凄惨的葬仪，
他们憎恨又害怕亲友对人的慷慨。
同样地，由于同一个错误的恐怖，
嫉妒就常常使他们憔悴，
因为在他们眼前谁带着光荣的名位走路，
谁就有权有势，谁就被人敬羡，
而他们则在泥污和黑暗里面滚来滚去；
有些人为追求立碑留名而丧身；
并常常由于对死有着这样的恐惧，
以致那种对活着和看见阳光的憎恨
竟深深地攫住了人们，叫他们自己
带着黯惨的心去了结自己的生命——
忘记这个恐惧正是一切忧苦的源泉，
这个恐惧对廉耻之心是一个瘟疫，
也是它叫人破坏了友朋之间的联结，
总之叫人把一切诚敬①都推翻而加以残杀。

① 原文是“... et in summa pietatem evertere...”(84)中“pietaem”，即“诚敬”，指人的个人生活和社会生活中的一切联系，所以用“in summa”(总之)一词。

因为，早在今天以前，常常地
许多人所以出卖祖国和亲爱的父母，
就是由于渴求要避开亚基龙的国土。
并且必须由知识来把它驱散
因为正如孩子们发抖而害怕
一切在不可见的黑暗中的东西，
同样地就是我们在光天化日之下
有时也害怕那么多的东西，
它们其实半点也不比孩子们战栗着
以为会在黑暗中发生的东西更可怕。
能驱散这个恐惧、这心灵的黑暗的，
不是初升太阳炫目的光芒，
也不是早晨闪亮的箭头，
而是自然的面貌及其规律。

心灵的本性和构造(94—416)

心灵的本性。甲，心灵是身体的一个部分，
那么，首先我要说，心灵，
那我们常常称之智力的东西①，
那生命的指导和控制力量
所存在于其中的东西，

---

①　在这一卷中，我们必须像卢克莱修本人一样，小心地区别“心灵”(animus)和“灵魂”或“生的原理”(anima)。前者是一堆纯粹的“灵魂原子”，位于心胸中，是思想和意志的所在，后者也是相似的原子形构成的，但却散布在全身，并且和身体的原子混合着，是身体里面的感觉的原因。不过，有时候，当卢克莱修在说

乃是人的一个部分，
正如同手、足和眼睛
乃是一个完整生物的部分。
〔但有人却主张〕心灵的感觉
并不存在于任何一定的部位，
而是身体的某一种生命状态，——
希腊人称之为“和谐”，
是它使我们带着感觉来活着①
虽则智力并不存在于任何部分中：
例如身体常被称为健康，
然而健康却不是那健康者的一个部分，
所以他们不把心灵的感觉
放在人的任何有定的部位。
照我看，他们在许多方面都大错特错。
常常地，那显然可见的身体正在生病，
但同时在某一不可见的部位
我们却感觉着一种愉快；
相反的情形也常有：

它不是一种“和谐”

(1)心灵和身体在快乐和痛苦中是彼此独立的。

那些可以适用于两者的话时，他就用两个名词中的这一个或那一个，而它是具有统括的意义的。

① 此处卢克莱修所想及的可能是亚里士多生奴斯；他是亚里士多德的一个学生，此人乃是一个理论音乐家，他把他的音乐理论拿来应用于对人的灵魂的解释。当然，毕达哥拉斯派某些人也有这种看法。“quod”(100)是关系代名词“它”，而不是“因为”，里奥纳德误译为“因为它使……”。

心灵悲苦的人却依然感到
快乐充满在他全身里面，
正如当头部不痛而一只脚可以很痛。

(2)在睡眠中，身体是无感觉的，但心灵正活动着。

此外，当四肢已把自己交给温柔的睡眠，
而沉重的身体松弛无知觉地卧着的时候，
一种别的东西却仍在我们里面
在那个时候以许多方式受搅动着，
接受着一切欢乐的波动和虚幻的忧虑。

乙，灵魂是在身体中，但并不是一种和谐。

现在，为使你认识灵魂
也是存在于人的肢体里面，
并且那使身体感觉的并不是什么和谐，
首先，请看看这个事实：

(1)当身体的大部分已丧失时，灵魂仍活着；(2)热和气的粒子失掉时，就引起死亡。

常常当身体大部分已去掉之后，
生命却仍停留在我们的肢体里面，
但是当虽然为数不多的热粒子被抛散，
而气也已从口腔里被驱出体外的时候，
同一个生命却会立刻
抛弃血脉，离开骨骼。
这样，你就能够知道
所有的粒子并不是都有同样的功用，
也并不是同样地都是生命的支柱：
毋宁说只有那些风和热气的种子
才负责使生命停留在我们肢体里。
所以，在我们的身体里面，

是有一种活命的热和风，
它们在人死时就抛弃我们的躯体。
这样，既然心灵和灵魂的本性
已被发现乃是人的一部分，
你就应把所谓“和谐”放弃，
这个从希里康山被带给音乐家的名称——
除非或者是他们自己从别处取来
而用于那至当时为止还未有名称的东西。
无论如何，他们尽可以要它——
你呢，还是听我其他的教言。

“和谐”的观念必须被放弃

我说，心灵和灵魂是彼此结合着的，
并且以它们自己形成一种单一的自然，
但是整个躯体的首领和统治者
仍是那我们称为心灵或智力的理性[①]，
而它是牢牢地位于胸膛最中心的地方。
在这里跳动着惊惶和恐惧；
环绕着这里有快乐的抚慰；
所以，这里乃是智力、心灵之所在。
灵魂的其他部分则遍布全身听候命令——
受心灵的示意和动作所推动。

但心灵是最高的，它位于心中

心灵自己单独有自己的思想，

心灵本身有痛苦和快乐

① “consilium quod nos animum mentemque vocamus”(139)：“consilium”即伊壁鸠鲁所说的 τὸλοηικόν，即心灵的理性部分，它与感情部分有区别，这里简译为“理性”。里奥纳德略去“mentem”(智力)一词。

它单独有自己的欢乐，
当没有什么触动灵魂①和身体的时候。
而且也正如当我们的头或眼睛
受到打击而刺痛不堪的时候，
我们却并不感到全身一同受苦，
同样地心灵自己有时也受着苦
或充满着一种欢乐，
但在四肢和全身里面
灵魂的其他部分却不受什么新的搅动。

但心灵的过度的感觉，则为灵魂所分有，并且从它传给身体

但当心灵为更厉害的打击所触动的时候，
我们就看见整个灵魂
立刻同时都在人的肢体中受苦：
此时人就全身流汗，面如土色，
舌头结住了，半句话也说不出来，
两耳嗡嗡地叫，眼前一片模糊，
双足支持不住了；我们常常看见
人们会由于心灵的恐惧而晕倒。
所以，谁愿意，谁就能容易地
看出灵魂是和心灵联结着的，
而当它被心灵的势力所搅动的时候
立刻它也反过来打击和推动身体。

心灵和灵魂乃是物质性的。

并且这同样的论据也证明
心灵和灵魂的本性是物质的：

---

① 原文是“cum neque res animam neque corpus commovet una”（146）：

因为既然我们看到它能驱策四肢，
能从睡眠夺回身体，能使脸色改变，
能统治和左右整个人的状况，
——而如果没有接触这是永不可能的，
如果没有物体则不会有接触——
难道我们还能不承认心灵和灵魂
乃是由物质的自然所构成？——
此外，同样地你也看见心灵
跟身体一同受苦，和身体一同感觉。
如果矛枪恶毒的疾刺把人们骨头割穿
把内面肌肉翻露出来，但尚未击中要害，
也仍然跟来一种晕眩和愉快①的晕倒，
和躺在地上时心灵里的那种模糊混乱，
有时还有那种想站起来的犹豫的意念。
所以，心灵②的本性必定是物质的，
既然它由于物质的枪矛的打击而受苦。
什么物质、什么部分构成这个心灵，
现在我将继续来告诉你。首先，
我断言，它是特别精巧的，

因为心灵由于接触而在身体上起作用

并且受身体的痛伤所影响

心灵和灵魂是由很小的粒子构成的：

Havercamp 把“una”改读为“ulla”。里奥纳德译作：“即使当那触动它（心灵）的东西完全没有触动灵魂和身体的时候。”

① “suavis”，即“愉快的”，是 O 和 Q 的原读，许多人不必要地加以修改，其实，正如贝里举例证明的，晕倒有时可以是“愉快的”。

② 此处“心灵”是统称，即包括灵魂。

是由极细小的粒子所构成——
事实之是这样，如果你留心注意，
(1)因为它们最易动；
就能够由下面所说的看出来：
我们看见没有什么事情能发生得这么快，
像心灵所设想发生和开始去做的那样；
所以比起任何可用眼睛见到的东西，
心灵是能更为迅速地激动它自己。
但是如此矫捷的东西必定是
由最圆最细小的种子所构成，
以致即使为微小的力所撞击的时候
它们也能被推动起来。
因为水就是这样动的，
一受到最微小的影响就波动，
由于它是由会滚动的小形粒子所构成；
但是相反地密的本性则是更稳定，
它的液汁更富于懒性，它流得更迟缓；
因为它的物质更牢结在一起，
因为，实在说，构成它的粒子
不是这样地光滑、这样地小而圆。
因为一阵轻微地吹过气息，
就能使高高堆起来的一堆罂粟子，
从堆顶到堆底在你眼前崩下来；
相反地一堆石子或有刺的麦穗，
它就根本吹不倒。所以物体

越是小而光滑，它们就越易动：
相反地，越是沉重，越是粗糙，
它们就越不容易动。那么，现在，
既然心灵的本性是如此容易动，
构成它的种子必定就是格外小，
格外光滑格外圆。一旦认识了这事实，
好朋友，它就会在其他方面对你很有用。
这个事实也表明心灵的本性，
表明它的组织是如何的精细，
如何一点点地方就可以包容它，
如果能把它缩成一个小弹丸的话：
当死的无忧的宁静占有了一个人，
当心灵和灵魂撤退了的时候，
你看见在整个身体中，就形状
和重量而言，并没有什么被取走。
除了生命的感觉和热气之外，
死仍然保留一切。所以整个灵魂
必定是由最微小的种子所构成，
它被联结在血脉和肌肉里面；
因为当它从整个身体离开之后，
肢体的外表的形状并未受损伤，
而身体的重量也未减少分毫。
正如当美酒的香味已经消失，
或者香膏的芬芳已随风飘散，

(2) 因为它们在人死时的离开，并不引起人的外表或重量的改变

或者当任何东西失掉气味之后，
它本身看来却并不因此而失去什么，
也没有什么从它的重量被除掉——
显然是因为那在物的整个体内
产生各种气味和芬芳的，
乃是许许多多极微小的种子。
所以，一次又一次地应该知道
心灵和灵魂乃是由极小的种子所构成，
因为当它飞开的时候，
它没有把重量带走分毫。

灵魂的构成：风、热、空气；

但也不要以为它的本性是简单的。
因为那离弃那将死之人的，
是一种稀薄的微风，其中混有热，
而热又带着气一同走；
不混合着气的热是没有的。
因为，既然所有的热本性都稀薄，
在它里面就必定有许多气种子在运动。
这样，心灵的本性是三重的；但是
这三种东西都不足以产生感觉，
和那些心灵所转动的思想。①

第四本性；

所以在这些东西之外

① 对第240下半行有各种各式的读法，此处采用贝里所赞成的Frerichs的读法："et mens quae cumque volutat"，里奥纳德大概是读nedum quae mente volutat："更不用说那些在心灵中转动的思想"。

必须加上一种某物、一种第四者[①]；
这种某物还完全没有名称；
没有什么东西比它更易动，
没有什么东西比它更细致，
由更小更圆滑的原素所构成。
它首先送出感觉运动透过全身； 感觉的路线
既由细小的原初物体所构成，
所以它就最先被搅动。
然后热和那看不见的风的力
就把运动接过来，然后是气，
然后一切都被推动；
血液接受了震动，之后
所有的肌肉都开始感觉到，
最后感觉抵达骨骼和骨髓——
不管它是愉快，或者是相反的激动。
但痛苦则不是很容易就进得这么远，
厉害的恶疾也不能渗透这么深，
否则一切都会被搅扰至这样的程度
以致再无余地留给生命，而灵魂的组分
就会通过身体的每个肤孔散开去。
但是通常几乎是在皮肤层上

① 这种“第四者”，有时被人认为是卢克莱修唯物论中的一种让步，好像它是超物质的；但，事实上，当然他是把它看作一种物质的。

这些运动就被制止；正因为如此
我们才能够保持住我们的生命。

灵魂中诸原素的结合

　现在当我渴想告诉你
它们是怎样地互相混合着，
是借什么样的结合而起作用的时候，
我们祖国贫乏的语言却可悲地阻碍我。
不过我仍将尽我所能略谈几点。
这些始基是这样在它们自己中间
带着原初物体的运动往来运动
以致没有一个能从其他的分开来，
也不能发生它的作用，如果被空间隔断；
它们像一个物体的许多力量那样起作用。
如像在任何一个生物的肌肉里面
存在着气、味和某一种的温热，
但是所有这些却构成一个完整的躯体，
同样地，不可见的风力和热和气，
混合着时就创造出一种自然，——
还要加上那种矫捷的能力的帮助，
它从自己送出开端的运动给它们：
是从它首先产生那产生感觉的运动
然后这种运动就传遍全身各部。

深藏着的第四本性

因为这个本质深深地隐藏在最下面，
在我们的身体中没有什么比它更深藏，
并且它乃是整个灵魂真正的灵魂。

正如在我们四肢和整个躯体里面
心灵的精力和灵魂的能力是混合隐藏着，
因为是由少数微小的物体所构成，
同样地，这个无名称的第四者，
这由微小物体所构成的东西也隐藏着，
并且似乎是整个灵魂的真正灵魂，
掌握着统治整个身体的权力。
风和气和热必定是以同样的方式 其他的因素
彼此混合在全身里面来起作用，
其中之一比其他的更深藏或更凸出，①
但从它们全体却产生出一个单一的东西，
否则热和风单独自己，气单独自己，
就会使感觉告终，用分离使它消散。
在心灵里面确实有那种热， 热引起愤怒；
当它暴跳如雷并且从两眼更迅速地
喷出怒火的时候，它就带上它；
它还有很多冷的风，惊恐的伴侣， 风引起惊惧；
是它引起了那发抖的身体的战栗。
也还有那种安详的气的状态， 气引起镇定
当胸怀宁静面容安详②时它就存在。

① 抄稿O中的“aliis aliud”(284)曾由Brieger修改为“alias aliud”。兹按原读译出。里奥纳德按Brieger的读法译成：“有时这个有时那个在下面，轮流占上风。”

② 里奥纳德译为：“它造成那宁静的胸怀和安详的面容。”

以动物为例，

某些生物具有着较多的热，
这种生物的烦躁的心和过激的精神
很容易就发怒而暴跳如雷，
这一类中首先是那许多凶猛的狮子，
它们常常因咆哮过度而致胸膛破裂，
因为它们胸中不能容纳那汹涌的怒潮；
但麋鹿的冷静的心灵则有更多的风，
它更容易在它们体内激起
那使它们四肢颤动的冰冷的寒流。
而家牛则是借更多的宁静的气来活着，
那投下幽暗阴森黑影的
暴怒的生烟火炬的接触也从未
怎样激怒它们；它们也不会僵起来，
当它们为惊怖的冰冷的箭所射穿的时候。
他们的地位是介于两者之间——
鹿和凶猛的狮子。人类也是这样：

举人类为例

虽然教育使人们成为同样文雅，
它还是把每个心灵本性的那些
原始痕迹保留下来。也不能以为
宿疾能够被根除到这样的程度，
以致不会有人比别人更易暴怒，
不会有另一个人更易陷于恐惧，
不会有第三个人过度地柔顺容忍。
并且在许多别的方面必定还有差别，

有那些不同的本性和由之而来的习惯
存在于人类中间，——关于这些
现在我不能阐明它们隐藏的原因，
也不能找到足够的名称来分给
那些始基的各种各式的形状，
那些人性习惯不同所从出的根源。
但是这一点我却似乎能够来宣称：
理性所不能完全从我们身上驱开的
剩下来的本性上的痕迹总算很少，
所以没有什么能阻止一个人
去过一种配得上神灵的生活。

哲学有力量克服自然的习惯

　因此这个灵魂是受整个身体所掩护，①
本身又是身体的领导，是生命的源泉：
因为它们由共同的根而彼此牢结着，
也不是能够被撕开而不引起死亡。
很不容易从乳香块取掉它们的芬芳
而不招致它的本性同时也死亡，
同样地，很不容易从整个身体
取掉心灵和灵魂的本性而不使全体消散。
从诞生之始就具有这样互相钩联的种子，
它们是一起被赋予了一种合伙的生命；
身体或心灵的能力如果孤立开来，

灵魂和身体的结合是生命的原因

两者是彼此必需的，

① 灵魂和肉体的紧密结合，是这一卷中的中心论点。

单独自己不要对方力量的帮助，
就绝不能够有感觉；
那在血肉中被点燃了的感觉，
是由两者共同的运动所煽起的。

并且不能各自单独存在

此外，身体也不是单独存在，
因为水有时把外来的热放走，
本身并不因此被毁而却依然完好如初，
但那被抛弃的身体则不是能够这样，
经得起那与它结合着的灵魂的消散，
而是会被粉碎毁坏而完全地霉烂。
所以身体和灵魂的互相接触，
从它们最初的日子就学得活命的运动，
从还被埋藏在母亲子宫里的时候开始。
所以没有什么分离能发生在它们身上
而不招致伤害和灾祸。由此你就能认清
既然它们生存的根源是共同的，
它们也必定有一种共同的本性。

身体由于与灵魂结合才有感觉

此外，如果有人否认身体能感觉，
而主张是混透在全身里面的灵魂
担负了我们称为感觉的这种运动，
他乃是徒然地在与不容置疑的事实为敌：
因为谁能告诉我们身体的感觉是什么，
除了说它是显然的事实本身
所给予和教导了我们的？
“但当灵魂已离开时身体就没有感觉。”

是的，它失去了即使在它活着的时候
也不是属于它自己的那种东西；①
此外它还失去许多别的东西，
当灵魂从生命被驱开的时候。②
再者，说眼睛本身不能看物，
通过眼睛像通过敞开的大门
在看东西的乃是心灵，
这种说法乃是难说得通的；因为
眼睛里的感觉所告诉我们的刚刚相反。③
因为这感觉本身把我们的意识
拖着迫着带到了我们的瞳孔那里。
特别是既然我们常不能见太灿烂的东西④，
因为我们的眼睛被它们的光芒所阻碍，——
单纯一个大门就不会碰到这种事情；
因为我们透过它来看东西的那种
敞开的大门，永不会受到任何痛苦。

例子：是眼睛见物，眼睛并不是灵魂的门户

① 所失去的不是一种永久的特性，而是一种在活着时才有的属性。

② 原文是"cum expellitur aevo"(358)：贝里、鲁斯俱认为主词不是"灵魂"而是"身体"，他们译为："当它（身体）从生命被驱逐开的时候"。

③ 原文是"contra cum sensus ducat eorum"(361)："ducat"由 Lambrnus 修改为"dicat"（说、告诉）。贝里以为应保留原读："眼睛里的感觉带我们走相反的方向"。

④ 鲁斯在此处注道：感觉既是在眼睛中被感到，就指引我们到该处，而使我们相信是它们在感觉；所以它们不是大门。这一点，当我们碰到一个很光亮的东西时，就特别显得清楚；至于一般的东西之被看见，通常并没有这种特殊的位置的感觉。

此外，如果我们眼睛的作用只是像大门，[1]
那么我想，如果把眼睛去掉，
心灵就应该能更好地看东西——
当连门柱也已被清除了的时候。

灵魂原子和肉原子不是一对一地安置着的

　在这些问题上面你切勿接受
那受人尊敬的圣人德谟克利特[2]的意见——
这个意见认为身体和心灵的原初物体
是一个对一个地彼此叠置着，
互相交错而编成了我们肢体的组织。

灵魂原子彼此之间隔得较远

因为比起构成我们躯体和肌肉的原素，
灵魂的原素不单是小得许多许多，
而且它们的数目也是少得多。
它们是稀疏地散布在全身。
所以这一点你能够保证：
灵魂的始基之间所维持着的距离，
最少与某些最小的物体的大小一样，
这种物体当投在我们身上的时候
就在我们体内激起那产生感觉的运动。

证明：有些东西虽然触到我

因为有时候我们感觉不到
停落在我们的身体上的尘土，

---

① 卢克莱修所喜用的“归谬法”的例子之一。

② 德谟克利特也是卢克莱修所崇敬的，但是，在这个问题上，德谟克利特的见解与伊壁鸠鲁不同，因此卢克莱修特别把它提出来谈谈。德谟克利特认为：一层灵魂的原子叠在一层肉体的原子上，然后又有肉体的原子叠在上面，……如此类推。

或那轻轻地飘下来的粉末；
也感觉不到夜雾或蜘蛛的游丝，
当我们在路上被它的丝网缠住的时候。
我们也感觉不到落在头上的蛛网断丝；
也不能感觉到羽毛或植物的飞絮，
那些轻得连落下也不容易的东西。
也不能感觉到每种蠕动的小东西的爬行，
或蚊虫之类在我们皮肤上的每一个足步。
在我们身体里面许多粒子
必须被搅动到一定的程度，
然后才能使在我们全身里面
交互混合着的灵魂的种子
开始感到始基受到了触动，
才能使它们由于撞击
而在彼此之间的那些空间里面
互相碰撞、结合，又再彼此跳开。

们身体我们却感觉不到它们

　但心灵更是生命门户的守卫者，
它比灵魂更多地统治着生命。
因为如果智力和心灵不存在，
就没有半点灵魂能片刻停留
在我们躯体中，它会立刻
跟随着心灵在风中消散，
留下冰冷的肢体在死的冰冷中。
但谁的心灵和智力留下来谁就还活着。
不论身体如何被残割，
不论四肢如何被砍掉，

心灵比灵魂对于生命更重要

不论灵魂如何从四肢撒开取走，
身体仍会活着，并吸进活命的气。
即使被剥夺了几乎全部灵魂，
他也仍会弥留人间，抓住生命不放——
举例说明：眼睛的瞳孔
正如视觉的力量仍然会活着，
如果瞳孔还未受到损害——
即使当眼睛四周已被痛苦地切割，
只要你不完全把眼球毁坏，
不把瞳孔从四周完全割开来，
而让瞳孔本身孤立地存在，
——因为这样做不能不把它们都毁坏。
但如果眼睛里那小小的中心点被戳穿，
视力立刻就失去，黑暗就会跟着来，
虽然在其他的地方无损的眼珠仍很清亮。
心灵和灵魂就是以这样的契约
永远地彼此互相结合在一起。

灵魂是有死的（417—827）

灵魂是有死的

　来吧，现在为了使你能认识
所有生物的心灵和很轻的灵魂[①]

---

① 证明灵魂是不免于死的，这乃是整个诗篇的主要目的。卢克莱修以为证明了灵魂不免一死，则人们就没有理由恐惧死后的刑罚。在这一节中，共有二十八个证明，不过他并没有把它们很好地加以分类，以致颇使人迷惑。大体说来，这些证明中可分别出三条主要的线索：（1）从前面所描写的灵魂和身体的结构来证

都是有生有死的，我将继续
来把适合指导你生命的诗章写下，
长期的探求和愉快的劳动所发现的诗章。
请你在一个名称下把两者结合起来，[①]
例如当我将谈论着灵魂
指出它是不免一死的时候，
请记住我同时也是在谈着心灵——
因为两者是一物，是结合着的实体。
　首先，既然我已指出灵魂
是纤细的东西，由微小粒子构成，
比起水流湿气或烟雾的那些始基，
这些粒子是小得很多很多，
因为它的矫捷程度远远胜过它们，
并且当受到轻微的打击的时候，
它比它们是更容易动起来；
因为它会受烟或雾的肖像所推动：
例如当我们酣睡沉沉的时候
能看见神坛上升起了蒸汽和香烟；
因为，无疑地，这些肖像

证明：(1)它是易动的，由微小原子构成的，

明；(2)由死、病和医疗等事实来证明，指出灵魂和身体之间的类似，由之指出如果身体能死，灵魂也然；(3)由那种把灵魂设想为脱离身体独立存在的想法之荒谬来证明。

① 卢克莱修提醒听者，他在此一段中将统括地来谈灵魂和心灵，即当他谈及一者时，他的话可适用于两者。

乃是从外面到我们这里来的。
现在既然你看当瓶子被打破的时候
瓶子里的液汁就流失，清水就流散，
并且既然烟和雾在风中就消散，
所以请相信灵魂同样也被抛散，
并且消失得更快更快，
更迅速地被分解为它的原初物体，
当它被从肢体释放而离开的时候。
因为，真的，如果身体，
这好像是灵魂的容器的东西，
当它由于某种原因而遭破坏，
当它因血液从血管流走而稀化的时候，
就再不能保住灵魂，那你怎能够
还以为灵魂能由什么空气来保住——
当比起我们的身体空气是稀薄得更厉害？

因此，当它离开了身体之后，就不能在空气中被保持在一块

　此外，我们觉察到心灵和身体
是同时生出的，并且一起长大和衰老。
因为当孩童用柔弱的四肢蹒跚着的时候，
相应地在他们心灵中就有那薄弱的智力，
然后，当年龄成熟而身体壮大的时候，
智力也就更大，心灵的力量也就增长，
再后，当身体已为岁月的暴力所破坏
而肢体的能力已大大地衰落了的时候，
思想就不灵，说话就紊乱，心灵就垮台；

（2）灵魂是和身体一起诞生，长大和衰老的：

一切都完了，一切都同时没有了。
因此，很自然，即使灵魂也会被解散，
像烟一样散失在高空的气的微风里面；
既然我们看见它和身体一起生出和长大，
并且正如我已经指出的那样，
一受岁月的摧残就一起崩溃粉碎。

因此它也和身体一起被解散

　还有，我们看到：正如肉体
会遭受可怕的疾病和难堪的痛苦，
同样地心灵也有它的辛痛的忧虑和恐惧；
所以应当说心灵同样也分受死亡，
因为痛苦和疾病两者都是死亡的制造者，
正如我们已由以前许多人的死亡而熟知。①

(3)心灵和肉体一样有痛苦

不，还有，当身体生病的时候，
灵魂也就常常不能守舍，
因为它失去理性，它说话错乱，
有时并晕倒过去，两眼紧闭，脑袋低垂，
打起盹来，进而陷入永恒的睡眠；②
从那时候起就再也听不到任何声音，
也不能认出那些在他前后左右
站立着的人的泪痕斑斑的脸孔，
他们正在徒然地呼唤他回来人间。

(4)肉体的疾病也影响到心灵

① 以上两句抄稿中原来的地位是第472—473行，即应移在本页第17行之后。

② 这是说在旁观者看来好像他再也醒不来了，不是说他真的死去。

因此，我们必须承认心灵也能解体，
既然疾病的传染实在能进入它里面。

(5) 喝醉酒同样影响肉体和灵魂

再者，试问何以当烈酒已进入到体内，
当它的散开的火焰已遍达血脉的时候，
就有四肢沉重的现象跟着来？
走路就颠颠蹶蹶，步履就蹒跚？
舌头就不灵，智力就昏盹，眼睛就湿润？
什么咳嗽、大叫、胡闹就都一一发生？
还有其他那些诸如此类的东西？
试问为什么会有这一切，如果不是
暴烈的酒惯会把身体内的灵魂搅乱？
但任何东西能受搅乱和挫折，
就证明一旦有一更有力的原因进来，
它就会被剥夺去以后的全部生命而灭亡。

(6) 癫痫的影响更厉害，它把灵魂撕碎了

还有，我们常常会看见有人癫痫猝发，
好像被雷电击中似地在我们面前倒下去；
他口吐泡沫，呻吟，发抖，
筋肉变僵硬，身体左右扭动着，
喘不过气，因痉挛抽搐而把四肢累坏，
这完全不足为奇，既然他全身
受到了疾病的暴袭所骚扰····
··············

就混乱，他就吐泡沫，①像要把灵魂吐出，
像咸的海在狂风的暴力底下翻腾着白浪。
现在，他勉强吐出了一声呻吟，
因为他四肢被痛苦紧紧扼住，
但主要的还是因为声音的种子被逐出来，
结集着通过它们惯常经过的口腔
经过那早已筑好的大道被带到外面。
他变成蠢瓜，因为心灵和灵魂的力量
已受到扰乱，并且如我已指出的，
已被分裂抛散，全被那同一毒物所粉碎。
稍后，当那疾病的原因已退去，
那被伤害的身体里面的烈毒
已向后撤回到它们幽暗的洞穴的时候，
这个人先是摇摇不定地站起来，
然后渐渐恢复一切感觉并把灵魂收回来。
因此，既然即使在人的身体里面
心灵和灵魂也会受到这样的大病的震动，
会这样悲惨地受骚扰受痛苦，
那么，怎能够相信当它们
缺乏躯体处在空旷的空气中的时候
它们竟能活着不死，和大风搏斗？

---

① 里奥纳德此处跟随 Brieger 的读法，并假定此行之间有一空行。贝里以为不必假定有空行；他的读法也与别人不同，按他的读法这一行应读为：“灵魂就混乱起来而吐出泡沫”。

(7)心灵，像肉体一样能加以医疗

并且，既然我们看见心灵
也能像身体那样被治疗，
并且能借药物而恢复健康，
这也预告我们心灵是有死的。
因为谁企图并且开始从事改变心灵，
或有意要改变任何一种其他的东西，
谁就必定要加上些新的部分，
或者把原有的秩序加以调整，
或者从整体中最少移去一小点。
但是凡是不朽的东西对于它自己
就不会让什么部分加进来，
或者让它的部分重新被排列，
也不让任何部分溜走溜开：
因为任何东西改变如超过其界限，
就等于原来那东西的立刻死亡。
因此，心灵，无论是坠入病中，
抑或是被药物医好，都同样表明：
它如我所已指出的是不免于一死。
一个真确的事实是如此显然地
反对着一切错误的理论，
关闭了敌人的一切退路，
用两面刀锋的反驳证明其错误。

(8)心灵，像其他的感官一

　并且既然心灵是人的一个部分，
是固定在一个地方的，像耳朵眼睛

以及驾驭着生命的每一种感官一样； 样，不能无肉体而存在
并且正如手、眼睛、鼻子离开了我们
就既不能感觉也不能存在，
而是会在最短的时间中就腐烂，
同样地，心灵也不能单独存在，
如果没有了身体和人自己的话；
后者看来好像是心灵的容器，——
或者你可以设想它是任何别的
和它更密切地相联着的东西：
因为身体以最可靠的纽带和心灵紧结着。

再者，肉体和心灵的活力 (9)灵魂和肉体由于共同的结合才能活着
只有在结合中才充沛旺盛，
因为心灵的本性如果没有身体，
单独自己就不能产生生命的运动；
身体没有灵魂也不能活着并运用其感官。
真的，正如眼睛单独自己的时候，
从根子拔开而脱离了整个身体的时候，
就不能够看见任何东西，
同样地我们看见灵魂和心灵
单独自己就无能为力。无疑这是因为：
混合在血管和内脏中，在骨和肉中，
它们的始基是紧紧地被整个肉体围住，
也不能自由地彼此远远跳开，

留下巨大的空间在彼此之间。[1]
这样被禁闭在这些东西里面，
它们就能造成那些感觉运动，
这在死后当被抛出体外的气风之中时，
它们就不能够有，——而这正是由于：
它们已不再那样地被围住在一起。
因为气会是一个身体，会是活的，
如果在气中灵魂能保持自己，
并且能维持所有那些运动，它以前
在筋肉和身体中所制造的那些运动。
所以，一次又一次地我说：
我们必须承认当身体的包裹已被解开，
当活命的气息已被逐出外边的时候，
魂灵和心灵的感觉也就解体，——
因为对于两者，存在的原因和根据
乃在于它们是互相结合的这个事实。

在空气中，灵魂不能被保持在一起，或产生那些活命的运动

再者，既然身体受不了和灵魂分开，
而是一分开就会腐烂，发出恶臭，
你怎能还不相信从身体深处升起之后，
灵魂就已渗透出去，像一阵烟一样飘散，
或不相信发生了变化的身体已崩败

(10)肉体的逐步腐烂，表明灵魂在离开之前的破坏

---

① 参阅第二卷第106—107行“paucula dissiliunt longe longeque recursant in magnis intervallis”。

并且全部毁坏，而这乃是因为
它的基础已彻底地从它的所在被移开，
由于灵魂透过躯体渗出了体外，
经过全身每一条曲折的路径和小孔？
所以你能多方面地认识到灵魂的本性
已散碎地沿着身体跑出身体之外，
并且在未溜到外面飘散在气风里面以前，
在身体中就已经先被粉碎。
因为看来似乎从未有人在垂死的时候　（11）没有一个垂死的人感到灵魂一下子就完整地离开
会感到灵魂是完整地一下子离开全身，
或者先到达咽喉然后进入口腔；
而是会感觉到它在某个地方消失了，
正如他知觉到其他感官的消灭，
正是各各在身体内自己一定的地方。
但如果我们这个心灵是不朽的心灵，
那么垂死时它就不会为解体而悲哭，
而只会感到解脱，感到像蛇蜕皮一样。
因此，一旦肉体完结的时候，
我们就必须承认，灵魂既然
已在全身中被捣碎，也就死亡。
不，即使在生命的境界内移动着的时候，
灵魂也常常会受某种原因所震而欲离开，
而渴望从整个身体中被释放出来，
那时候脸孔就变成松弛衰弱，

好像人的末日已经到达；
所有四肢也都软软地松弛下来，
挂在无血色的躯体上，——情形正如
我们用这些句子所描写的那么样：
“他的心惊坏了”或“魂魄飞散了”①；
那时候，左右就惊惶地乱作一团，
所有的人都急于想抓住一点
那个人和生命之间的最后的联系。
因为心灵和灵魂的全部力量
都被震得这样厉害，
它们在全身中是这样摇摇欲坠，
任何一个略为有力一点的原因
就会把它们完全解散。——
那么，为什么还不相信：
当灵魂一旦被投出身体外面，
在空间里面，一个微弱的东西，
外壳已被剥掉时，就不能活下来，——
不但不能在永恒的时间中活着，
(12)心灵有它的所在，　而且真的连片刻的时间也活不成？
　还有，为什么从未看见智力

① 原文是“animo male factum... aut animam liquisse”(597—598)，这里“animus”(心灵)和“anima”(灵魂)，既是卢克莱修式的术语，又是指普通人所用的“心”“魂”等，不过卢克莱修所说的“心灵”又是存在于心(脏)中，所以这样译不会不妥当。

和心灵的判断力长在头里脚里手里，
而却总是牢牢地固定在一个部位，
在一个固定的地方，在心里面①，
如果不是因为一个固定的地方
总被指定给各器官作诞生之地，
在那里当它生出之后就能活下来？
如果不是因为我们的躯体
是有着如此复杂的配置，
以致没有什么变动能够出现
在我们的肢官的次序里面？
事物是如此确定地一个跟着一个，
以致火焰从来未曾在水中诞生
也没有寒冷会产生在火里面。

像任何其他会消灭的东西一样

此外，如果灵魂的本性是不朽的，
并且当从身体割开时仍能有感觉，
那么，我想，就必须认为它具有五官，
因为只能这样，我们才能想象
下界的灵魂在亚基龙漫游着。
因此画家们和过去的那些诗人
就曾这样把灵魂描写成具备五官。
但不论是眼睛，或鼻，或手

(13)一个不朽的灵魂必须有自己的感官

但五官不

① 抄本O原来是“omnibus”，即对于一切人都如此；“Lachmann”改读为“pectoris”，即“在心里面”。贝里采用原读：即“对于一切人都是在一个固定的地方”。

能离开身体而存在

如果孤立地离开了身体，
就不能为灵魂而存在，
舌头和耳朵孤立时也一样。
所以当它们孤立的时候
它们[①]就不能感觉也不能存在。

(14) 当身体被分割成一块一块时灵魂也被割成一块一块；但是可分的东西不是不朽的

并且既然我们觉得生命的感觉
是存在于整个身体里面的，并且
看到身体是一个有生命的东西，
那么，如果突然有一种力量
以迅速的打击从中间把它切成两半，
无疑地灵魂自己也同样会被分成两块，
和身体一起被割断剖碎，
但是凡能被切割被分为许多部分的，
当然就承认它没有具备永恒的本性。

例子：战争中被砍掉的四肢；

我们听说过在狂乱的屠杀中，
战车如何用它闪亮的镰刀
这样突然地把人的手脚砍掉，
以致手脚离开身体之后仍在地面上颤动，
同时心灵和那个人的能力却感不到痛苦，
这是因为他受伤得太突然，
并且又全神贯注在战斗的狂热里面：

---

① 这一句中暗含的主词“它们”，有人以为是指耳、鼻等五官，有人以为是指灵魂，按这段所提出的论证的性质，似宜指灵魂。第 633 行“autitum”O Q 依“Lachmann”改读“haud igitur”(因此……不能)。

带着他身体残留的那部分，
他继续进行战斗和屠杀，
常常未注意到他执盾的左臂已丢掉，
已被车轮和镰刀带到马蹄中间去；
另一个人没有注意到右手已失落，
还想再跨上马背向前冲。
第三个人已断了腿却企图站起来，
而就在附近地上，那垂死的脚
还扭动着它那伸出的足趾。
脑袋从温暖而活着的身体砍掉之后，
落在地上也还摆出那副活着的脸孔，
带着睁开的眼睛，直至最后
它才交出它那全部剩下来的灵魂。
还有，当一条蛇正在伸着它的舌头，　一条被砍成多段的蛇；
摆动着它的尾巴的时候，如果你乘机
用斧头把它长长的身体砍成许多段，
你就会看见每段都会由于新受创伤
而左右扭动着，并用它的血染污泥土，
头部也在那里张大嘴巴找寻着尾部，
想要用啮咬来把它的痛苦止住。
难道我们应该说在那许多碎段里面
都有一个完整的灵魂？——如果是这样，
那么一个生物身体里面就会有许多灵魂。
因此可见那个本来就是单一的灵魂，

已经也和身体一起被分为许多段：

在两种情形中，灵魂都是有死的

所以两者都是不免于死的，
既然同样能砍成许多份。

(15)在一个人逐渐死亡的情形下，灵魂也是逐步和肉体一同死去的

再者，多少次我们看见一个人逐渐死去，
一部分跟着一部分地失去生命的感觉；
首先是指甲和足趾变蓝了，
其次脚和腿死去了，
之后，在其他各部，死神的
冰冷的脚步一步一步地爬过去。
既然这个灵魂是被撕碎的，
也并非一下子整个地疾速离开，
所以我们必须认为它是有死的。

它不能收缩到一个地方，

但也许你会认为灵魂自己
能够沿着身体向内退去，
集中它的各部分到一个地方，
从而把感觉从所有肢官中取掉，
但是如果真是这么样，那么，
这许多灵魂粒子所集中的那个地方，
就该显出有更强烈的感觉。
但既然这样的地方事实上并没有，
所以正像前面所以指出的那样，
它是被破坏，因此而消灭。

但就算能够，它还是消灭了

或者，就算现在我同意这错误的假定，
说那逐步离开阳世的人的肉体中

灵魂能够这样集中起来，
我们也仍然必须承认灵魂是有死的；
因为不论它是散失在风中而灭亡，
或者从所有的部分集中到一块，
然后猝然死去，都毫无不同，
因为在这两种情形中，
感觉都是在每部分越来越离开整个人，
而生命则越来越少留在每部分中。
此外，如果灵魂是不朽的，
是在人诞生时进入人体之内的，
那么何以我们一点记不起前生前世？
为什么我们没有保留下
一些从前所做的事情的痕迹？
但是如果说心灵的能力
已经被改变得这样厉害，
以致关于过去所做的事情
它都已失掉了一切的记忆，
那么，这种状态，我想，
离我们称为死者已相去不远。
因此，显然以前曾经存在的已经死去，
现在存在的，是现在才被造成。
再者，如果是在我们身体已造成之后，
在我们刚刚诞生出来的时刻，
刚在踏过生命的门槛的时刻，

（16）如果灵魂是永恒的，我们就应该记得起过去的生命

（17）如果灵魂是从外面进来

的，它就不能和身体有那样的密切联系

我们的心灵的活力才惯于进来，
那么它就不应该和身体四肢一起生长，
甚至在血液里面和它们一起生长，
而是应该好像独自住在一个洞穴里，
（而整个身体却照例充满感觉）。①
但显然的事实大声反对这一切：
因为灵魂是这么紧紧交混在血管中，
在筋肉中，在骨骼中；甚至连牙齿
也分有感觉；可作证明的如牙痛，
如饮冰冷的水时的刺痛，
或者那样的一阵酸软，
当咬着一粒面包里的石子的时候。
因此，一次又一次地要承认
灵魂既不是没有诞生，
也不是不受死的规律所限制；
就算它们是从外面进来的，
也不能够被认为有能力
如此牢牢地和我们的肢体联结着，
或者，既然是这样互相交混着，
却还能够好像未受伤害地完整离开，
使它们自己厘毫未损地脱壳而去，

---

① 有人认为这一行是一个讥讽的附注，有人则认为这正是最具备卢克莱修的风格的。前者如芒洛，后者如鲁斯。

离开所有的肌肉、关节和骨骼。

(18)如果它是从外面进来的，并且进来后又被分配各处，则在这过程中它就消灭了

但如果你以为灵魂从外面进来之后，
是习惯于渗入和渗透我们这些肢体，
那么，既然是这样分散而和肉体融合着，
那它就更加会死亡；因为凡能渗透的，
也将被解体并因此而死亡。
因为正如食物通过身体的小孔扩散
并传布于四肢和全身之后就消灭了，
用它自己给另一个本性作质料，
同样地，灵魂和心灵在进入身体的时候，
虽然本来是完整而崭新的①，
但是，在渗入的时候它们就被解散：
这时候通过所有的小孔进入肉体内来的
是那些粒子，它们造成这个心灵的本性，
肉体的现在的这个统治者，
它由于那死去的东西②而诞生，
当这东西在体内被瓜分之后。
可见灵魂既有诞生之日，
也不是没有被埋葬的时候。

(19)如

　此外，是否有一些灵魂的种子

---

① 第705行的"recens"(崭新的)也可以是形容(中文)上一行的"身体"，贝里就是这样理解的。

② 原文"ex illa quae tunc periit partita per artus"(710)："illa"，"那种东西"，指上面所假定的从外面进入的灵魂。

果灵魂原子被留在体内，则灵魂必定是被打碎。不然，怎样解释尸体上蛆虫的发生？

被留下在那没有活气的身体里面？
如果有，它就不能正当被认为不朽，
既然它已损失了一些部分才离开。
但如果是四肢无伤地走了，
是这样绝对完整地逃开去了，
而没有留下一点自己的残余
在身体里面，那么，为什么死尸
会从它们的腐肉中吐出蛆虫，
从何处有这一大堆无骨无血的生物
在这肿胀的身体上麕集着沸动着？

它们的灵魂不能是从外面来的，

但如果你认为是许多的灵魂
从外面进入了蛆虫的肉体中，
每一个灵魂进入一个单独的肉体，
并且如果你又不考虑一下为什么
在只有一个灵魂离开的地方，
竟有千千万万灵魂群集起来，
那么，这里还有一点看来
需要研究一下，并加以解答：
究竟是灵魂们到处猎取蛆虫种子，
以便来为自己建筑居住的地方呢，
还是他们似乎是进入已造好的地方？

它们既不能替自己造身体，

但很难说明何以它们自己要这样辛苦，
既然当没有身体而到处飞翔的时候，
它们既不受疾病所苦，又不受饥受寒；

因为正是由于与生命的这些疾苦
有了血缘关系，身体才受磨折，
而心灵则由于与身体有接触，
才担受这么多的病痛。
但就算建造一个身体来居住，
对于它们乃是十分的有用，
这件事显然它们也不能办到。
也不能够是它们在某一个时候
进入已造好的肉体——因为如果这样，
它们就不能很好地和身体交织在一起，
也不能以那种共同的感觉
来建立两者的接触与和谐。

也不能是进入已造好的肉体

再者，在阴郁的狮子身上，
为什么老存在着剧烈的暴怒？
为什么狐狸则总是狡诈的，
而麋鹿则总有祖先所给予的恐惧
和那种随时准备奔开的倾向？
一句话，为什么所有其他的特征
从生物诞生时就在肢体和思想中产生，
如果不是因为有一种心灵的力量，
来自它自己的种子和族类，
它随着每一个身体而长大？

(20) 各种动物之能保持各自的特征，只能是由于它们的灵魂是由身体所决定，并且和它一起长大

但如果心灵是不朽的，
如果它是惯于更换它的身体，

(21) 如果灵魂是不朽的，

并且进入动物的身体，那它们就会有杂乱的性格。因为一个不朽的灵魂不能在从一个身体渡过另一个身体时自己就有变化

那么地上生物的习性该会是怎样紊乱！
波斯猎犬会常常逃开迎面而来的长角鹿，
鹰遇见空中鸽子飞来时就会狼狈惊惶，
人类会没有智力，野兽反而会有理性；
因为那些人的论证是错误的，
他们说不朽的心灵因为更换身体而变化。
因为，凡是变化了的，就解体而死掉。
因为它的部分都被重新安排，
而离开了原来的秩序；
因此最后它们必定也能够在全身里面
被解散而和身体一起死亡。

(22)即使人的灵魂只进入人体中，它们在从老人到年轻人中去时也有变化

但如果有人说人的灵魂总是进入人身，
那我就要请问他们，为什么
一个有智慧的灵魂能变成呆滞？
为什么从来没有一个孩子是慎思明辨？
而小驹又何以不能训练得这样好，
像勇敢有力的骏马那么样？
预料这些人将以这个为遁词：
心灵在孱弱的身体中就变孱弱。
但是就算是这样，也还是必须
承认灵魂不外是有死的东西，
它在肢体中会发生这样大的改变，
以致失去了先前所有的生命和感觉。

(23) 灵

心灵又如何能和肉体同样长成壮大，

并且获得所渴望的生命的花朵，
除非从最初起它就是身体的伙伴？
或者，为什么它要离开衰老的身体？
难道是因为它害怕留下来
被锢禁在一个崩败了的身体里？
或者是害怕那为庄严的悠长岁月
所消耗了的它的屋子会倒在它上面？
但是对于一个不朽的东西，
当然不会存在着什么危险。
再者，在野兽诞生的时候，
或当爱的仪式正在进行的时候，
竟有许多灵魂站立在旁边
准备着，这似乎未免太可笑：——
不朽者成千累万站立着
等待着他们的有死的肢体，
疯狂地竞争着谁能最先跑进去！——
除非说灵魂们大家已订立了条约
规定谁先飞来谁就先进去，
并且彼此不准动用任何武力。

再者，一株树不能在天空中存在，
深深的大海里也没有云块，
在田野里面也不能住着鱼，
也没有血能居住在木材里面，
在圆石子里面也没有液汁：

魂除非是和肉体一同诞生，就不能和它一起长大

(24)如果是一个不朽的灵魂，它就不会要离开一个老了的身体

(25)以为不朽的灵魂会争夺有死的身体，这是荒谬的

(26)灵魂和心灵，像其他的东西一样，有它们的一定的地点，

离开了那地点，它们就不能存在

每样东西能在什么地方生长和存在，
都有一定的安排。由此可见
心灵的本性不能没有肉体单独生出来，
也不能远远离开血肉而存在。
但就算这是可能的，达个心灵的力量
也还更可能是存在于头部中，
或者存在于双肩中或者足跟里，
而不论它是长在哪一部分，它仍然
是在同一个人里面，在同一个容器里面。
但既然即使在我们这个身体之内，
什么地方灵魂和心灵各能存在和生长，
也显出都是有一定的分配和安排，
所以我们更应该否认它们能存在和诞生，
如果一旦完全处于身体之外。

(27)有死的东西和不朽的东西的结合，这种想法是荒谬的

因为，说实话，把有死的东西
和永恒的东西彼此结合起来，
以为它们能一同感觉并互相作用，
这完全是一种荒谬的想法：
因为我们还能设想什么东西比它们
更为相异，更为悬殊，更为不调协：
一个有死的东西和一个永恒
而不朽的东西结合在一起，
共同担负着猛烈的风暴。

(28)灵魂没有满足不朽所需

此外，凡永恒地存在着的东西
当然必须或者是因为它能击退一切打击，

由于它是坚实的物体所构成，
并且不容许任何东西走进来，
以便从它内部解散它紧结的组分，
正像那些物质实体那么样，
它们的本性我们前面已经阐明；
或者是因为它能够在时间中经久支持，
由于它们像虚空一样不会受到打击；
虚空是不能触到的存在，
它不受任何打击所打击；
再不然就是因为周围再没有什么地方
可以让东西进入其中去解体消灭——
正如宇宙的总体是永恒的，
由于在它之外没有别的空间，
使事物能够向那里飞散，
或者有什么能打击它们的物体
用强力的打击把它们加以解散。
但如果说灵魂之应被认为不朽，
主要是因为它被一些生命的力量
所武装和保护着；或者是因为根本上
就没有什么不利于它的存在的东西到来，
或者是因为，凡到来的总是被驱逐退去，
在我们感到它们有所为害之前；
. . . . .①

的条件。

1. 最坚实如原子；

2. 最忍让如虚空；

3. 至大无外如宇宙

① 此处也许失掉一行，贝里认为该行可能有如下的意思：“但是显然的事实

因为灵魂除了和肢体一同害病之外，
不少次还有这样的东西来到它那里，
它们用未来的事物来磨折着它，
叫它老在恐惧，用忧虑使它憔悴；
而即使恶行已经属于过去的时候，
旧时的罪过仍然会痛苦地啃啮着它，
加以还有心灵所特有的那种癫狂。
以及那对于过去事情的忘却；
还有它有时竟被淹埋
在昏睡的黑暗的浪潮中。

怕死的愚蠢(828—1092)

丙，死对于我们是不存在的。我们在死后将没有知觉，正像生前没有知觉一样

因此对于我们死不算一回事，①
和我们也毫无半点关系，
既然心灵的本性是不免于死。
而正如对于那些过去的年代
我们并未感觉其中的痛苦，
当四面八方迦太基的大军涌集来厮杀，
整个世界被战争的可怕的怒潮所骇震，
在覆盖着的高高的天穹底下打抖战栗，

指明并不是如此”。

① 许多人认为这下面几段是卢克莱修全诗的“顶点”。

谁都不知道谁将取得至高的权力
来统治人类于整个陆地和海洋；
同样地当我们已不再存在的时候，
当那使我们成为一个人的
身体和灵魂的结合已解散的时候，
说实话，那时候对于已不存在的我们，
就再没有什么事情能够发生，
能够挑动起我们的感觉——
没有，就算大地和海洋
被搅成一团，以及海和天。
但即使假定在离开我们身体之后，
心灵的本性和灵魂的能力仍有感觉，
那依然对于我们毫无关系，因为
我们是在灵魂和身体的结合中活着，
借这种联婚我们才被造成一个人。
而，即使时间在我们死后
再次收集起我们肢体的物体，
把它全部再安排成现在这个样子，
并且生命的光再一次被给予了我们，
这个过程也与我们没有半点关系，
当我们的自我连续的记忆已被割断。
现在的和在这里的我们，
很少关心到那些自己，那些以前的我们；
也不为他们而遭受痛苦的折磨。

即使灵魂单独时能感觉那也与我们无关

即使时间把那些形成我们的原子再次结合在一块，那也不影响到我们

因为如果你越过时间的所有的昨天，
越过那无限的时间向后回顾，
并想想有过如何繁多的物质的运动，
那么，你就很可能也承认这点：
不止一次地这些构成今天的我们的种子，
从前也曾被安排在同样的秩序里，
像它们今天被安排的情形一样；
但我们却不能在心灵的记忆中记起这点，
因为这之间已经有过一次生命的中断，
并且所有的运动已离开感觉[①]远远走散。
因为悲哀和疾病如果正在等待着，
那么，灾祸能降落于其身上的那个人，
必须本身是在那里，在那个时候。
但死亡已取消了这种可能，
因为它没有把生命给予
那个这种烦忧能群集其身的人。
所以应该承认死不值得我们害怕，
对于那不再存在的人痛苦也全不存在，
正如他从来就未曾被生出来一样，
当不朽的死神取去有死的生命之后。

一个自认为相信灵魂有死的人，常常不是真心相信

　因此，当你看见一个人在埋怨，

① “离开感觉”，是因为原子只有在结合时才有感觉，一旦走散，感觉也就不存在。

因为死后肉体被埋掉他就会腐烂，
或者会被火焰或野兽的爪牙所消灭，
你就应该知道他的话听来不像是真的，
在他的心的深处仍隐藏着秘密的痛苦，
尽管他是怎样否认他相信
在死后他还有任何的感觉。
因为，我想，他并不承认他所说的，
也不承认他的话所根据的前提，
他并未把那个自我抛弃；不自觉地
他仍意想着一部分的自己留在后面。
因为当活着时一个人如果想象着
他的死去的身体为野兽和兀鹰所啮，
他就是在可怜着他自己，
就是还没有把自己从那环境分开，
没有把自己足够地从被抛掉的身体挪开，
还意想着自己就是那死尸，
并且向它里面投进自己的感觉，
当他站在它旁边的时候。
因此，他埋怨他生为凡人，
也不能看到在真正的死里面
并没有第二个自我活下来，
并能够为自我的被毁而忧伤，
或站在旁边来感觉那个自我的痛苦，
当他躺在那里被啃啮被燃烧的时候。

他意想着一个自我活着留下来为肉体的命运悲伤

但没有一种处置死尸的方式比另一种方式更能伤害他

因为如果死后被野兽用爪牙啮食
乃是一件坏事，那么，我真不懂得
为什么这怎能不也是痛苦的事：
躺在火堆上被火焰烧烤着，
或者被置放在香蜜中窒息着，
躺在冰冷的石条上逐渐冻僵，
或者被上面沉重的泥土所压轧。[①]

死者再也没有对生的快乐的渴望

现在将再也没有快乐的家庭
和世界上最好的妻子来欢迎你，
再没有可爱的孩子奔过来争夺你的抱吻，
再没有无声的幸福来触动你的心，
你将不再在你的事业中一帆风顺，
也不再能是你家庭的保护赡养者。
“可怜的人，”他们说，“一个不吉的时日
已经从你抢走了生命的全部赏赐。”
但他们没有加上：“可是在你的身上
再也不存在着任何对这些事物的欲望。”
如果他们能用心好好地认识这一点
并且言行相符[②]，他们就会把自己
从心灵的痛苦和恐怖里面解放出来。

生者不应

“这里你已经坠入死的睡眠里面，

① 以上几句所写的，大概是罗马人处理死尸的方式。

② 原文是“dictisque sequantur”(902)：贝里认为不是“使行动跟随（符合）所说的话”，而是“符合这种精神来说话”。

此后你将这样安息着一直到永远，
不被一切的痛苦和忧愁所困扰。
但我们，我们则带着不能抑止的悲哀
站在你旁边为你哭泣，哭泣，
而在那黯惨的火堆上你正在变成骨灰；
将没有一个日子能够从我们心中
把这个永恒的忧愁取掉”。
但是我们要问问说这话的那个人，
究竟这是什么大不了的哀痛，以致
一个人竟要在永恒的忧伤中憔悴下去，
如果说到头来事情不外是睡眠和安息？
因为当灵魂和躯体都沉入睡眠的时候，
就没有什么人还渴念自己和生命，
如果这个睡眠是永恒的也没有关系，
那时候不会有对任何自我存在的渴望，
但那时候我们肢体中的那些原初物体
根本上就并没有四散地走开，
远离它们那些造成我们的感觉的运动——
因为，当一个人从睡眠中被惊醒的时候
他就再拾起他的感觉。然则死亡
对于我们更会不算什么一回事，
如果还有一种东西比无本身还更少：
因为在人死亡的时候立刻就发生
汹涌的物质群的更大的分散，

为死者之进入安眠而悲伤

在睡眠中，我们没有对生命的欲望，

更不用说在死中

并且对于生命的冰冷的中止
已一度落在其身上的人，
没有一个能再苏醒站起来。

死后不会感到饥渴

还有，多少次人们从心中说出这种话，
当他们斜躺在榻上手里拿着酒杯，
脸孔为新鲜的花冠遮去一半的时候；
“对于我们这些可怜虫欢乐是短促的，
很快很快它就会成为过去，此后
我们就不能够再把它唤回来。”——
仿佛在死后他们的最大灾祸
就是去受焦渴的苦，没水喝的苦，
或者受任何别种需要不能满足的苦。

自然可能因我们为死亡悲哭而很公正地责备我们

还有，如果自然突然发出一个声音，
亲身这样来谴责我们：
“凡人！你究竟有什么严重的不幸
值得你这样浸沉在过度悲哀的怨诉中？
为什么要这样为死亡而哭泣号啕？
因为如果你过去的旧时的生活
对于你是可喜的，而你的所有的幸福
并不是像倒在破漏的瓶子里那样流掉，①
未享受就丧失，为什么不离开厅堂，

① 卢克莱修此处所想起的是丹尼亚斯的女儿们，她们因为谋杀丈夫而被罚在地狱里永远把水倒进有孔或无底的容器中。

像一个饱尝了生命的客人一样？
为什么不带着满足的心情
现在就接受这无痛苦的安息，你这蠢汉？
如果你所得到的已经被浪费和失去，
而现在生命已成为一件讨厌的事情，
那么为什么还企图多加些上去，——
它同样会可怜地失掉，未享用就消灭？
为什么不宁可让生命结束，让痛苦告终？
因为我能够再想出来，或者
找来叫你快乐的，一点也没有；
所有的东西都永远是一样。
如果你的身体还没有因岁月而枯残，
或者你的四肢还未曾衰耗，
事情也仍将永远不变，甚至即使你
继续活下去而赛过许多世代的人，
——不，甚至即使你永远活着不死。"
我们还能有什么回答，除了说
自然在这里提出一个公正的谴责，
用她的话说明了案件①的真相？
但如果一个年纪更大更老迈的人在埋怨，
并且为他的死而悲哭超过适当的限度，

特别是当一个老年人不愿意死的时候

① 原文是"et veram verbis exponere causam"(951)：诗人设想打官司的两方在法庭上争辩，故用法庭的术语。

那她岂不更有权利来对他大喝一声，
用更严峻的声音来加以谴责：
“省点眼泪罢，丑东西，别再号啕大哭！
你皮也皱了，也享受过生命的一切赏赐：
你总渴望没有的东西，蔑视现成的幸福，
以致对于你生命不完满而无用地过去了，
而现在出乎你意料之外地
死神已站在你的头旁边；
——并且是在你能吃饱盛筵
而心满意足地回家去之前。
你就把不适合你年纪的东西放下，
大大方方地让位给你的儿孙们吧，
因为你不能不这样做。”
她这话说得很公正，我想，
谴责和鞭笞都很对；因为旧的东西
被新的东西排挤，总得让开来。
一物永远从牺牲他物而获得补充。
也没有一个人是命定要坠入深渊，
或者黑暗的地狱。因为物质必须有，
以便后代的人们能够借它生长，——
虽然这些世代也将跟着你死去，
当他们的生命完结了的时候。
因此，像你自己一样，在这之前
许多世代曾经过去了，将来也将要过去。

他应该高高兴兴地让位给未来的世代

这样，一物永远从他物产生出来，
生命并不无条件地给予任何一个人，
给予所有的人的，只是它的用益权。[1]
回头瞧瞧，那些我们出生之前的
永恒的时间的过去的岁月，
对于我们是如何不算一回事。
并且自然拿这个给我们作为镜子，
来照照我们死后那些未来的时间。
难道里面有什么东西显出这样可怕？
难道这一切中有什么东西那样悲惨？
难道它不是比任何睡眠更平静更好？

在我们死后的未来，正如在我们出生之前的过去一样，对于我们都不算什么

　并且，实在说，传说中的那些
存在于亚基龙的深处的笞刑，
它们全都是这个人世间所有的。
没有像寓言所说的什么趾趾鲁斯[2]，
因无根据的恐怖而惊坏麻木，
在害怕着那挂在空中的巨石：
不如说正是在我们这个人世间
一种无稽的对神的恐惧威吓着人们，
各人都害怕着那可能落在他头上的噩运。

地狱的那些神秘的笞刑乃是人间的悲苦的寓言。趾趾鲁斯乃是受宗教的恐怖所苦害的人；

---

① 原文“vitaque mancipio nulli datur，omnibus usus”（971）中的“mancipium”，古罗马法中一种法律手续，这种手续使不动产及其所有的奴隶或牲畜都转移给别人；“usus”则是一种用益权，即“usufruct”。

② 传说中的人物。荷马作品中对他有过描写。

提台乌斯乃是受情欲所苦的人；

也没有兀鹰在啃啮着那躺在地狱里的
提台乌斯[1]，说实话，在他巨大的胸膛里，
它们也不能找到足够的东西
供它们在整个永恒的岁月中来啄食。
尽管他的躯干能伸延得多宽多广——
尽管他伸开四肢所占的不仅仅
是九亩之地而是整个的大地——
他也必定不能够忍受永恒的痛苦，
或从他自己的躯干永远供给着食物。
但在我们中间，这就是一个提台乌斯，
他倒在情欲中，为兀鹰所撕食，
为交媾的痛苦所啃啮，
为任何难满足的欲望的痛苦所撕割。

失败的活动家

在我们眼前，在这个人世间，
我们看见也有一个薛西代斯[2]
他是这样的一个人，
他向人民求取权柄和残忍的刀斧[3]，
但却常常不得志，失败而退。
因为去求取权力，那种徒具虚名
而从不能获得的东西，并且在寻求中
去永远忍受无数的苦役，

① 传说中的人物。荷马作品中对他有过描写。
② 传说中的人物。荷马作品中有过对他的描写。
③ “权柄”和“刀斧”是罗马官吏的权力的标志。

这等于是去用肩膀
把一块大石推上山头，
而它却从山顶滚回来，
一直又冲回到平地上。
其次，去永远饲着一个不知足的心灵，
用好东西去填它，却永不能使它满足——
好像一年四季之对于我们那样，
当它们循环而来并带来
它们的果实和各种美色美景，
而我们则永远不满足于生命的果实，——
我想这正是故事里那些美好年华的少女，
把水不断倒进永远装不满的破漏的瓶子。①
斯尔比鲁斯和复仇女神②，和黑暗无光

丹尼亚斯的女儿们。象征世上永远不满足的人

. . . .

跶跶鲁斯，口中吐出一阵阵可怖热焰，
但没有什么地方有这些东西，
而且根本也不能够有这些东西：
正是在这个人世间才有人恐惧着
那些对恶行的公正的报应和赎罪：
牢狱，和从可怕的"恶名之石"被抛下，

地狱乃是对今生今世的责罪的恐惧

---

① 指丹尼亚斯的女儿们，希腊神话人物，见前面第196页注①。

② 斯尔比鲁斯，古典神话中防守地狱之门的恶犬，有三头。复仇女神，根据希腊宗教传说，她们的头发作蛇状，追逐恶人使之疯狂，女神之数最初无一定，后仅剩三人。

鞭笞，刽子手，橡木的伸肢刑具，
烙铁片，淋沥青，用火炬烧身。
而即使现在并没有这些东西在眼前，
但心灵带着一种事先害怕的意识，
就用铁刺刺自己并且在鞭笞之下焦萎，
同时也看不见灾祸什么时候能完结，
痛苦什么时候能终止，并且害怕着
同样的责罚在死后会更加厉害起来。
蠢才的生命实在才是地面上的地狱。

请想想那些在你之前死去的人，王者们，

你也可以时时把这一点对自己说说：
“看，即使是良善的安克斯①
也对阳世闭上了自己的眼睛，
他在许多方面都胜过于你，
你这微贱的贩夫走卒；
还有其他许多帝王和人君，
在他之后也都一一死去，
而他们都曾统治过强大的国家。”
并且，即使是他②，他也不免于死，
他曾经在大海上铺下了大道，
给他的军旅以海上的通路，
教他们徒步走过咸水的海湾，

---

① 传说中罗马第四代帝王。

② “他”指波斯王薛西斯。

并且当他带着骑兵奔踏过海面的时候，
他曾经轻蔑鄙视海洋的咆哮——
他也把他的灵魂从垂死的身体倾出，
当他被剥夺了阳光的时候。
还有西比阿[①]之子， 英雄们
那战争的雷霆，迦太基的恐怖，
也把他的骨头给了大地，
如像一个最下贱的家奴一样。
还得加上那些科学和艺术的发现者； 诗人，
加上希里康山那些文艺姊妹的同业，
其中有荷马，那君临着他们的诗人之王，
现在也和其他的人一样沉睡在土里。
还有德谟克利特，当成熟的高年提醒他 哲学家们
他的记忆的心灵的运动已经衰退的时候，
就出自本意地把他的头颅献给死神。
即使伊壁鸠鲁也过去了，
当他的生命之光熄灭了的时候，
他这个天才智慧高高地超出全人类的人，
他曾使所有其他的人都黯淡无光，
像天空中升起的太阳使群星无光一样。
那么，难道他还要踌躇，老是不肯走？—— 你应该不要踌躇，
你，你这个虽然还活着，还睁着眼， 你的生命

① 西比阿，罗马的将军（公元前237—公元前187年）。

只是一个醒着的梦

但活着和死去却差不多已全无区别的人，
你这把生命大部分时间浪费于睡眠中的人，
你甚至在醒着时也打鼾，
并且从未停止过做梦，并且背负着
一个为无根据的恐怖所苦恼的心灵，
也永远不能认识你究竟为什么这样糟，
当你像一个醉鬼一样
被一大堆的忧虑推来撞去，
到处颠颠蹶蹶地打转，
神魂飘浮不定的时候。

如果人们认识他们的忧苦的原因，他们就不会过着一种忙碌不安的生活，像他们现在所过的那样，

人们清楚地感到在自己的心灵中
有一种用自己的沉重使人困倦的重担，
如果他们能同样清楚地认识它的原因，
以及何以会有这么多的悲苦压在心上，
他们也许就不会这样过他们的生活，
像现在我们看见大多数人所做的那样：
每个人不知道自己所要的是什么，
每个人都在找寻着改换地方，
好像这样就能把重担丢掉。
那厌倦于待在自己家里的人，
常常离开他堂皇的大厦到外面去了，
但是他立刻就又转回来，
因为感到在外面也不见得有什么好。
他驱着他高尔种的马匹疾驰而去，

疯狂地奔往他的别墅，急急忙忙，
好像赶去帮忙救一座燃烧着的房子。
当他双脚一踏上门槛的时候，
他就立刻打起呵欠来，
或者昏昏沉沉地就睡觉，
寻求着把一切都忘却，
或急急忙忙地再赶回城里。
就是这样每个人都想逃开自己—— 挣扎着企图从自己逃开，
而这个自己，说实话，他怎样也逃不开；
与自己意愿相反，他还是紧紧抓住它；
他憎恨自己，因为他老不舒服，
但却不能认识他的病痛的原因；
是的，只要他能清楚地认识了它， 而是会去研究自然，去弄懂他们死后的状况
那么，每个人就会把一切别的都抛开，
而首先去认识万物的本性，
因为这里成为问题的
不是一个人的一朝一夕的境况，
而是永恒时间中的境况，
在人们死后那全部时间之中
他们所将要度过的那种境况。
究竟是什么对生命的邪恶的痴求， 我们对生命的渴求是无结果的
用这样巨大的力量迫使我们想活着，
活在危险和惊慌中，可怕地受着痛苦？
一定的生命的一定终点

永远在等待着每个人；
死是不能避免的，
我们必须去和它会面。

一个更长的生命也不会给我们什么新的快乐，

此外，我们永远生存
和活动在同样事物中间，
即使我们再活下去，
也不能铸造出新的快乐。
不过我们所渴望的东西
我们还不能得到的时候，
就显出比其他一切都更好。
以后当我们已得到它的时候，
我们就渴想要别的东西；
永远是那同样的对生命的焦渴，
苦恼着张大着嘴巴的我们，
并且总不知道未来将带来什么命运，
或者机会可能带来的是什么东西，
或者怎样的结果正在等待着我们。

也不能减少半点死所占的无限长的时间，

我们也不能由于延长寿命
而从死所占的时间取走丝毫，
我们也不能取开片刻的时间，
借以使我们处于死的状态的时间减少。
因此，尽管你活满多少世代的时间，
永恒的死仍然将在等候着你；
而那与昨天的阳光一起偕逝的人，

比起那许多个月或许多年以前就死去者，
他死了不再存在了的时间将不会是更短。

第　四　卷

序　诗(1—25)

序言：诗人的任务

我漫游在派依尔伊底斯遥远的仙境[①]，
那里从来人迹不至；我乐于
来到那里的处女泉边吸饮清泉，
我乐于采摘这个地方的新的花朵，
为我自己编织一个光荣的王冠，——
文艺女神从来还未曾从这个地方
采摘花朵编成花环加在一个凡人头上：
第一因为我所教导的是极重要的东西，
并且是急切地去从人的心灵解开
那束缚着它的可怕的宗教的锁链；
其次因为关于这样晦涩的主题，
我却唱出了如此明澈的歌声，

① 这一段大抵与第一卷第921行以下数行相同。“派依尔伊底斯的仙境”即文艺女神们所居之地。

把一切全都染以诗神的魅力，——
这，应该说并非没有理由，
而是正如医生企图把讨厌的苦艾
拿给小孩子去吃的时候，就先
在杯口四周涂满甜汁和黄色的蜜糖，
使年轻而无思虑的孩童的嘴受了骗，
同时就吞下苦艾的苦汁，这样，
孩子虽然被逗弄，却不是全然受欺害，
反而因此恢复健康并重新长得强壮；
由于我的学说对未曾尝过它的人
看来一般地是有些太苦严，
大家总是厌恶地避开它，
所以现在我也希望用歌声
来把我的哲学向你阐述，
用女神柔和的语声，
正好像是把它涂上诗的蜜汁，——
如果用这个方法我幸而能够
把你的心神留住在我的诗句上，
直至你看透了万有事物的本性，
并认识到这个对于你的好处。

肖像的存在及其特性(26—214)

既然我已说明什么是万物的始基，　视觉

的原因：肖像

它们如何借不同的形式而彼此有别，
它们如何自动地飞动着，
为一种永恒的运动所骚扰，
以及万物如何从它们产生出来，
并且既然我已说明什么是心灵的本性，
以及它是由什么东西所构成，
它如何与身体结合一起而生长壮大，
以及如何当从身体被撕开的时候，
心灵就归回为它的原初物体，

作为视觉原因的肖像

现在，我要来开始一个论证，
一个与这些问题极有关系的事实：
有我们称为物的肖像者存在着，
这些东西像从物的外表剥出来的薄膜，
它们在空中来来往往飞动着，
恐吓我们的心智的正就是它们，
它们在我们醒着或睡着时碰上我们，
于是我们就常常看见形貌可惊的东西，
和已经被剥夺了阳光的人的肖像，
它们常常惊动了我们，
当我们正在酣睡的时候；——
有时竟使我们以为
有灵魂从亚基龙逃出来，
或者以为有鬼在活人中间到处飘荡
或者以为我们在死后还会留下些什么，

当身体和心灵已被一起毁坏，而各各
散归为它们自己的原初物体的时候。
　因此，我说有物的肖像
和薄薄的形状从物放出来，
从物最显露的外表被送出来，
它们像一些薄膜，或可称为一层皮，
因为这种肖像和那把它投出来
使它到处飞动的物体两者之间，
有着一种相同的外貌和形式——
这一个事实不论你如何鲁钝
你都能从下面这一点清楚地认识到：
首先因为甚至在可见的东西中间
也有许多东西能送出物体，
这些物体有些是松懈而容易消散的，
像橡木烧出来的烟和火焰所放出的热气——
有些则是交织得更紧凝聚得更紧的，——
例如当蝗虫夏天的时候
所脱开的它们的发光的外衣，
或者当小犊在诞生的时候
从它们身体表面所脱下的胎膜，
或者当滑溜溜的蛇在蜕脱时期
在荆棘间所遗下的它的长衣，
因为我们常常看见荆棘丛上
添上了蛇的那些蜕皮在飞动着；

这种肖像的存在可由可见的世界中类似的事情来证明

1. 物抛出的薄膜，或松散如烟等，或紧合如蛇皮等

所以肖像能被抛出，因为在物表面上有不受阻碍的原子随时准备离开

既然这些事情能够发生，同样地
一定也有薄薄的肖像从物被放出，
从物的最显露的外表被放出来。
因为，何以那些东西①会从物脱落离开，
而别的更薄更细的东西反而不会，
人们半点也不能张口说出道理来；
特别是，既然在物的外表上
有着许多细小的物体，
它们能够从物的表面被抛开，
同时保持着原来同样的秩序，
保存着它们原来的形式的轮廓，
并且还会是更迅速地被抛开，
因为它们更不受什么阻碍，
由于数目少②，并且位于最前边。
因为在事实上我们看见
许多东西大量地放出它们的物质，
不单从它们的内部的深处，
像我们前面已经说过的那样，
并且也常常是从它们外表放出，

颜色被从物抛开，例如剧院的帐幕

例如它们的颜色。这是常见的：
那些黄色的、红色的、紫色的帐篷，

---

① “那些东西”，即上面所说的蛇皮等物。

② “数目少”，即肖像原子的数目，比蛇皮虫壳等的原子数目更少。

当它们张盖在大剧场顶上，
在柱子和横梁上振动着的时候，
就有这样一种活动：因为它们
把它们下面大厅里的观众和整个舞台
和那些服装富丽的长老们都染上色彩，
使一切都带着它们的颜色在波动：
剧场越是周密地被墙壁围住，
所有里面的东西就越显出好像
在一片奇异的辉彩里面大笑着：
因为阳光已被遮隔开。因此既然
天幕挂篷会这样从它们的表面
放射出它们的颜色，那么一般物体
必定同样会放出它们薄薄的肖像，
因为在两种情况中都是有些东西
从物体的外表被抛开来。由此可见
确实有一些形式的痕迹到处飞动着，
它们具有着最精细的组织，
当一个个单独分开时就不能被看见。
再者，所有气味烟热和同样的东西，
当它们从物里面流出时都是散开的，
因为它们产生自物体内部，
当它们向外边出来的时候，
在它们的曲折的旅途上它们就被弄碎；
也没有笔直的门路让它们

2. 颜色也不像那些从物内部出来的东西一样受阻碍

结成一块通过而冲向外面。
但是，相反地当这样一种薄薄的
外表颜色的薄膜被抛开来的时候，
却没有什么东西能够把它撕碎，
既然它是位于最外边，不受阻碍。

3. 镜子等物把继续不断的物的肖像送回来

最后，我们的眼睛在镜子里在水里
或任何光滑的表面中所看见的那些肖像，
既然都具备着与原物相同的样子，
就必定是由物放出的肖像所构成。
可见必定有物的形式的一些薄薄的肖像，
像原物一样；这些肖像当一个个
单独存在时就没有人能觉察到它们，
但当它们为反复不断的反撞所逐回时，
就能够从镜子的平面投回一幅图画；
好像也不能有什么别的方式①
能够使它们保存得这样好，以致它们
能够投回这些和原物那么相似的形象。

肖像的组织之精细。I. 构成它们的原子的细小：(a) 它们比可见的最小的生物的最

现在请认识肖像的本性是如何精微。
首先，既然始基是远远地
落在我们感觉范围之外，
甚至比较那些小到我们的眼睛
已开始看不见的东西还要小——

① 就是说，它们被从物的表面抛开来，正如肖像从镜子里反映出来一样。

为了进一步证实这一点，
现在请在这几句话里面
认识万物的始基是如何地细小：
第一，生物有时已是这样细小，
以致它们身体的三分之一
无论如何也不能被看见，
那么，请想想它们的一个内脏
应该是多么小？它们圆圆的心，
它们的眼睛、四肢、骨骼有多大？
——它们该会是多么地细小！
还有灵魂和心灵必定由之构成的
那些原初种子，又应该是怎样？
难道看不出它们该多么细小？此外
任何从自己身上发出强烈气味的东西——
例如令人作呕的苦艾或万灵草，
苛性的青蒿或苦味的龙胆科，——
如果你偶曾用两只〔手指〕轻轻地
〔捏一捏〕这些东西中的某一种，
. . . . ①
那么为什么反而不能认识到
许多的肖像以许多方式到处在飞动

小部分还要小

(b) 任何留下强烈气味在你手上的东西，你半点也看不出什么来

〔II.〕

① 此处所失去的恐有25行或50行，贝里以为那些失去的行句可能有如下的意思：“……它的气味就会久久贴在你的手指上，虽然你将绝不会看见任何东西：所以你能知道那些构成气味的始基的本性是如何精细……”

它们是既无形体，又不可见？

还有别的肖像，在空中形成，它们永远在变化，例如云块

但是，你不要以为只有那些
从物体出来的肖像在那里飞动着，
事实上还有别的自动产生的肖像，
在大地的上空自己形成起来，
它们生成无数的形状向高空飞升；
我们时常看见云块在上空迅速凝成，
把世界的宁静的面貌染污，
用它们的运动抚摩着空气。
人们也常常看见巨人的
脸孔在天空中飞航而过，
后面拖着一片长长的黑影；
有时，巨大的山和从山岭崩开的
巨石，掠过了太阳飞奔过去了。
之后另一个怪物用力拖拉着
一些有发光边缘的圆块黑云①。
由于它们的流动性它们不停地改变面貌，
不停地转化为各种形式的新的轮廓。

这些肖像是形成得很快的：

现在〔请认识肖像是如何容易地
迅速地生成出来，并且不断地流开
从物离开而消逝……

· · · · · · · · · · · ·

① 一种引起暴风雨的云块。

因为一切外表总是在流走，
以致它们[①]能够把它抛开去。
当这个外表抵达别的东西的时候，
主要的例如玻璃，它就穿过去；
但如果它所达到的是粗石头或木材，
那么它就会被粉碎，以致不能再送回
一个肖像。但当紧实而发亮的东西，
主要的例如镜子，被放在它前面的时候，
这种事情就不会发生。因为它不能通过，
像通过玻璃一样，也不能被粉碎，——
它的安全由于镜的光滑而获得保障——
因此，肖像就从那里向我们流回来，
并且不论你如何突然地在任何时候
把任何东西搁在镜子面前，
立刻都会有一个肖像出现；
这证明从一个物体的表面经常地
有物的薄薄的组织和形状在流开来。
可见在极短时间内有许多肖像生成；
所以，它们的发生称得上是迅速的。
正如太阳在一个短时间之内
必须投出许多的光线来使

1. 因为物的外表经常准备离开；

2. 镜子里面肖像形成之迅速是一个例子；

3. 太阳光线的继续不断也是一样；

① 原文“quod iaculentur”(146)：这和上句是同义。“它们”指“物”，“它”指“外表”。也可能是说：既然外表自己总是准备着离开，所以物更能把它容易地抛开去。

整个世界能不断地充满阳光，
同样地从物那里必定也有物的许多肖像
以许多方式在一个瞬间向各个方面飞开，
因为不论我们对着物的哪一方面
把镜子转过去，相应地那里就现出
形式和颜色与原物相同的东西。
4. 片刻间云块就能在天空中形成，可见小小的肖像能形成得很快
此外，虽然仅仅片刻之前
天气还是极端的清朗，现在
天空却这么突然充满了云霾，
以致你会以为所有的黑暗
都已四面八方从地狱跑出来
而充满了巨大的天空的圆顶：——
当满天阴云的惨淡的夜晚
这样地结集了它的力量的时候，
那些黑暗的恐怖的脸孔就凶暴地出现
在上空俯视着我们。但一个肖像
是这些东西的如何细小的一部分，
这没有人能够说，能够用话表明出来。
肖像运动的迅速：
现在，请听我说这些肖像
以如何迅速的运动被带走，
它们是有着什么样的速度
来在空气中游泳，以致它们
只用极小的时间就通过一段长途——
向着任何地方，任何每个肖像

依其不同的冲动所趋向的地方——
关于这，我将以甜蜜的诗句
而不是以很多的话来告诉你；
正如天鹅轻清的歌调远远胜过
散布在南方的云层之间的
那些鹳鸟的大片混乱的噪声。
人们可能常常看见凡是轻的、并且
由细小物体构成的东西都是迅速的。
在这类东西中，有太阳的光和热，
因为它们是由小小的原素所构成，
这些东西仿佛一被推动就向前进，
它们毫不延迟地穿过空气的空间，
当它们受后面的冲击所推动的时候；
因为光立刻为光所补充，
闪射为后面的闪射所驱策。
所以同样地肖像必定也能够
在极短的时间里迅速地穿过
不可想象的巨大的空间；首先，
因为有一个特别细小的原因①

1. 由类比来证明：有轻疏的组织的东西一般动得迅速，例如阳光粒子；

① 按照伊壁鸠鲁的物理学，不受阻碍的原子的速度比较任何原子的复合体的速度为大，不管这些复合原子是多么小；因为后者受着内部振动的约制。同样的理由，那不受阻碍的原子所发出的冲击力也是最大的，因此它能够给任何它碰到的东西以更大的速度。肖像是由复合体内部的单个原子的冲击而被送出去的，因此那“小小的原因”能够给它以更大的速度。

在它们后面驱赶它们向前推进，
并且又因为它们是带着那种
快捷的轻轻的躯体在飞动；
其次，因为当它们被送开的时候，
它们是具备着如此稀疏的组织，
以致它们能通过任何物体穿过去，
好像渗透一样地通过中间的空气。

2. 理论上的证明：从表面离开的物体运动得比从内部出来的东西更快；

此外，如果某些东西的粒子，
那些从很深的内部被送出来的，
如太阳的光和热，尚且能在一瞬间
滑过并把自己遍布在整个天空里面，
能飞过海洋陆地而流溢整个天空，
那么那些位于物的外表、
随时准备着的东西又应该是怎样，——
当它们被抛开而没有什么东西
来阻止它们离开的时候？你难道
看不出它们必定会走得更快更远，
并且疾穿过许多许多倍远的空间，
在太阳的光线扩散到整个天空
所需的同样多的时间里面？

3. 经验上的证明：立刻的反映，证明肖像运动的迅速

下面这件事好像也是一个真正的例证，
说明物的肖像如何迅速地到处在飞动：
每当你在无遮拦的天空底下放一盆清水，
如果那时候天上已布满繁星的话，

你就会立刻看见那从地面闪射上来的
在水里静静发光的宇宙的无数群星，——
现在，你难道还看不见一个肖像
如何能在一个瞬间从天空的边缘落下，
落到地面上？因此一次又一次地
我们必须承认是以一种可惊的[①]速度
从许多东西里面放射出来了〕

各种感觉及心灵的图画（215—819）

那些冲击眼睛而引起视觉的物体。
从某些东西不断地有气味流出来，
例如冷从河流，热从太阳，水露从
海的波浪，大海周围岸壁的蚕食者。
各种声音也从未停止在空气中飞动。
还有，当我们在海边散步的时候，
一种带咸味的湿润就跑进我们口里。
而当我们观看苦艾被调研着的时候，
它的苦味就刺激我们。所以无疑地
从一切的东西都有各种东西流出来，
向四周各处放散；自然不容许

肖像是视觉的原因。1.我们的别种感官也是受类似的流出物所影响的

① 根据鲁斯的意见，“可惊的”之后可能是“速度，从许多东西里面放射出来了”之类，以便和下面各句联起来。

这种向外的溢流片刻停止或中断，
因为我们是不断地有着感觉，
是每时每刻都要看见许多东西，
闻到它们的气味，听见它们的声音。

2. 触觉和视觉提供我们同样的知识：它们必定是受相同的原因所影响的

此外，既然黑暗中用手感觉到的形状，
和那在亮光中在白昼里用眼睛所见的，
我们知道多少是同样，可见触觉和视觉
必定是由同一个原因所引起的。
所以如果我们试摸摸一个正方形，
而得知它在黑暗中对我们的刺激，
那么，在亮光中还能有什么正方形
能落入我们的视野，除了原物的肖像？
因此，视觉的原因显然在于肖像，
没有它们也就没有什么能被看见。

肖像到处皆有，眼睛转到哪里，哪里就有它们

　我所说的这些薄膜到处在飞动，
从各方面被抛出，抛散在一切方面。
但既然我们只借眼睛才能看见，
所以只要我们把视线转向哪里，
哪里的一切东西就以它们的
形状和颜色撞击着我们的视觉。

肖像使得我们能认识物的距离

每件东西离开我们能有多远，
肖像能使我们看出来分别出来；
因为当肖像被送出的时候，它立刻
把那位于它和我们眼睛之间的空气

向前推动驱迫。这样一来这份空气
就全部滑动而穿过我们的眼球，
并且好像就疾穿过我们的瞳孔，
这样继续通过去，因此就发生了
这样的情况：我们看出了
每件东西离开我们是多远；
在它前面被驱策的空气越是多，
穿过我们眼睛的风吹得越长久，
那件东西看来就是离我们越远：
这一切当然是以极大的速度进行的，
以致在一个瞬间我们就能看出
它是什么物体，和离我们有多远。

在这方面这一点也不应引起惊异：
虽然那些击中我们眼睛的薄膜
不能一个一个地单独被看见，
但是物的本身①却能知觉到。
因为当风一点一点地打击我们的时候，
或者当严寒流向我们的时候，
我们并不感觉到风的个别的粒子，
或个别的冷粒子，而却是
一下子感觉到它们的全部；

我们不能知觉个别肖像，而只知觉整个物体

如对风和寒冷；

① 原文“res ipsae”(258)按照伊壁鸠鲁的学说，“物本身”是不能被看见的；这里只是一个省略语，意思是指物的整个的肖像。

我们也看见冲击如何影响我们的身体，
就好像有一个东西正在打击着我们，
使我们感觉到在我们之外的它的身体。

还有，当我们只击在石头表面时，却感觉到它全部的抵抗力

再者，每当我们用指尖击打石头的时候，
我们触到石的外部和表面的颜色，
但由接触而感到的却不是它的颜色，
而是石头内部深处的那种坚硬。

镜子的特征：1. 肖像看来像在镜后面，这是因为正如通过门户看东西时一样，我们先获得了一阵空气，然后是镜子的肖像，然后是另一阵空气，最后才是物体的肖像

现在请认识何以肖像被看见
存在于镜子①后面。因为看起来
它确实是位于镜子里面的远处。
这正像当一个大门在自己身上
供给我们一个洞口作为视孔，
让我们能看见外面许多东西的时候，
物体的真实的形状就被我们看见
在屋子外边存在着。在后面这种情形，
视觉也是由两份双层的空气所构成的：
首先被看见的是门柱内的那份空气；
其次是左右两边的门；然后是
外边的那些光线冲进我们的眼睛，
然后是另外一份空气，最后就是
物体的真形状被看见存在于门外边。
同样地当镜子的肖像

① 古罗马镜子当然是金属的。

最先把自己投射出来，
当它向我们眼睛投过来的时候，
它就把它和我们眼睛之间的空气
向前驱策，推动，而使得我们
在觉知镜子之前觉知到那份空气。
而当我们已经也看到镜子本身的时候，
那从我们飞去的肖像也同时到达镜子，
并且，在那里再被抛回头之后，
就向我们眼睛回来，并且驱策着
推动着它自己前面的那另一份空气，
以致正是这份空气先于它自己被看见，
这样它就显出是远远地位于镜子后边。
因此，再次证明，我们不应该惊奇
　　. . . . . .①
在那些从镜面抛回一个景象的东西方面；
因为两者都是借两份空气而发生。
我们身体右边那一部分　　2. 左右手在镜子里面倒过来，因为肖像是被直线地送回的，像一个泥塑假面具在木柱上的印痕一样
在镜子里面看起来是在左边，
这是因为当肖像抵达镜面，
并击打镜面的时候，它并不是
完好无损地转了一个身子就回头，

① 此处贝里以为失去一行，大意如下：——
“为什么这个现象发生在那些被看见真是在门外的东西方面，又发生在……”。

而是被迫以直线而非以斜线退回来，
正如如果有人把未干的泥塑假面具
对着柱子或横木抛过去的时候，
假面具就立刻留下自己的形状在那上面，
而这形状是倒过来向着投面具者的，
这样就把送回来的那个面貌重新塑造：
现在右眼已成为左眼，左眼成右眼。

3. 肖像能够从镜子到镜子被反复反映，每次都改变它的样式

一个肖像也能从一个镜子
被传送到另一个镜子，
直至甚至有五六个肖像产生出来。
因为任何藏在屋子远角的东西
不论弯来曲去它们被放置得多么远，
依然都能够通过这些曲折的途径
借一些镜子被揭露出来，被看见
存在于屋子里面。因为自然强迫
一切东西以相等的角度被送回，①
并从它们所冲撞的任何东西跳开。
肖像确实能够这样从镜子反射到镜子，
原先是左边的，现在成为右边，
然后它又返回并再度变成为左边。

4. 曲面

再者，两侧弯曲而其弯曲度

---

① 即投射角等于反射角。这二行半——自上行“因为”起至下行“跳开”止——可能应该是放在这一节最后的地方，即后面跟着的十七行应移来这二行半之前。

和我们的身体的弯曲度相应的镜子[①]，
送回给我们的肖像则是右边仍是右边；
其所以能这样，或者是因为
肖像是从镜子到镜子[②]被传送，
之后，两次被抛开，它就向我们飞回来。
不然就是因为当它到达镜子的时候，
肖像立刻就把自己旋转过来，
因为曲面教它转过来面向我们。[③]
再者，肖像所以随我们移动而移动，
把它们的步伐配合着我们的步伐，
并且模仿我们的姿态，你可以相信
是因为你把自己从镜子[④]的哪一部分移开，
从哪里立刻就没有肖像能被送回来。

的镜子所投出的肖像，其左右边乃原来面孔的左右边

5. 镜子里面的肖像随我们移动而移动

　再者，我们的眼睛总是避开亮东西，
不去注视它们；太阳使人眼盲，
如果你坚持睁开眼睛瞧着他的话；
这是因为他自己的力量很伟大，
而他的肖像又是经过纯净的空气

视觉的特点：1. 光亮的东西使眼睛看不见，乃是由于它们所包含的火种子

① 指一种凹镜。

② “从镜子到镜子”，即从同一曲面的一部到另一部。

③ 后面这个解释的大意是：对于一个平面镜子，肖像的整个外表是同时与镜子相遇的，并且照原样被打回，但对于一个曲面镜子，肖像的一部分会比其他部分先触到镜子，结果肖像就遭受一次翻转，打一个大转身。

诗人提出这两个解释，他自己并不断定哪一个是正确的。

④ 这里诗人又回头谈平面镜。

从高空沉重地落下来，
打击眼睛，搅乱它们的组织。
此外，强烈的光常常烧灼眼睛，
这是因为它包含着许多火种子，
它们一进入眼睛就造成了痛苦。

2. 黄疸病者以他们自己的黄色影响肖像

再者，黄疸病者所见的都变成黄色，
这是因为从他们的身体流出了
许多淡黄的种子去和物的肖像相遇，
并且在他们眼里还混有许多黄种子，
它们借传染而使一切都变黄。

3. 我们能在黑暗的地方望见光亮地方的东西，因为光洁净了眼睛；

再者，从黑暗的角落里，
我们能看见亮光中的东西，
因为首先进入来占据睁开的眼睛的，
是那较近的地方的黑暗的空气，
接着那闪亮光朗的空气迅速地跟来了，
它好像是把眼睛收拾干净，
并且把先前那一份空气的黑影驱散，
因为这光亮的空气在很大程度上
是更为敏捷、更为精细和有力。
而当它已经用光线充满眼睛的道路，
打开以前那被黑暗的空气
堵住了的路径的时候，
那些存在于外边阳光中的
东西的肖像立刻就跟来了，

并且刺激我们的眼睛而引起视觉：
而这是我们从光亮的地方
去看黑暗中的东西时所办不到的；
因为后面的更浓厚的黑暗的空气
会跟着进来并把每个孔隙充满，
而这样就堵住了眼睛的路径，
以致没有什么东西的肖像
能够被抛进来而刺激眼睛。

但不能从光亮的地方看见黑暗地方的东西，因为黑暗堵住了眼睛

　当我们从远远的地方望见
城市的那些四方塔的时候，
它们常常显出是圆的，这是因为
远处的每一个角看来都成为钝角，
或不如说它根本就不能被看见；
它的撞力消失了，它的打击
也达不到我们的眼睛，因为
当肖像在通过空气的时候
空气已经用无数的冲击
使那些角尖的肖像变钝。
这样，每一个塔角全都避开了感觉，
塔石就显出像在床上磨圆了似的——
但不是像附近真正的圆东西那样，
而只是模糊地与它们相类似而已。

4. 四方塔从远处看来像是圆的，因为肖像的四个角在经过空中时被磨掉了

同样地，在阳光里我们的影子
好像是随着我们的步伐在移动，

5. 我们的影子好像老跟着

我们，这是因为当我们移动时，地面上的光线接续地被割断

并且模仿着我们的姿态，如果你相信
被剥夺了光线的空气能够走路，
能够跟随着人们的步伐和动作。
因为我们惯于称为影子的东西
显然不外是那失去光的空气。
无疑这是因为地面上的某些地点
是接续相继地被剥夺了阳光，
每当我们走动着而阻挡了它的时候；
同时那为我们所放弃的地方
则又再被阳光充满，由于这个缘故
刚才我们身体的影子现在看来仍是一样，
并且在我们后面一步一步跟着走。
因为新的光线永远在倾泻出来，
而原来的旧的光线则消失了，
正像那被吞进火焰的羊毛一样。
因此地面很容易被剥夺去光线，
也很容易再被光线充满，并且
把黑色的影子清洗得干干净净。

在所有这些场合，感觉并无错误，但心灵推出了错误的推论

　但这里我们绝不承认眼睛受了骗。
因为眼睛的任务是去注意
什么地方有亮光，什么地方有影子；
至于那亮光是否仍是同一片，
以及那刚才还在这里的影子
是否正是那正在往那边走的影子，

抑或事实是像我们上面所说的那样，
这完全应该由心灵的推理去决定，
我们的眼珠也不能认识实在的本性。
所以请别把这心灵的过失归之于眼睛，
也不要轻易认为我们的感觉处处靠不住。①

1. 从运动着的船里看船外的静物，静物好像也在动

我们所乘的船事实上正在航行，
但是看起来它好像是停止着。
而那抛锚停定的船只，
人们则以为是在那里驶过去。
山峦和田野好像向船后退却，
当我们驾驶满帆的船经过它们的时候。

2. 星辰好像是静止的

所有的星辰看来都像静止地嵌在天穹上，
虽则它们全都永远在运动中，
它们升起来又回到它们遥远的归宿地，
当它们已经用它们光亮的身体
测量了天空的距离之后。同样地
太阳和月亮也好像抛锚停泊着，
但显然的事实证明它们其实在运动。

3. 山峦之间的道口从远处看不出来

从远方的海面耸立起来的山峰之间
敞开着一个可容舰队通过的缺口，
但山峰却好像连接成为一个小岛。

---

① 这一句原来的位置是第435行，被Giusassani移来此处。在这一句之后，叙述了若干种视觉方面的幻觉，在所有的场合中，卢克莱修认为错误不在于感觉而在于心灵的推断。

4. 对于晕眩的人，四周的东西也好像在旋转着

当孩子们自己停止他们的旋转的时候，
大厅好像还在旋转，柱子还在动摇，
以致他们以为屋顶就快要
在他们头上全部塌下来。

5. 初升的太阳好像接住东边的山头

还有，当自然开始向高空举起
太阳的红色的光辉和颤动的火焰，
当她开始把他升上山顶的时候，
那些看来太阳好像就在它们上面的山岭，
他那接近山顶的发光的身体
用自己的火焰使它们发光的那些山岭，
离开我们其实仅有两千个箭程之远，
甚至常常只有五百个标枪抛射程那么远，
但是在这些山岭和太阳之间
却有着广阔的海洋伸展在
天空的辽阔的领域底下，
其间横亘着千千万万的国度，
为许多民族和无数野兽所占据的国度。

6. 一个小小的浅水潭能反映整个天空

再者，路边铺石中间的
一个不外一指之深的水潭，
却能够使你朝地下看时看得那么远，
远得好像从地面朝高空
张开着的整个天的海湾，
以致你好像看见云霞就在底下
星辰奇异地浸没在大地下面的天空里。

还有，当我们所乘的烈马
稳固地站立在河流中间
而我们望着下面的急流的时候，
就好像有一种力量带着马的身躯
使它违背它的路向急速地逆流冲上去，
虽则它是动也不动地站立着的。并且
凡是我们把眼光投过去的地方，
一切的东西也都好像这样冲上去，
朝上游流去，正像我们自己一样。

7. 一只站在激流中间的马，好像在逆流而上地动着

一个柱廊尽管建筑得十分对称，
尽管它从一端到另一端
都是安设在等高的柱子上面的，
但当从一头来看这个长长的柱廊的时候，
它却会逐渐缩小而成为一个圆锥形，
直至看起来天花板连接着地面、
整个右边柱列接着左边柱列的时候，
它就完全缩小到锥体的不可见的顶点。

8. 透视远景

对于海上的水手，太阳像是从波涛中
升起，并且在波涛中沉没下去，
在那里埋葬他自己的光——这是因为
他们除水和天之外什么也看不见。

9. 海上日出

再者，从不懂得海的人看来，
港口里的船只好像带着破船尾
毫无办法地躺在水面上，

10. 折射现象

因为任何位于海水上面的
船桨的部分都是直的，
水面上的舵也是直的。
但那浸没了的，那淹没
在水平线之下的其他部分，
看来却全像是坏了的，弯弯的，
并且向水面斜上起来，转回来
飘浮在几乎是水面的地方。

11. 飞云使星辰也好像在飞动

而当风在夜间带着散碎的云块
飞过天空的时候，在我们看起来
闪亮的星座就好像逆着云块在滑动，
在高空上采取着一种路线，
和它们的运动所采取的不相同。

12. 用手指按眼睛，就会使眼睛看见的东西都成双成对

再者，如果有时我们把一只手
搁在一只眼睛下面，并且
在那里用点力按一按，
那么，对于我们的眼睛，
我们看见的每一个东西
就会由于某一种感觉而变成两个——
那些吐着火花的小饰灯
所发出的光成了两份，
整个屋子里的家具成了两套，
同伴们的脸孔都有了两个，
他们的身体也都是成双成对。

再者，当睡眠已用甜蜜的酣睡 13. 梦
捆起了我们的四肢，而我们整个
身体已躺在深深的安息中的时候，
我们对自己却显出好像还醒着，
并且在移动着我们的身体；
在夜的不见五指的黑暗中，
我们以为看到白昼和太阳；
并且虽然我们是被关在房子里，
我们却好像在改变着我们的
天空、海洋、河流和山岳，
却好像在步行着经过许多平原；
我们听到许多的声音，
虽则夜晚的肃静仍然围着我们；
我们回答别人，虽然其实一声不响。
我们看见了许多许多其他的 在所有这些场合，感觉是无错的，错误的是心灵
类似这些现象的奇异的情形，
它们全都好像企图损害
我们的对于感觉的信念——
都徒然，因为这些现象的最大部分
只是通过心灵的意见才欺骗了我们，
这些意见是我们自己加上去的，
以致感觉看不见的那些东西
也被以为是被看见了。因为
没有什么比这件事更困难的了：

从显然的事实分开那可疑的，
被心灵自己同时加上去的东西。

如果怀疑论者否认能认识事物，他又怎能认识他这个认识？他从何处取得他的真理的准则？

再者，如果有人认为任何东西
都不能被认识，那么他也就
不能知道这一点是否能被认识，
既然他承认没有什么能被认识。[1]
因此，我拒绝和这个人进行讨论——
这个人已把他自己的头
放在他的脚应该在的地方。
但是，且让我们假定他能认识这一点，
我还要问他从哪里知道什么叫做认识，
什么又叫做不认识，以及什么东西
造成了真理的概念[2]，什么方法证明
可疑的东西与确实的东西有区别，
既然至此为止他在事物中间
还未看见过任何真的东西？

如果感觉是错误的，那么，他就必须找出一个更真的标准

你将发现：是感觉最先创造出了
真理的概念，感觉也是不可反驳的。
因为必须找一种更值得我们相信的，
它必须借自己的权威用真的击败错误的；

---

① 对于怀疑论的抗议，以及对于感觉的可靠性的信心，乃是整个伊壁鸠鲁哲学（从而也就是卢克莱修的哲学）的基础。

② 概念必须是由一系列个别经验产生出来的。（第二卷，第744行）然则，从未用感官知觉过任何真实的东西的人，他又怎能够有真理的概念？

然则，还有什么应该比我们的感觉
更值得我们信托？难道应该是推理，
那从某种错误的感觉诞生的，
反而足以来反对那些感觉，①
虽然推理本身完全是从感觉衍生出来的？
因为除非这些感觉是真的，
则一切的推理也都会出错误。
或者，难道耳朵应该有能力责备眼睛，
抑或触觉能够骂耳朵？是否味觉应该
控告这个触觉，抑或由鼻子来反驳它，
或者眼睛来击败它？我相信都不是这样；
因为对于每一感官，都已划分好
它独特的任务；各有各自的能力；
所以我们总被迫分别地去觉知柔软、
寒冷和热；分别去觉知所有各种颜色，
以及任何和颜色联在一起的东西②。
同样地辨味的舌头有它自己独特的能力，
气味和声音也是分别被觉知的③。

但是（1）基于感觉的推理不能驳倒感觉；

（2）各种感觉不能彼此互相驳倒

---

① 推理或“理性”是基于感觉的，因为它的任务就在于分别和联结感官所给予的印象。然则，如果感觉是错误的，那么推理就更会这样了：它就不能作为感性知觉的真实性的准则。德谟克利特也有著名的一段话谈到这一点。

② 即物的形状，它的各种表面、外貌、体积大小等。

③ 原文是：“sorsus odores nascuntur，sorsum sonitus. ”（494—495）Giussani将“nascuntur”改读为“noscuntur”（被觉知），里奥纳德跟着他。贝里按原读译成：——

“气味是以一种方式产生的，声音是以另一方式产生的”。

所以没有一种感官能裁判另一种感官。

(3)每种感官也不能对自己定罪。因此感觉是真的。宁可承认推理能有错误，不应污蔑感觉，因为感觉是一切知识的基础，生命的唯一指南

也没有任一种感官能够责备它自己，
因为永远必须认为它是同样地
值得同等的信任的。因此，任何时候
任何东西对这些感官显出是怎么样，
它就真是那么样。假如理性不能对我们
揭示出为什么在近处是四方的东西
从远处看来却像是圆的，那么，
在这种不能举出恰当的理由的情况之下，
我们与其让显然的事实从我们手中漏掉，
从而伤害了那种最基本的信念，
破坏了我们的生命和安全
所依赖的整个基础，那就还不如
提出错误的原因来说明这两种形状。
因为不仅一切的推理都会被推倒，
而且即连我们的生命也会立刻崩溃，
除非我们敢于信任我们的感官，
避开悬崖和那些同样危险
而应该避开的东西，而迅速地
去找寻与它们相反的东西。

否认感觉的可靠性，就正像建筑房屋时用有毛病的仪器一样

再者，正如在建造房屋的时候
如果所用的锤规最初就是斜的，
如果骗人的曲尺没有正确的直线，
如果水平仪不管什么地方有点差错，

那么整个建筑就一定会出毛病——
歪歪斜斜地向前向后倾，全部不对称，
以致有些部分看来好像就要塌下，
并且不久全部就真的塌下，
由于被最初的错误的测量所害：
同样地你的关于事实的推理
必定也会成为歪斜和错误的，
如果它们发源于错误的感觉。
所以被收集起来反对感官的
那一大堆东西，都是徒然的空话。
现在余下的是来毫不费力地说明
其他各个感官如何知觉它们的对象。
首先，每种声音和语声被听到了，
当它们进入耳朵之后用自己身体
击打了感官的时候，因为我们必须
承认即使话语和声音也是有形体，
既然它们能够打击着感官。
此外，声音常常擦刮着喉咙，
唤叫的声音在发出去的时候
确实把气管弄得更粗糙——
很自然，我想，当这些声音的种子
以比平常更多的数量，通过那狭窄的出口
升上来之后已经开始发出去的时候。
说实话，口腔的门户也会遭受到摩擦，

关于其他的感觉

1. 听觉是当声音击打听觉器官时发生的

声音是物体：(1)它能打击感官；
(2)大声叫唤会引起喉痛；

被那从涨起的〔两颊〕〔向外吹出的空气〕。①

· · · · · · · · · · · · · ·

所以毫无疑问，声音和话语
是由物质的原素所构成的，
(3) 不停的说话削弱了身体
以致能够伤害人。同样地，你也许
并非没有觉察到身体会多么被削弱，
人的筋肉和能力能够如何被消耗，
如果一个人从朝辉初出的时辰
一直到傍晚黑影已起的时候都继续
不断地说着话；而假如他是
大声地唤叫的，那就更是不得了。
可见声音必定是物质的东西，
既然长篇大论者会从自己的身上
声音的粗糙或圆润是基于构成它的原子的形式
失去一部分。再者，声音的粗糙
是由它的始基的粗糙所引起的，
正如圆润的声音是由于圆润的始基。
始基也不是都有一个相同的形式：
当号筒吹送出一种重浊的吼叫，
当野蛮的贝里辛斯人的管笛
嗡嗡地发出沙嗄的响声，或者当

---

① 以上两句原读是："scilicet expletis quoque ianua raditur oris"(532)。里奥纳德跟随 Brieger 和 Giussani，认为此句之后有空缺，于是补上〔〕内那些字。贝里认为原读可保留。按原读，此句(中文两行)应译成：

"当喉咙被堵塞的时候，口腔的门户也就被摩擦"。

天鹅在夜里从希里康的冰冷的涧边
用悲哀的声调唱出它们流畅的挽歌。
这样，当我们把这些声音
从我们身体的深处迫出去，
把它们从口腔驱出去的时候，
那敏捷的舌头，言语的制作者，
就使它成为分节的声音，
嘴唇的塑造又给它们以形式。

人声借助舌头和口唇而形成语言

因此，如果声音从起点到终点
其间的距离是短的，则话语就必定
也被明白地听到，被清晰地判别。
因为那时候声音还保存着它的形式，
保存着它的形状。如果其间的距离
超过了适当的长度，话语就必定
会由于通过太多的空气而被搅乱，
而语音在风中飞过时就会失去秩序，
以致你虽然能够知觉到声音，
却不能分清那些话是什么意思；
因为当语音到达我们的时候，
它已遭受了这样厉害的骚搅和阻碍。

在近处时，它保持着原形，

在较远的距离，它就被拆散，变成模糊不清

再者，一个词从唤叫者口中发出，
就能把听众的所有的耳朵都激动。
可见一个语言必定立刻分散为许多个，
既然它把自己分派给所有的各个耳朵，

一个人声能到达许多耳朵，

在词上面印出了形式和清楚的音调。

或者它就散失

但没有击中耳朵的任何一部分语言
就会掠过耳朵而丧失，
徒然地在风中消散；

坚固的东西能把人声击回头，因此有回声

那打中坚固的地方的一部分，
就被抛回，并把一个声音送回来，
有时用一个词的回声戏弄我们的耳朵。
当你清楚地认识了这一点的时候，
你就能对自己和别人说明为什么
在静寂的地方大石能够把语言
以同样的形状和同样的次序送回来，
当我们找寻着那些在昏暗的山谷里
迷了路的我们的同伴，大声地
向分散了他们发出呼叫的时候。
我曾见过一些地方甚至送回六七个回声，
当你仅仅叫出一个声音的时候；
因为一个山把声音抛向另一个山，
这样就重复发出它们的回音。

这就使许多地方有了关于半人半兽和林间女神的传说

附近的居民想象这些地方
有着长着羊脚的半人半兽
和林间女神们出没其间；
并且说那里有许多林野牧神，
由于他们夜间的闹声和滑稽的狂欢，
那里的无声的寂静就常常被破坏，

琴调被弹出了，还有甜蜜的怨诉
由乐师的指尖按触箫笛而倾流出来；
周围远近许多农民都开始听到音乐：
当潘神[①]常常一面摆动着那半人半兽的
头上的松叶松枝，一面用鼓起的嘴唇
不停地在开口的芦笛上吹奏的时候，——
以免笛子停止送出林间的音乐。
其他的诸如此类的怪物和奇事
他们都喜欢提起，目的就在于
使自己不致被认为是住在穷乡僻壤，
连神也把他们遗弃。这就是为什么
他们在他们的故事里夸大神奇的事物；
或者他们是由于别的理由才这样做——
因为一切人从来就是十分乐于
把无稽之谈喋喋地灌进人们的耳朵。[②]
此外我们不必奇怪何以有这样的事：
眼睛不能通过某些地方看见显然的东西，
但声音却能过这些地方而袭击耳朵。
因为常常我们看见[③]有人在谈话，

在我们不能看的地方我们能听

① 潘神(Pan)是希腊神话中森林、牧地、牛羊的神，他有人的头、胸和手臂，而他的脚却是山羊的；有时，他还被认为有山羊的角和耳朵。

② 原文是“ut omne humanum genus est avidum nimis auricularum”(593—594)：人们对于这一句话的解释不同。贝里译成：“因为整个人类都极贪爱得到别人听自己说话”；拉萨姆译成：“因为人类到处都有贪馋的耳朵来听这种罗曼司”。

③ “看见”(videre)，是一般地使用来称一切的知觉；意思即“觉察”或“知觉到”。

虽然门是闭着的；这也不足为奇，

(1)因为声音能经过任何种的小孔，但视觉的肖像只能经过直的孔口

既然所有的声音都能曲折地
通过物的弯曲的孔道而不受损害，
而肖像则拒绝这样做；它们会被弄碎，
除非它们是沿着笔直的孔道飘过去，
像玻璃里的孔道，这些孔道所有的肖像
都飞得过去。但即使是这个声音，
在经过屋子的关闭的房间之后
也被弄钝了，进到耳朵时是一团糟，
我们就似乎听到声音而不是字字清楚。

(2)声音向各个方向分成为许多声音，但肖像只循开始时的方向进行

再者，一个声音被分给所有的方向，
既然声音产生出声音，当一个声音
跃出之后变成了许多声音的时候，——
正如一个火花常常会把它自己
喷发成它自己的许多火花。所以
声音会充满那些看不见的地方，
它们周围全都在喧哗，全都在
因声音而骚动。但是所有的肖像
一经发出就倾向于以直线的方向进行；
因此人不能看见墙那边的东西，
但却能听到从墙后传来的声音。

2. 味觉之产生是由于从食物挤出来的物味进入了上颚的小孔

我们用以尝味的舌头和口盖，①

① 味觉的问题较容易，因为它可以直接用“接触”来说明，不需要先假定原子的放射。

它们也不需要更详细的说明，
或者给我们带来更多的麻烦。
首先，我们在嘴里感觉到一种味道，
当我们咀嚼食物把物味榨出来的时候，
正如任何人有时候用他的手
把一块浸湿的海绵榨干一样。
其次，所有我们榨出来的东西，
就布满在口盖的所有的小孔里
和组织很松懈的舌头的曲径中。
因此如果味液的始基是圆滑的，
它们就令人愉快地接触和抚摸着
舌头四周所有湿溜溜的地区。
反之它们用它们的攻击刺痛感官，
按照它们具有的粗糙的程度而定。
其次，滋味的快感只限于口盖的范围内，
但是在它已经坠进了喉咙之后，
就再也没有什么愉快之感，——
当它向全身各处散开的时候。
身体用什么东西来饲养都无关系，
只要凡是你所吃下的东西
你都能好好消化而分配给全身，
并使胃部经常保持着一定的湿润。
　现在，为什么我们看见某些东西①

滑圆的原素产生愉快的味觉，

粗的原子产生不愉快的味觉。味觉只限于口腔之内，到了消化的阶段就没有味觉

不同的食品适合不同的生物

① 原文是“ut videamus”(633)，可能应该解释为“为了使我们看出为什么某些东西……”。贝里就是这样解释的。

是某些东西的食物，其他的是其他的……

· · · · · · · · · · · · ·

对于一者为甜的东西，对另一者却是苦的

以及何以对于一些生物是恶臭而苦的，
对其他的生物却好像非常可口，
我们将揭示出来。——为什么在这方面
有这样大的距离和这样的不同，
以致一种生物的食物对于另一种生物
却变成了剧烈的毒物？例如有一种蛇，
如果接触到人类的唾沫，它就会死去，
就会啮咬它自己的身体直至把自己弄死。
再者，对我们，黑里波[①]是厉害的毒物，
但是它却能够使山羊和鹌鹑胖起来。
为了使自己能认识这种事何以会发生，

这是因为：（1）有许多不同的种子混合在物里面；（2）因为不同的动物的口盖的构造和它的小孔也不同

首先你必须记得我们前面已说过的：
那许多包含在各种东西里面的种子
是以许多的方式混合在物里面的；
其次，正如所有吃东西的生物
外貌都不同，它们身体的表面和轮廓
也都按种类给它们以一定的样子，
同样地，那些构成它们的种子，
也都具备着各种各式的形状；
再其次，既然种子彼此不同，

---

① 黑里波是一种作泻剂的植物。

则整个身体中的空隙和路径，
这些我们称为小孔的东西，
也就必定都是不相同的，
在口腔和味觉器官中也一样。
所以有些小孔必定是较小，
有些必定是较大，有些则是三角形，
有些是四方形，有许多是圆形，
还有些则是多种多样的多角形。
因为，按照那些形状不相同的
原初物体的结合和运动的要求，
小孔的形状也必定各各不同，
其间的路径也必定按照
那围住它们的墙壁而不同。
因此，当对一种生物是甜的东西
对其他生物变成了苦的东西的时候，
那必定是因为对于那觉得它甜的生物，
是那些最圆滑的粒子已抚爱地
进入了他的味觉感官的小孔。
相反地，对于那在自己口中
觉得甜的东西是酸的生物，
无疑地那粗糙而多钩的粒子
必定已经进入了味官的狭窄的小孔。
现在，由这些事实就能容易地认识
任何一种情况……

……………①

由于同样的原因，一个人的味觉在生病的时候可以变得不同

例如当一个人由于过多的胆汁
而患病发热，或以其他方式感觉到
某种疾病的已被激起的残暴的时候，
他的整个身体就会被扰乱，
所有的种子的位置就会被改变，——
以致以前能引起味觉的始基，
现在已再也不能够起作用，
现在是其他的始基才更能够
走进小孔里并产生酸的感觉。
两类始基无疑地是混合在蜜汁中——
这一点以前我们已经常常指出来。

3. 同样气味也是由物流出来而流进鼻孔

来吧，现在我将要来指出
气味的冲击如何接触鼻孔。
首先，必定存在着许多的东西，
各种气味从它们滔滔地流出来；
我们必须意想它们流着，流着，
把它们自己向各处散射开去。

不同的气息引诱或驱开不同的生物

但是某一种气味更适宜于某些生物，
而对于其他生物适宜的是别的气味，
这是由于原素形式的不同所致。
因此，在微风中，蜜蜂远远地就被

---

① 贝里以为此处不必假定有失行。

蜜味所引诱，而引诱兀鹰的则是死尸。
再者，被遣送作为先锋的猎犬，
引导猎人向着野兽的分趾蹄
在奔驰时留下足印的地方前进，
而白鹅，罗马卫城的保卫者，
远远地就先嗅到了人群的气味。
这样，对于不同的生物
确是有各种特殊的气味
招引它去获得自己的食物，
或使它从可厌的毒物退开，
这样，各种野兽才被保存下来。

视觉方面也有同样情形。有些东西会伤害某些生物的眼睛；

　但是这样情形并不只限于①
在气味或味道之类方面才发生，
同样地，物的形式和颜色
对于所有生物的感官
也并不都是愉快可喜的；
正相反，对于有些生物的视觉
有些东西是能刺痛它的。

例如狮子不敢看公鸡

看，那咆哮如雷的狮子，②
它们竟是不敢正视一只大公鸡，——

① 以下这一段原来的位置是第706—721行，即原是在它后面那一段之后，被 Gussani 移来此处。

② 这个奇怪事实，罗马的博物学家普林尼和希腊传记作家普罗塔克都曾谈及。

大公鸡鼓动翅膀赶走夜晚[①]
用朗朗的啼声召来光辉的早晨，——

因为公鸡里面有某种种子能伤害狮子的眼睛，对我们却无害

狮子一见公鸡立刻就打算逃跑，
因为公鸡身体里无疑地有某些种子，
这些种子一经射进狮子的眼睛，
就深深地刺入狮子的瞳孔，
引起这样剧烈的痛苦，
以致不论狮子如何凶猛，
也受不了这只大公鸡。
但这些种子却丝毫不能伤害我们的眼睛，
这或者是由于它们根本就渗不进来，
或者是因为当它们一进来，
我们的眼睛就让出一个宽阔的出口
这样就使得它们不能停下来
伤害我们眼睛的任何一部分。

气味永远不能走得像声音那么远，

现在，再回头来谈谈气味：
在所有袭击鼻腔的东西里面，
有一些比起另一些会走得更远。
但一切气味都不能远到像声音那样——
更不用说能像那些袭击眼睛
而引起视觉的东西那样。因为

① 此处有双关的意义。一方面说平常公鸡的事情，一方面意指一个坏演员在生气的观众哗然喝倒彩时的情形。

气味是缓缓地沿曲折的路途而来，
并且更快地消失，逐步逐步地
很容易就被吸收进空中的风里面；
第一因为它是从物内部深处　　(1) 因为它是从物的深处出来的；
艰难地被发放出来的。
每种东西当被捣碎、磨研，
或者被火所烧毁的时候，
就发出更强烈的气味，
这个事实就足以证明
气味是从物内部流出来的。
再其次，你也能见到：　　(2) 因为它是由较大的原子构成的；
构成气味的那些种子
比起构成声音的更大。
因为气味不能透过石壁进来，
而声音却能从它们通过去。
也是因此你才会发觉不容易找出　　因此，不容易找出气味的源头
那发出气味的东西究竟在哪里，
因为，在风里耽搁游荡的时候
那些撞击逐渐冷下来了，
然后这些仓促的物的使者们
才达到我们的感官，此时早已不热。
所以猎犬常常迷失方向，而须找寻味源。

　现在请注意听听什么东西搅动心灵[①]，　　思想的原因

---

① 心灵也是原子的集合体，像耳朵和眼睛一样，所以思想也和视觉听觉一样，是由心灵的原子受到“肖像”的骚动所致。

到处飘荡的肖像可以结合起来

从少许的诗句认识那些到来的东西
是从什么地方来到心灵里面的。
首先，我说有许多物的肖像
以很多的方式向周围各处漫游，
它们是这样地精细，
以致当在空中相遇的时候
它们就很容易地互相结合起来，
像蛛丝或金叶一样。因为事实上
它们的组织比起那些能占领眼睛
并且击中视觉的肖像，是精细得多。

然后，穿过心灵，使我们想到那些可怕的形状

因为它们能穿进身体的小孔，
并且在内部搅动心灵的精细的本性，
激起它的感觉。因此我们看见了
人面马身的怪物和希拉的肢体，
看见薛尔比尔斯[①]的狗脸，
和已经死去的人们的肖像，那些
白骨早已埋葬在大地里面的人；
因为各式各样的肖像
在我们四周各处飘荡着，
有些是在空中自己生成的，
有些是从各种东西出来的，

---

①　希拉是意大利和西西里岛之间的赛西那海峡中靠意大利一边的险礁的名称，在古典神话中被拟人化为女怪；薛尔比尔斯是守卫地狱之门的三个头的犬。

还有些则是由它们的形状结合构成的。
因为人面马身的怪兽的肖像
当然不是从活兽产生出来的，
既然从来就没有像他那样的动物；
但是，当马和人两者的肖像
偶然地碰在一起的时候，如上所说
它们很容易立刻就结合起来，
由于它们精细的本性和微薄的组织。
类似的东西都以同样的方式被创造。
当它们由于它们是格外轻巧
而迅速地飞动着的时候，
如上所说，一个精细的复合的肖像
就很容易用它的一击把心灵推动，
因为心灵自己也如此精细、可惊地敏捷。

心灵看见东西，正像眼睛看见东西一样；

这些事物之确是如我所说那样发生，
从下面这一点你就能够容易地明白：
就一者之相同于他者而言，
用心灵看东西和用眼睛看东西，
必定不是以不同的方式发生的。

因此过程是一样的

那么，既然我已证明也许我
是通过肖像而看见一只狮子的，
即通过那些袭击我眼睛的肖像，
所以你应知道心灵也以同样方式被推动，
它之通过肖像而看见狮子或别的什么，

不多不少完全像眼睛之看见它们那样，
不过心灵所看见的乃是更精细的肖像。

同样，睡眠中所见的东西也是由来到心灵中的肖像引起的，

当睡眠已经使我们的身体松弛的时候，
心灵的智力之所以仍然还醒着，
也不是有什么别的原因，而不外是
我们醒着时的那同一些肖像
这样袭击着我们的心灵，
以致我们好像真看见某一个人，
他其实已失掉生命，如今已经
落入死神和泥土的统治之下。
自然命令这事这样发生，
因为身体的所有感官已在休息，
它们在整个躯体中都被停止活动，
现在已不能用真的来征服假的；

而此时记忆又不是醒着而能来检查它们的真确性

同时记忆力也卧倒了，在睡眠中松懈了，
也就不能提出抗议来证明说
心灵自以为看见还活着的那个人
其实早已成为死亡和毁灭的俘虏。

梦中所见东西的运动，乃是由于永远有不同的肖像不断涌进来

　此外，肖像是有节奏地运动着，
挥舞着它们的手臂和其他的部分，
这也不足为奇；的确，在睡眠中
人们常常看见一个肖像这样做；
这是因为当先前那个肖像消失了而别的
有别种姿势的肖像产生出来的时候，

前者就好像已经改变了它的姿势。
当然，应该意想这种变化是极迅速的；
因为，肖像这些东西的速度是多么大，
它们的数目又是这么多，并且
在心灵能够知觉的任一个短瞬中，
肖像零件的数量又是那么巨大，
它们足以使供应不断地源源到来。
有时也发生了这样的情形：①
所补充的不是一个同类的肖像，
而是：刚才原是一个女人，现在
却已变成一个男人站在我们眼前；
否则就是不同的脸孔或年纪跟着来；
但睡眠和健忘负责使我们
对这种情形并不感到惊奇。

梦的矛盾性在睡眠中没有被察觉出来

　在这方面有许多问题需要研究，②
有许多问题需要弄清楚，如果
我们希望把事实明白地揭露出来。
首先，为什么谁的心灵愿意幻想什么，

关于思想和梦的问题。(1)何以我们能立刻想到我们所要想的任何东西？

① 这一小段在贝里本中的位置是第818—822行，即应移到后面这一大段之后。

② 这里又是表达得不太明确的一段。但是，如果我们记得卢克莱修把思想看作一种“摹想”，则这一段的主要之点就会显得很简单容易理解。心灵之所以能想任何它所要的，这是因为在任何时候都有各种“肖像”为它而存在着，它只要把它自己的注意投到它们之一上面就成，这种行为，即是“投射作用”。（第二卷，第740行）

谁的心灵立刻就看见那个东西？
是否肖像老在等候我们的意旨，
是否一当我们意愿它的时候
一个肖像立刻就为我们而发生，——
不论心所选择的是海、陆或天空？
集会的人群，游行的队伍、
宴会、战争、这些和一切，
是否自然一听见我们的命令
就立刻把它创造给我们？——
特别是，事实上在同地同处所
别人的心灵正在思索着一切的
极不相同的东西？又是什么原故我们
在睡眠中看见肖像有节奏地走路
看见它们向前移动着敏捷的双足，
同时迅速地把两手轮流向前挥动，
并且随着左盼右顾的头重复着
这种动作，他的足步遵守着节拍？
难道是肖像真很懂得艺术，
能训练有素地来来往往走动着，——
所以就能够在夜晚的时候来做
这种游戏？抑或这才是实情：
因为在我们所能觉察的
一个最小的瞬间里面，
就是说发一个单音所需的时间内，

（2）何以在睡眠中我们能看见动着的肖像？

因为在任何瞬间都有无穷的肖像连续不断而来

却隐藏着理性所发现的许多的时瞬，
因此在任何一个短促的瞬间，
都仍有各种肖像存在着准备着，
各在不同的位置上？它们的速度
是这么大，肖像的数量是这么多，
以致当前面一个肖像消失了，而别的
有别的姿态的另一个产生出来时，
前者就好像已改变了它的姿态。
并且既然它们是这样地微薄，
所以心灵所能够清楚看见的
只是那些它竭力要看的肖像；
因此其他的肖像就全都消失干净，
除了心灵准备去看的那一些肖像。
再者，它自己确是准备着、希望着
看见宜于跟着各个肖像之后的肖像，
因此它就出现。你难道未见过
当眼睛企图看细小东西的时候，
它们是如何地用力准备，否则
就根本不能清楚地看见它们？
你可能也知道即使是显然的物像，
如果你不留心注意，它就会完全地
任何时候都像是在很远很远的地方。
那么，心灵之失去其他一切，
只除了它全神贯注的那东西，

而心灵只清楚地看见它所注意的那些

醒时的视觉，情形其实也完全如此

这还有什么值得使我们惊奇？
此外，有时我们从小小的迹象
却推论出重要的大事的意见，
并把自己卷进自我欺骗的陷阱中。

几种生活机能(820—1049)

(丙)四肢和感官并不是为了它们的作用之故才被创造出来的

在这些事情上面我恳求你
迫切地避开这样一个过失，
以先见之明避开这个错误：[①]
不要以为眼睛的明亮的瞳孔
是为了使我们能见物才被创造；
以为双腿和两膝之所以能这样
弯曲自如地建立在双足的基础上，
乃是为了要使我们能大步向前；
前臂之所以连接有力的上臂，
能做事的两手之所以各占一边，
都是因为要使我们能够去满足
生命自己的需要。所有这种解释
都是用歪曲的推理使因果倒置，
因为身体中任何东西都不是

① 这里是卢克莱修反对自然目的论的观点。他不喜欢这个观点，因为它支持神有目的地创造世界的思想。他认为眼睛等不是为看而创造出来的，但形成之后，它却能看。

为了我们能用它才产生出来，
而是长了它才有它的用处的：
眼珠未产生出来以前没有视觉，
舌头未被创造出来以前没有说话；
正相反，舌头的发生远远地早于
语言和谈吐，而耳朵之被创造
也远比任何声音之被听见为早；
而所有的器官，照我看，也都是
先于它们的使用而存在：因此它们
不能是为了使用它们才被产生出来。
但是，相反地，在斗争中彼此用双手
来争胜争强，以及把四肢折断，
以及用血污染肢体，这些事情
远远地早于闪亮的枪矛在飞射；
自然也催促一个人去避开伤害，
远远地早于人的左臂借技艺的帮助
而持着保护的盾。并且，说实话，
把疲倦的身体委托给安息这件事，
比起柔软的床垫的发明要古老得多；
而喝水解渴也早于杯子的发明。
因此，这些为了有用为了生命
才被想出来的东西，可以被认为
是为了使用才被发明的。但是
所有其他的东西就不相同，

而是一经被造成，就发展出它的用途

反之，技艺才可以为一个目的而创造出某些东西。

但自然却是无目的无计划的

它们都是先被生成,然后
才向人们显露出它们本身的用途,——
在这类东西里面我们首先
注意到的是感官和四肢;
因此,再次地说明,你不能认为
这些东西能够是为了一定的
使用任务,才这样被创造出来。
同样地,这也不足为奇:
所有的生物的身体的本性
都找寻它们自己的食物。是的,
既然我已向你指出无数的物体
以无限多的方式从物身上流开去,
但是数目最多的必定是
那从动物身上流开的物体,——
因为它们不断地为运动所烦恼,
许多的原初物体通过汗液
从体内深处被挤到了体外,
许多物体从口中被呼出去,
当疲敝的动物喘气的时候;
这样,身体就变疏薄了,
它的整个本性就被削弱了,
痛苦就跟着来了,所以
食物就被采取来支持那摇摇
欲坠的身体,借食物的渗透

求食物的欲望是由于身体组织的消耗而引起的,这种消耗由食物再加以填补

来再建设肢体的能力，并且使
那在全身和所有的管脉里面
到处张着大口的食欲得到满足。
而湿的东西也同样地扩散
而进入所有要求润湿的地区；
那许多堆积起来的热粒子，
那在我们腹中引起灼痛的东西，
液体在到达腹中时就加以驱散，
像对于火焰一样地加以熄灭，
以免那烤人的热再烧痛着身体。
就是这样，身上喘着气的焦渴
就被冲开，饥饿的痛苦就被解除。

饮料熄灭了身体中过度的干和热

现在，何以每当我们愿意的时候，
我们就能迈步向前走，
何以我们能够移动肢体到处跑，
是什么东西经常推动我们的
这个物质身体的巨大的重载，
我将告诉你，请你留心听我所说。

我们的动作原因

我说，首先是一个步行的肖像
进入了心灵并撞击了心灵，正如
前面所说的；接着，发生了意愿；①

(1)步行着的我们的肖像呈现在我们心灵中：

① 这一段宜与关于自由意志和它之起源于原子的偏离那几段一并读(第二卷，第216行以下)。

于是有一个意志行为发生

因为没有一个人开始做一件事，
除非智力先看见了它所欲做的，
而它预先看的，必有一个肖像。
因此，当心灵已鼓动起自己
而使自己愿意迈步向前的时候，

然后心灵推动灵魂原子，

它立刻就撞击灵魂的能力，
后者是散布在整个身体的
四肢和各个部位里面的——
而这是能够容易实行的，既然
灵魂与心灵是处在密切的结合中。

然后灵魂原子撞击身体的原子

其次就轮到灵魂撞击身体，于是
整个身体就逐步被推动而向前移动：

(2)运动使身体变稀疏，其间的空间就被空气充满，这就帮助了运动

这时候，身体的物质也变疏了，
而那无疑地经常是这样敏捷的空气
就到来了，并大量地渗进了那些
张开着的小孔，这样就被散布到
我们身体中所有的极小的地方。
这样，由于这分别起作用的两个原素，
身体就移动，像一只船借帆和风一样。

巨大的东西被极小的原因所推动，这种现象是有的：例如一只被风推动的船；

在这些事情上也不必惊奇
为什么这样细小的粒子
能转动这样巨大的一个物体，
转动我们的整个沉重的身躯；
因为风虽然成分精微而这样薄脆，

却能推动和驱使巨大的船身，
而一只手也能掌握这只大船，
不论它的速度是多大；并且
一个舵机就能把它转向任何方向①；
而许多极重的东西能够被搬动　　例如机器；
和高高举起，用带绞辘和踏车的
一种机器，而所出的力却极微。
现在，睡眠如何在全身灌满一阵安息，　　睡眠的原因
并且从胸中解除去心灵的忧虑，
我将用甜蜜而不是很多的诗句告诉你；
正如天鹅的少许歌声远远胜于
散布在南方天空云间的
那些鹳鸟的大片噪音。
我希望你用灵敏的耳朵
和明慧的心灵来倾听，——
以免你会否认我所说的东西，
否认它们的可能，或离开我而去，
心中蔑视着所说的这些真理，
而其实却是你自己错误，无力理解。
首先，睡眠的出现是由于：　　睡眠的出现是由于灵魂在肢体中散
灵魂的能力在全身中被分散，

① 原文"Atque gubernaclum contorquet quolibet unum"（904），贝里译成："并且把一个舵机转到任何方向"；根据此行的结构，主词仍然是"手"，所以贝里是正确的；但根据论据所需，则似宜按大多数人的译法，译成正文中那样子。

开，或被逐出肢体，或深藏到里面去

一部分被驱逐出体外而离开，
一部分被向后挤迫而移居
到身体的深深的内部，——
这时候，我们的肢体
就松弛无力而昏昏欲睡。

因为感觉是基于灵魂，因此感觉的停止表示灵魂的离开：但不是全部彻底离开，否则就等于死亡

因为无疑地是借着灵魂的工作，
在我们之中才有感觉存在着；
当睡眠阻止了它的存在的时候，
我们就必须认为是灵魂
已经受到了扰乱并被逐走，——
但不是全部被逐走，否则身体
就会浸沉在死的永恒的寒冷中。
真的，要是没有半点灵魂
留下来隐藏在肢体里面，
如像火隐埋在大堆灰烬中，
那么，从何处感觉还能突然
在肢体中再被点亮，正如火焰
重新从不可见的火中升起来那样？
这种奇异的状态是由什么引起的，
以及为什么灵魂能被扰乱，
身体能变倦慵，我将为你解答；
你切要注意别让我的言语
全都像倒进一阵空风里一样。

这是由于身体不断

第一，身体的外面的部分，

既然是被周围的空气所接触，
必定就经常地受气流所撞打和攻击。
因此，几乎所有的生物都是
或者盖着一层皮，或者带着外壳，
者或带着硬结，或者带着外肤。
但这种空气还鞭挞生物的内部，
当它们吸入或呼出空气的时候。
因此，既然身体的内部和外部
都同样遭受了这样的鞭打，而且
对我们的打击又通过了那些小孔
甚至进达我们身体的基本部分和原素，
因此在我们的整个肢体里面
就逐渐发生了一种垮台的情况；
因为那时候身体和心灵的
始基的那些排列已受到捣乱。
结果，就发生了这样的情形：
一部分的灵魂被逐出体外，
一部分撤退到隐蔽的角落，
一部分分散全身各处而不能结合，
也不能从事互相作用的运动，
因为现在自然把交通的道路都堵断；
这样，当所有的运动全改变的时候，
感觉就撤退到深深的内部。而同时
既然好像没有什么能支持身体，

受外面的空气所打击而引起的，

或由内部的空气打击所致，当我们呼吸的时候

这些打击扩大并且引起了破坏，

因此灵魂被逐出体外或下沉或分散，

这样，失去了支持的身体就

松软了

身体就变成无力，四肢就困倦，
手臂和眼皮就全都垂下来，
并且，当你躺卧着的时候，
连大腿和臀部也会松软而无力。

食物也起同样的作用

再者，常常饭后睡眠也跟踪而至，
因为食物能产生空气所产生的，
当它通过所有的管脉被分布全身的时候；
最酣沉的睡眠是吃饱或疲乏时的睡眠，
因为正是在那种时候，最多的原初物体
本身的排列被打乱，被艰巨的劳役所伤。
在这里同样地也有这么一些变化：
一部分灵魂被迫更深入内部，
并且它又更大量地被抛出体外，
更多地彼此被分开，分散得更远。

睡眠使我们醒时所从事的活动重复出现

一个人全神贯注去从事的工作，
或者我们曾经为它费许多时间、
心灵曾更为集中在它上面的事物，
在睡眠中我们就时常好像也在经之营之，
律师觉得好像在法庭上发言和引用法令①，
司令官好像自己正在作战和置身战场，
水手们好像在和风暴作斗争，

---

① 原文是“et componere leges”，(966)，贝里同意芒洛的解释，以为这是指“订立(商业)契约”，而不是“引用法令”。

而我们自己好像在创作这本书，
好像总是在探求宇宙的本性，
并且一经发现就用我国的文字
把它写下来。这样，一切事业
和一切技艺，在睡眠中一般地
好像都在嘲弄和控制人们的心灵。
而任何人如果连续地天天沉浸 好行乐者的梦
在各种玩艺中作乐，丝毫不理会别事，
那么像常见到的那样，即使当他们已经
不再用自己的感官看到那些玩艺的时候，
他们仍然在心灵中敞开一些路径，
通过这些路径那些玩艺的肖像就能进来。
这样，在事后许多天中，那些肖像
就总是荡荡漾漾地出现在他们眼前，
以致甚至当醒着的时候他们也以为看见
舞女们在四周移动她们柔软的肢体，
以为自己用自己的两只耳朵听到了
竖琴清澈的声音和如诉的弦调，
并且看到同样那些人密密地坐在座位上，
以及舞台上那各种各样的光辉的景象，——
热心从事和追求享乐的影响就是这样大。
还有那些不单是人类而且是所有的动物 动物也是这样：
所经常从事的事务，也都有这样的影响。
你会看见壮健的马虽然已经躺卧着， 马；

但在睡眠中却仍在流汗，仍在喘着气，
并且好像用尽气力在争夺锦标，
好像是现在栏木已开启，正准备跳出去。[①]
猎犬：在温柔的睡眠中的猎人的猎犬，
却常常突然四肢前后踢动，大吠大叫，
并且用它们的鼻孔把空气嗅了又嗅，
好像它们已经真的找到了野兽的
带气味的足迹，正在跟踪追赶，
并且即使已经醒来，它们仍然
常常追逐着麋鹿的虚幻的肖像，
仿佛它们真看见麋鹿在前面奔逃，
直至它们把幻觉抛开，恢复清醒。
家犬：有时家养的那种摇尾乞怜的小狗
会突然急忙地抖一抖它们的身体，
并且从地面上跳起来，就好像
它们看到了陌生人的脸孔。
并且往往这种家畜越凶猛，
它在睡眠中就越会狂怒暴跳。
鸟类：各种各样的鸟突然鼓翼飞开
在夜间把神灵丛林的和平破坏，
当它们在它们温柔的睡眠中梦见了

① 原文是“aut quasi carceribus patefactis saepe quiete”(990)中最后两字是下一行最后两字的误写，应取消。括弧内的意思是贝里的猜测。

追来的鹰拥上来向它们挑战的时候。

再者，有伟大的动机，办伟大的事业的人的心灵，
在睡眠中同样也常会干着同样的事情。
国王们用突袭来夺取城市[①]；
战败被俘；在战场上进行战争；
发出一声狂叫，好像他们当场被谋杀[②]；
许多人拼命挣扎，痛苦地呻吟着，
使附近全充满了大声狂唤狂叫，
好像他们正在被豹子或凶猛的狮子
用巨口啮食。许多人在睡眠中谈出了
他们的大企图，因此就常常
构成了他们自己罪行的证明。
许多人遭遇死亡；许多人好像
全身从高高的山崖上坠落到山脚，
吓得几乎疯狂起来；醒来之后
还好像心灵慌乱，很难恢复神志，
由于曾那样地被身体的骚动所扰乱。
同样地，一个口渴的人会好像坐在河边

各种行业的人；

他们甚至会梦见自己的死，

或梦见一些小事情

① 原文是"reges expugnant"(1013)，鲁斯解释为："国王们作战胜利"。贝里以为"reges"是受词，主词是前两句中的"……心灵"，因此他译为："他们攻打国王"。

② 原文是"tollunt clamorem，quasi si iugulentur ibidem"(1014)，贝奥纳德(鲁斯也然)跟随着鸠山尼以为最后两字之间没有"，"，贝里认为应该有，故他译成："……好像他们被谋杀了，其实他们动也未动过。"——即仍躺在原来的地方(ibidem)。

或可喜的水泉边，张开喉咙鲸吞虎饮，
几乎把流水都喝光。天真的儿童①
睡得香甜甜的时候，常常以为自己
是站在木桶或公共尿壶旁边，翻开衣服
就把全身滤出来的水哗啦啦地放出来，
把色泽鲜艳的巴比伦毛毡子完全弄湿。
梦遗；
此外，那些男子，当成熟的年龄
在他们的肢体中所产生的种子
现在首次进入了他们生命的
波涛汹涌的海峡里面的时候，
在他们的梦中他们就遇见了
从外面来的某人形体的肖像——
那些美貌和动人的艳色的使者，
这些形象就刺激了那现在已经
充满着精子的耸起的部位；
这样，仿佛全部动作已经如实举行，
他们就泻出一阵液体的凶猛的波涛，
而把他们自己的衣服弄污。如上所说
情欲的本性
当成熟的年龄一壮大了我们的身体
那种种子就在我们之中被激动起来。

……………

① 原文是“puri”(1026)是 OQ 的原读，被 Lambinus 改读为“pusi”(儿童)；贝里认为宜维持原读，他译为“有洁癖的人……”。

因为不同的原因激动不同的东西，
只从人才有一种力量激动起人的种子。
这种种子一被迫从它的住处流出，
就遍四肢各部分从整个身体出来，
而汇合在我们躯体中的某些地方，
并立刻使人的生殖器官激动起来。
受刺激的部位涨满了那些种子，
于是就渴想把那些种子射向
疯狂的情欲所渴求的那个东西，
肉体就去找寻那个用爱欲
来刺痛心灵的对象。因为几乎
每个人都是向伤害处倒过去，
我们的血液的溅射正是向着
打击我们的东西所自来的那个地方。
如果敌人就在附近，血就会射中他。
这样，谁受了维娜丝的箭所射——
不管是一个姑娘样的少年射中他，
或者一个从自己的整个身体上
射出爱欲的女人射中他，受伤者
总是竭力倾向那把它伤害的东西，
而渴望和它紧贴在一起，向它体内
灌注那从他自己体内吸取出来的液体。
因为那无言的渴望预言着一种快感。

它使我们找寻去和那打击我们的对象结合

情 欲(1050—1279)

(丙)宜避开维娜丝和她所带出的忧苦和欲望

这个欲望就是我们的维娜丝：
从这个就生出了一切的爱情的蛊惑①
从这个，啊，才第一次在人的心中
滴进了那种欢乐的露水，而它不久
又为冰冷的忧苦所代替。因为，
虽则你所爱者现在实在是在远处，
但是她的肖像却是在你近傍，
而那甜蜜的名字正在你耳中荡漾；
可是你最好还是避开那些肖像，
把养育你的爱情的东西赶走，
把你心灵转向别处，把那在你体内
收集了的精子射给不同的肉体，
也不要把全部心思集中于一个情人，
把精子保留给一个欢乐，因而给自己
收藏起忧愁和不可避免的痛苦。

因为痛苦由过度眷恋一个人而增加

因为，看，溃伤正是由于获得营养

① 原文是“hinc autemst nomen amoris”(1058)，里奥纳德和 Creech 一样，把“nomen”读为“numen”，故译成“蛊惑”(或魅力)。贝里、鲁斯和 Lagrange 等人认为应维持“nomen”的原文原义，即“名称”，因为爱神的名称是“Cupido”，即上一节最后一行中的“欲望”那个字。这样，这一句就应译成：

“丘比特，我们的爱神的名称，就是起源于此”，

或者：“这就是我们所称为爱情的东西的起源”。

而变得更厉害，而成为不治的宿疾，
疯狂的欲火一天一天地旺盛起来，
而灾难也就一天比一天地增重，——
除非你用一些新的打击来消灭最初的
爱情的创伤，当它们还新鲜的时候
就对它们施以治疗：到处去猎色
那无所不可到处游荡的维娜丝；
或者能把你心灵的骚动引导到别处。

情人的欢乐必然带来痛苦

　避开爱情的人也并不就缺乏
维娜丝的果实①；他反而是会
获得那些没有后患的快乐。
维娜丝所给予的欢乐，
对于灵魂健康的人们，
比对于那些为爱情而神魂颠倒者，
实在会是更纯净。是的，
就是在紧紧搂抱着的时候，
情人们的热浪还是起落不定，
他们不能确定该在对方的什么地方
最先用自己的眼睛和双手来享受。
他们所找寻的，他们摸得那么紧，
把对方的身体都弄痛了，还常常
把他们的牙齿，迫紧对方的口唇，

① “维娜丝的果实”Veneris fructu(1073)；此处指性交的快感。

他们嘴碰着嘴，使劲地狂吻，
正因为这种欢乐并不是纯净的；
底子里，有些针刺正在刺激一个人去伤害
那引起他那些疯狂的种子的东西，
不管它是什么。但是在如胶似漆的时候
维娜丝[①]用温柔的触抚使剧痛减轻，
这种爱抚的快乐的调剂止住了
情欲的啮咬。因为他们希望：
用那引起他们欲火的同一个肉体，
他们能够熄灭他们的情欲的烈焰。
但自然抗议说情形完全是反面。
因为这种情欲正是那唯一的东西，
这种东西我们所得到的越多，
我们胸中就燃烧着越猛烈的欲焰。
食物和饮料能被我们的肢体收进去，
并且既然它们能充满某些部位，
所以我们对于水和面包的欲望
很容易就得到满足。但是，
从人的脸庞和动人的艳色那里
没有什么能渗进我们来被我们享受，
除了那些薄薄的肖像，而这种肖像
相思病的希望常常把它抛散在风中[②]。

情欲也永无满足的时候

---

① 原文“Venus”：此处维娜丝指实际的性交。

② 原文是“quae vento spes raptat saepe misella”(1096)：对此句中的“vento”，

正如口渴的人在睡梦中找水喝，
而却没有获得半滴的水
来消除他体内的那种渴热，
他竭力追逐那些液体的肖像，
但白费精力：即使当他在河流中间
鲸吞虎饮的时候，也仍然感到口渴，——
同样地在爱情上面维娜丝也用肖像
愚弄情人们。他们既不能借着
用眼睛看所爱的肉体来满足自己的肉体[①]，
他们也不能用他们的手从柔软的腿臂
撕取什么东西，当它们无目的地
在她整个身体上摸来摸去的时候。
最后，当他们互相搂抱着
享受着青春年华的果实，
当现在他们的肉体甜蜜地预感到
即将到来的强烈的快乐，而爱情
即将在女体的田地播下种子的时候，
他们就贪馋地搂抱，口涎混着口涎，

许多人的解释不一致。兹据贝里的解释译出。里奥纳德跟随着芒洛把“raptat”读为“raptast”。因此他译成：——

“〔这些徒然的肖像是〕一种常常为风所驱散的可怜的希望”。

鲁斯按原读，但他的解释与贝里不同，他译成：

“相思病的希望常常在空虚的空气中来攫取这些肖像”。

① 原文“nec satiare queunt spectando corpora coram”(1102)：此外“corpora”是“satiare”和“spectando”两者的受词，但所指不同。

彼此喘着气，牙齿压紧对方的口唇——
但是这一切都毫无用处，
既然他们不能从那里撕取什么东西，
也不能使自己全身都渗入对方的肉体——
因为有时他们使劲想做的好像就是这个；
他们如此饥饿地在爱的锁链中互相搂抱
同时他们的肢体在溶化着，
为强烈的快感所征服。最后
当那在体肌中所积集的欲火已耗尽，
满足只会产生新的欲望
在那狂暴的热浪中
就到来一个短暂的停顿——
但不久同样的疯狂就回来，
那原来的急暴又攫住他们，
他们又再一次找寻着渴望着
去获取那他们不知是什么的东西，
完全无能为力去找到
那征服这恶疾的手段。
在这样无目的的状态中，
他们就因那不可见的创伤而憔悴。
情欲使精力枯竭，使人失去独立性，责任心和名誉
此外他们还浪费了他们的精力，
因过度用力而亏耗了身体；
还有，他们虚度自己的岁月，
看另一个人的眼色来生活；
他们疏忽了自己的职务，

他们的名誉摇动了，发臭了，
同时他们的财产则化为巴比伦的花毡；
柔软而精巧的西西翁[①]出产的鞋子
在她脚上发亮；并且可以向你保证
亮晶晶的大块绿宝石会被嵌在黄金上：
而富丽的紫色的束腰袍子一定会由于
经常穿着而变旧，并且吸饱了爱的香汗；
而祖先艰难挣得的那份财产则变成
发带和头饰，有时或者变成束腰的
宽袍子，亚里达或西奥斯的服装。
盛大的宴会，高级餐巾，珍馐美味，——
还有助兴的玩艺和无数的酒杯，
香露，花冠，彩环。但全都徒然，
因为从欢乐的喷泉中间涌出了
一些苦涩的水滴，它带来苦恼，
即使在花香鬓影中间；——也许是因为
心灵啮咬自己，现在悔恨地想起了
虚度的岁月和因荒淫而来的伤身败名：
或者因为她曾吐出半句狡谲的话，
他完全不懂得它是什么意思，
而它留在他焦灼的心中

财产则浪费于豪华的礼物和饮宴；

但这一切都被某种痛苦的后悔的思想，或妒忌所破坏了

① 里奥纳德按原读“unguenta”，把此行译作“香胶和精巧的西西翁的鞋子”。原读“unguenta”恐有误，因为“香胶”似乎不能“发亮”。

像火焰一样狂野地活着；
或者因为他以为她过多地向四周
投射她的秋波，注视另一个男人，
并且在她的脸上看见了嘲笑的痕迹。

不顺利的爱情就更糟

这些灾祸是顺利成功的爱情所有的，
在受挫折和无希望的爱情方面，
还有那种你闭起眼睛也能想象的
无数的灾祸；所以，最好你还是

所以最好在你被它擒住之前当心些；

像我上面所说那样，事先小心点，
提防不要被迷蛊。因为一个人
避免陷入爱情的罗网还较容易，
不像要再脱离它时那样困难——
当你一旦已被罗网所擒
而却想冲破爱神牢固的绳索的时候。

但如果被擒住，就不要闭眼不看对方的缺点，不要加以掩饰

但即使当你已手足被紧缠，
陷身于其中的时候，你还是能够
从那种危险逃开，——除非实在是
你挡阻了自己的安全的道路，
并且先就没有看见那位被你
选中了的意中人的所有的缺点。
因为这正是许多人所常常做的，
当他们被情欲弄成有眼无珠的时候，
他们就把实际没有的优点归给她们。
因此我们看见在许多方面畸形丑陋的人，

却那样地为人所心爱，被估价极高；
人们彼此嘲笑，劝别人去恳求
维娜丝息怒，因为这些朋友
是一种低级的情欲的牺牲品，——
这些可怜的受骗者，很少看见，
自己的灾祸比任何人都更坏。
皮肤乌黑的女孩子是“蜜样的褐色”；
污秽而有臭味的，是“惺忪可喜”，
眼绿如猫的，那就是“巴拉斯①的肖像”；
肥胖而胸脯隆起的妇人则是好像
“哺育幼年酒神时的丝利斯②女神”；
塌鼻子的情人是“一个沙脱尔，
一个赛里拿斯③的姊妹”；
厚嘴唇的是“道地甘甜的吻”——
要把全部数完，得花你老半天。
但就算她的脸庞是你所希望那样动人，
就算她的身体放射出维娜丝的全部艳丽，
难道说此外就没有其他的人？
难道我们以前不是没有她也能过活？
难道她不是也做同样的事（瞒不过我们），
完全像一个丑女人所做的那样？

但即使是最漂亮的情人，也不是非要她不可的；她实在也不是和别人不同的

① 巴拉斯，或巴拉斯·雅典娜，是希腊神话中司智慧的女神。

② 丝利斯，是司农业的女神。

③ “沙脱尔”是希腊神话中半山羊半人的神，赛里拿斯是他们的领袖。

是的，她自己，这可怜的人，
也从自己身上发出那种难堪的气味，
就是她的女仆们也避开她，
去在她背后吃吃地偷笑。
而那享了闭门羹泪痕满面的情人，
却常常把鲜花和花环堆满她的门槛，
用茉沃刺那香胶涂在她骄傲的门柱上，
这可怜的人还在门上留下了许多吻痕——
但是，如果他终于被允许进屋子，
那么只要偶尔有一丝气味
飘进那走近来的他的鼻子，
他就必定会竭力去找寻
一个适当的借口以便马上离开；
他那准备很久从心的深处吸取的
一篇怨诉，就会跑个干干净净；
他当场就会诅咒自己竟是那样痴愚，
因为他发觉自己曾经把任何一个凡人
所不能有的东西硬加在这位女士身上。
这一点我们的维娜丝们也全都知道，
因此她们就更辛勤地尽力把所有的
生活上在幕后进行的东西隐藏起来，
以免被那些她们想缚在裙带上的
男人们所瞧见——但是全都徒然，
因为无论如何你总能够在想象中

把一切都拉出来摆在光天化日之下，
并且搜寻出所有这些微笑[1]的原因；
而如果她是心地纯良的一个人，
那么，在你方面也就应该闭眼不看
这些东西，并且原谅人类的这些缺点。
也不要以为一个女人的叹息
都是出自假装的爱情，当这个女人
把自己的身体紧贴着男人的身体，
牢牢地拥抱着他，用湿润的嘴唇
狂吻着吮吸着他的嘴唇的时候；
因为她的动作常常也是情欲引起的，
而她在找寻共同的快感的时候
就挑动他去奔达爱情的终点。
要不是这样，雌性的禽畜野兽
牝羊牝马等等怎肯听从对方？
要不是它们自己的本性也在火热中
自己正强烈地燃烧着，所以乐于
接受骑在它们身上的对方的爱情？
你难道没有看见被共同的快乐
缚在一起的生物如何地
在它们共同的锁链中受着折磨？

最后还是认清楚这些，存着对人忠恕之心

女性也像男性一样感到性的快乐

① 原文“atque omnis inguirere risus”(1189)：中“risus”也可能是“大笑”。不管是微笑或大笑，都是意味深长的。

多少次在街头渴想分开的两只狗，
用全身力量急切地向不同的方向挣扎，
这时它们却正被维娜丝坚固的锁链
牢牢扣住。它们绝不会这样做，
除非它们曾尝过那共同的快乐——
那种强烈到足以把它们投进罗网、
把它们索缚起来的快乐。由此可见
事实再次说明，正如我们所说的，
这里面存在着一种共同的快乐。

子女像父母的原因

偶然地，在男女混精的时候，
如果女方的力量战胜男方的力量，
并一举而把对方的力量加以制服，
那么孩子有着较多的母亲的种子，
就会更像他们的母亲；正如较多的
父亲的种子就会使他们更像父亲。
但那些看来具有双亲的样子、
父母两方的特征相等地
混合在身上的孩子，他们则是
由父亲的物体和母亲的血所产生，——
因为共同的和谐的情欲
曾经把那些爱情的刺激
在他们体内激起的种子投在一起，
双方都不占上风也不被制服。

或像祖先；

也有这样的情形：有时生出的子女

会像他们的祖父母，也常常会
把祖父母的祖先的形状带回来，
因为他们的父母在自己身体里面
常常保留着许多隐藏的原初物体
它们以许多方式混合在一起，
从该族的始祖开始，父亲传给儿子，
而后者本身就是一个父亲；
从这些始基维娜丝借不同的机缘
产生出各种样子，并且多样地带回来
祖先的相貌，以及声音和头发。
女孩子能够是出自父亲的种子，
正如从母亲的物质能作成男孩；
因为性别跟我们的面貌肢体一样
并非出自男的或女的单方面的种子：
因为每一个生命都是两方种子所构成；
而生出的孩子长得更像父母中哪一方，
那么他从该一方所得到的就是更多：
这一点，你能够觉察出来，
不论所生的孩子是女还是男。

孩子的性别的原因；

也不是神圣的力量拒绝任何人
而不让他所播下的种子结出果实，
以致他永不能被可爱的孩子称为父亲，
而在不出子嗣的婚姻中度过他的生命，
像某些人所设想那样，这些人

不育的原因

愁眉苦脸用大量牲畜的血溅满圣坛，
奉献香火使高高的神坛充满气味，
祈求能用大量种子使自己的妻子怀孕——
徒然困恼神灵，骚扰那些神圣的地方。
因为这些人之所以没有子嗣，
有些是由于他们的精液太浓厚，
有些是由于他们的精液太稀薄。
因为太稀薄的精液既然不能够
牢固地黏贴在适当的地方上，
所以就立刻从它们流开来，
而一经被送回，就留产而撤退。
其次，既然有些人所射出的
是不适宜的过粗过浓厚的种子，
它就或者不能以足够长的射程跃进，
或者不能适当地进入适当的地方，
或者，虽然已经进入，那些种子
却只软弱地和女方的种子混合起来：
维娜丝的和谐在这方面有重要的关系；
有些女人从某些男人较之从其他男人
更容易受精而怀孕。有许多女人以前
结婚几次都不生子女，但是后来
却获得了能使她们生育的配偶，
使生活因可爱的孩子而丰富。
有些人的妻子虽然富于生殖力，

以前却不能为他们的家族添丁，
他们也常常能找到相合的配偶，
使他们能有孩子来支撑他们的老年。
为了使种子容易地和种子混合
而使女方怀孕，重要的事乃是：
浓厚的精子应该和稀薄的种子结合，
稀薄的精子应该和浓厚的种子结合。
生命是以什么食物来营养，
在这方面，也颇为重要：
因为有些食物能使我们体内的种子变浓，
另外一些食物则能使它们稀化和被消耗。
还有，那件愉快的乐事本身
是如何进行的——这也十分有关系。
因为一般都认为妻子们能更易怀孕，
如果所用的是野兽所用的那种方式，
如果按照四脚动物的习惯来进行，
因为用这种胸脯向下臀部高耸的姿势，
那么种子就能达到它们适当的地方。
妻子们也绝对不需要使劲扭动自己；
因为这样女方就阻碍并拒绝自己怀孕，
如果过度狂悦地来对待男人的情欲；
扭动她的腰和臀部，整个胸脯
像大海的浪涛那样起落不停——
她使犁沟偏离了犁头的笔直路径

使种子的喷射错过适当的地方。
娼妓为了自己的目的就惯于这样做，
——为了避免怀孕，避免卧床生育，
同时又可以使性交带给男人更多快乐，
看来这对于我们的妻子绝对无必要。

一个并不太美丽的女人能借性情、服装或生活习惯而赢得男人的爱情

有时候也有这样的情形：
不是由于神恩或维娜丝的箭头，
一个相貌较差的女人会为人所爱；
因为有时她自己由于自己的举止，
由于她和善的态度和整洁的衣着，
会很容易使你习惯于和她一起生活——
此外，习惯能产生爱情，
正如一件东西反复被打击，
不管那打击是如何地微小，
终于也会被制服而投降。
难道你没有看见落在石头上的
水滴如何终于在石块上滴出窟窿？

第 五 卷

序 诗(A)(1—54)

对伊壁鸠鲁的赞颂。他是我们哲学的创立人

谁有这样壮阔的心胸来编一支歌，
配得上真理的庄严和这些发现?①
谁那样善于使用语言而能够
对他的功绩作出适当的赞颂，
他，那留给了我们如此大量的
由自己的智力所找到的财富的人?——
没有人能够，我想，在凡人中间。
因为如果必须给他提出一个名称，
符合于现在已为我们所知的这些
真理的庄严，那么，他就是一个神，——
听我说，一个神，崇高的明米佑。
因为是他首先发现那个生命的原则，

① 原文"... pro rerum maiestate hisque repertis?"(2)："res"一词具有极多的意义，故对此行有各种不同的解释。鲁斯译为"配得上自然的庄严和这些发现"。拉萨姆译为"配得上这崇高的题目和……"。

它现在被称为智慧；借他的技巧
他把生命从那样汹涌的波涛中，
从那样巨大的黑暗中，驾驶到
如此清朗而风平浪静的港口里来停泊。

他的功绩比较那些神灵或古代英雄们的功绩更伟大

试拿古代他人那些神圣的发现来比较：
传说丝里丝[①]为人类创立谷物的种植，
而巴克斯[②]则教人用葡萄浆来制酒，
但没有这些东西人们仍然能够活着，
据说现在有些民族就是这样过生活。
但如果没有一个清净的心胸，
人的幸福的生活就将不可能。
因此那个人就更应该算是一个神，
这个人所给予的生命的甜蜜的慰藉，
被远远地传布于各个盛大的民族国家，
现在还带给人的心灵以抚慰：

甚至比赫克里斯的功绩更伟大

但如果你以为赫克里斯[③]的伟绩远胜这个，
那你就是更远地离开了真理。
因为尼米亚的狮子的张开着的巨口
或者那只在亚加地亚耸起刺毛的野猪，

---

① 丝里丝，是古代意大利司农业的女神。

② 巴克斯，是罗马神话中的酒神。

③ 赫克里斯，是古典神话中有巨力的英雄，曾完成十二件超凡的伟绩，接着几句所提的就是他所杀死的东西。卢克莱修的思想上的敌人斯多葛派特别把赫克里斯当作一个英雄。

现在能够给我们什么伤害？或者
克里地的牡牛？或者那用许多毒蛇
围住自己的九头怪物、勒尔拿的祸根？
或者那个有三个胸膛的妖精、
那个三个身体的格里安……？

· · · · · · · · · · · ·

那栖住在斯地姆弗里沼地的
怪鸟又怎能伤害我们？或者
色雷斯的大厄米底斯的那些
从鼻孔中喷出烈焰的烈马，
在比斯顿和依斯马尔一带又怎能害我们？
而那个可怕而凶猛的注视者，
赫斯匹里地斯的闪亮的金苹果的守卫，
那条用它巨大的身躯围住树干的蛇，
请问它又怎能够伤害到我们，
即使它仍在大西洋那荒凉的海边，
在那我们之中既无一人会走近去
而连本地人也不敢去尝试的地方？
以及所有其他那些被杀死了的怪物，
即使它们还活着，还未被征服，
又能给我们什么危害？丝毫不能，
因为即使是现在，饱满的大地上
也麕集着许许多多的野兽，
充满着令人发指的恐怖的东西，

遍布在树林里、大山间和森林深处——
在我们一般地能够避免走近的地方。
而伊壁鸠鲁却给我们一个清净的胸怀，
但除非心胸被净化，那么什么样的
冲突和危险不会进入我们生命中，
不管我们怎样想避免!? 那时候该会有
如何巨大的厉害的由欲望引起的忧愁，
撕割着那受苦的人! 会有如何大的恐惧!
还有：骄傲、贪馋、轻薄放肆这些东西
会带来如何巨大的灾害! 并且，看，
还有那淫荡无度和各种各样的懒惰!
因此，谁把这一切加以制服，
把它们从心灵中赶出去，
并且所用的是语言而不是武器，
这样的人难道还不应该
把他置于神灵之列而加以崇敬? ——
并且教给我们关于神和自然的规律
特别是关于不朽的神灵本身，
他又曾作出许多天才的宣告，
并在他的宣告中揭露出宇宙的本性。

序　诗(B)(55—234)

现在我循着他的足迹
一步一步地跟踪着他的论证，
并且在我的所说的话中来指出

万物所借以形成的那个条约，
它们如何必须继续受它的统治，
也永不能有力量去取消
那永恒的[1]不可废除的法令，——
我们曾发现在有死的东西里面，
心灵特别是一种自然产物，
它是带着被诞生的躯体存在着的，
并且它是不能完整无伤地
经历亿万年而永远存在的；
只不过在睡眠中有那些肖像出现，
它们愚弄我们的智力，使我们
好像看见那已为生命所遗弃的人。
我们曾说了这么多；我的计划
现在按次序已把我带到这一点：
在这里我必须来说出宇宙如何也是
由在时间中诞生的有死躯体所构成，
以及以什么方式那堆结集了的物质
把自己作成为大地和天空，
海洋和星辰，太阳和月亮。
然后，说明什么样的生物
曾从大地各处产生出来，
以及什么生物根本就未曾诞生；

现在我应该来证明世界是不免于死的。以及它如何构成的，我应该讨论：动物的产生、语言的发展、对于神灵恐惧的起因以及天体运行的轨道

① 原文是“aevi”(58)，“时间的”或“生命的”或“永恒的”。

以及人类如何开始赋给物以名称，
在人与人之间使用那不同的话语；
以及对于神灵的敬畏如何潜进人们胸中，
它如何在一切国度中圣化了这些东西：
寺院、神坛、丛林、湖池和神像。
我也将揭露出是用什么力量
自然这位舵手指导着太阳的运转，
以及月亮的那些旅行，以免我们
会以为它们乃是出于它们的自由意志
而一年一年地在它们的轨道上绕行，
调节着它们的运动来增加我们的收成，
来使生物繁殖；或者，以免我们
以为它们是按照神灵的计划而运转。

一切万物之发生，是完全没有神灵的干预的

因为有些人虽然已经很好地认识到
神灵是过着一种无忧无虑的生活，
但只要这其间他们奇怪着一切事物
是如何发生和存在，——特别是关于
在上面天空中所见的那些现象——
他们就又被抛回到古老的宗教里面，
而再次接受那些严酷的主宰，——
把他们认为是全能；可怜的人，
竟然不认识什么能存在，什么不能够，
以及每样东西的能力是如何被限定，
以及它那深植在时间里面的界碑。

此外，为了不再用许约来耽误你，
首先请看一看海洋、陆地和天空，
看它们这个三重的自然，明米佑，
它们的三个身躯，三个这样不同的形貌，
这样三个结构，只需一天就能够
使它们全部毁灭。那个时候，这个
经历了亿万年的世界的大块和形体，
必将爆烈粉碎。我并非不知道
这个事实必定会如何新奇地
使人惊愕地触动人们的心灵，
这种将要到来的天空和大地的毁灭；
以及我如何难于用语言来证明这一点，
正如常常地当你向人的耳朵提出
某些前所未闻的事物，而又不能
把它拿来置在他的眼前给他看
或者把它交到他手中的时候一样；
信仰的大道是以这样的方式
最直接地伸进人心和智力的地区的。
但是，无论如何我将说出来。
也许事实本身会迫人相信我这些话，
也许你会在一个短时间之内看到
大地的震动猛烈地使所有的一切
都爆烈粉碎——这件事但愿她，啊，
运命这位舵手，领驶我们远远地避开！

世界将被破坏

这听来很难置信，要证明它也困难

也许事变本身会提出可觉到的证明，

但必须试用推理来证明

但愿是推理而不是那事实的本身[1]
来劝我们相信万物能够全部被颠覆，
带着可怕的爆裂巨响而沉埋陨落！

否认世界和天体是神圣的，这并不是冒犯的行为

但在我开始就这问题泄露天机[2]之前，
（它比女巫从亚波罗的三脚坛和桂冠
那里所说出的神谕更为神圣更有根据），
我将先用我的博学的言辞
来向你展开许多的安慰，
以免你也许会因为仍受着宗教的支配
而以为陆地和太阳、天空和海洋、
群星和月亮既然具有神圣的形体，
就必定都会永远地存在下去——
并且因此以为正像那些巨人一样，
那些用他们的推理动摇世界的墙垒，
并且企图熄灭天空那辉煌的太阳、
用凡人的语言来毁谤不朽的东西者，
必定全都应该为他们巨大的罪行
而忍受惩罚；虽然其实这些东西恰正是
如此谈不上有什么神圣的性质，
看来如此配不上跻身于神灵之列，

① “事实本身”——指大毁灭那件事的发生。

② 原文“fundere fata”(110)：直译是“把命运宣示出来”，这是关于神谕的一个专用语，意即“说出神谕”；诗人在这一行中用这个用语，是为了和下面两行配合。

以致反而可以认为它们乃是
那些缺乏生命的动作、缺乏
生命的感觉的东西的好例子。

它们甚至连感觉也缺乏的

因为显然绝不能以为智力和心灵
能够在任何物体里面存在着，
正如在天空中不能存在一株树，
在海里不能有云霞，在田野里
不能有活鱼，在木材里不能有血液，
在石头里面不能有浆汁：每样东西
能存在和生长的地方都有一定的安排。
可见心灵的本性不能没有身体
而单独出生，也不能远离血肉而存在。
但就算是可能的，那么，那时候
这个心灵的力量恐怕也更会是
存在于头部、两臂或足跟里面，
并且不论在哪一个部位，依然还是
留在同一个人里面，在同一容器中。
但既然就是在我们这个躯体内，
灵魂和心灵能够存在和生长的地方
也都有一定，并且看来已安排不变，
所以我们更必须否认它们能够
在身体和能呼吸的形体之外存在，
在腐烂的土块里，在太阳的火焰里，
在水里，或者在以太的天空中。

灵魂和心灵正像其他的东西一样，有自己的一定的地方，离开那些地方它们就不能存在

它们不能在土地或天体中存

在

因此它们绝对不能赋有神灵的感觉，
既然它们甚至未曾拥有生物的感觉力。

在世界里面，没有神灵的住处

同样地你永不能以为神灵的圣地
能够存在于这个世界的任何地区，
事实上神灵的本性是这样地精细，
远非我们这些感官所能知觉，
以致几不能为心灵的智力①所看见。
并且既然他们总躲开我们的手的
接触和打击，他们便也不能接触到
任何可被我们接触的东西。因为
凡本身不能被接触的也永不能接触他物。
因此他们的驻地也必不同于我们的驻地，
既然它们像他们的身体一样地精细；——
这一点以后我将详细地向你证明。②
再者，若说他们乃是为了人类
才愿意准备好这个世界的庄严美丽，
以及因此我们应该去赞美
那值得赞美的神灵的作品；
若说那是亵渎神灵，如果人们用暴力
去从根本动摇神的古老智慧替人类

① 原文“animi... mente”(149)：“animus”(心灵)和“mens”(智力)有时是指同一个东西，但既然心灵又包括情感的部分，所以此处的“智力”可以认为是不同于“心灵”，而是它的认识能力的一部分。

② 卢克莱修没有兑现这个应约。

建立起来作为永恒的居停的东西；
若说那是犯罪，如果用语言的攻击
把所有的这一切都整个地加以颠覆，——
臆想出这些和类似的其他想法，
这，明米佑，实在是愚蠢的事情。
我们的感谢究竟能够把什么利益
加在那些不朽者和幸福的享受者身上，
以致他们愿为我们而尝试干些事情？
什么新的东西能够在这样长时间之后
来引动到此为止一直安宁度日的他们，
使他们愿望改变过去的生活？
因为显然是那为旧的东西所苦的人
才乐于有新的东西；但是一个过去
在幸福的岁月中未曾遇到忧患的人，
有什么能够在这样一个人心中引起
新的尝试的热望？或者，对于我们
又有什么害处，如果我们从未生出来？
难道我们的生命是浸没在黑暗和灾难中
直至我们看见创造的第一天破晓到来？
谁曾生出来，并且又有动人的
欢乐留住他，才必定愿意留在人间；
但谁还没有尝过生命的爱情，
未曾加入到生者的队伍里面，
如果他从未被诞生对他又有什么损害？

我们的感谢对他们并无好处，

他们也不会愿望什么新的变动

如果我们从未被创造出来，对于我们也无害处再者，神如何能有一个模型或观念，以便按照它来创作？

再者，是什么最先在神灵心中①
种下了用来创造世界的模型，
以及人的样子的原型概念，
使得他们知道并能在心灵中看见
他们愿意创造的究竟是什么？
或者，神们如何认识始基的能力，
认识始基由于彼此地位的变动
所能产生的是什么，如果自然本身
还未曾先作出创造万物的例子？
因为极多的事物始基以极多的方式
从无限久以前就为冲击所骚扰，
并借自己的重量而在运动，
它们曾这样一直地飞动着，
并且以一切可能的方式相遇逢，
并且尝试了那些它们由于互相结合
而能够创造出来的所有的各种东西，
所以，无怪乎它们到了现在
已经达到了这样的各式配合，
已经进入了这样的各种运动，
这个世界就是借这些结合和运动
而生成和存在，并永远重新获得补充。

---

① 伊壁鸠鲁认为概念是许多以前的感性知觉产生的。因此，如果先没有个别的具体的人，神怎能够有人的概念，以便按照这个概念来创造人？

世界不是神为人而造的，这一点可以由世界的缺点来证明

但即使我从未认识什么是事物的始基，
根据天的行为和别的许多事实
我也敢于来断定这一点：
万物绝不是神力为我们而创造的——
它是如此充满着巨大的缺点。

1. 广大的地区对于人是无用处的，只有人的劳动才能把它们变为有用

首先，试看那些被辽广的
天空所覆盖的一切地域：
其中很大的一部分①是由山岭
和充满野兽的森林所占去；
危崖无人烟的沼池大片的荒海
（它们把陆地与陆地远远隔开）
简直就把它占去；而且还有
灼热和经常降落的严寒把几乎
三分之二的地区从人类手中抢去。
即连所留下的那可耕之地，
自然的力量也会叫荆棘布满，
如果不是人类用力加以抗拒，——
人类久已惯于为了生活而去
呻吟流汗地使用那鹤嘴锄，
去用力推动犁头把土地犁开。

• • • • • • • • • • • • •

① “贪馋的部分”“avidam partem”（201）：即贪馋者所攫取的一部分，也即较大的部分。

若不是我们用犁头翻起肥沃的泥土，
并且弄松土壤来催促它们生长，
〔谷物〕自己就不能主动地长出来
而茁壮地进到自由明亮的空中。
即使如此，有时，当借艰苦的劳力
而获得的东西现在已长大出叶子，
现在已经全部开花，也还或者会有
天上那过分炎热的太阳来把它们烤焦，
或者骤雨或凛冽的严霜来把它们毁坏，
或者狂暴卷旋的大风来把它们磨折摧残。

2. 人类又遭受野兽、疾病和死亡的扰害

此外，为什么自然要在陆上海中
养育各种各式可怕的野兽，
那些人类的敌人？为什么四季会带来
许多的灾害？为什么到处出现着
不合时的死亡？还有，一个婴孩

3. 婴儿是无助的、无抵抗力的

像一个被残酷的浪头抛到岸上的水手一样，
赤裸裸地躺在地上，不会说话，
缺乏生命的一切需要，当自然
带着生育的痛苦最初把他
从母亲的子宫抛上光之岸
而他则用可怜的哭声
充满整个屋子的时候——
对于一个生命中正有这样多灾难
在等候着他的人，这也不足奇怪。

但牛羊家畜和一切野兽都生长了，
也不需要那些无意义的孩子话，
对它们任何一个说话时也不必用保姆的
那种简单无谓的话儿；它们也并不
需要各种衣服来适应变化的天气；
最后它们也不需要武器或高大的堡垒
来保卫自己的东西①——因为大地本身
和自然，世界的匠师，已经充分地
为它们全体带来了一切需要的东西。

世界不是永恒的(235—415)

甲，世界是不免于死的，(1)因为它的成分是不免于死的

　首先，既然土的身躯和水，②
空气的微风和火的热气，
构成这个世界的这四种原素，
全都具有着有生有死的躯体，
所以应该认为整个世界的本身
也能够毁灭。因为无疑地所有那些
其部分和肢体我们发现是在时间中
诞生出来并具有死的形状的东西，
这些东西本身我们看见毫无例外地

---

① 原文是“sua”(233)：“自己的东西”，包括家庭、财产等等。

② 在离开主要线索，长篇大论谈神灵及他们创造世界与否的问题之后，现在诗人回到了他在第110行搁下来的那个问题，即世界是有生有死的。

也是在时间中诞生出来准备死去的。
因此当我们看见世界的伟大的肢体
和部分都被消耗又再生出来的时候，
我们就知道头上的天空和脚下的大地
也是在太古的时候一度诞生出来的，
而将来也必在一定的时候遭到毁灭。

就各原素个别地加以证明：

　为了使你不要在这些问题上面
以为我是用狡计夺取了这个论点，①
来帮助我自己的幻想，——因为我
认为土和火实在是不免于死的东西，
又不怀疑水和空气两者也会死亡，
并且肯定它们能再产生并增大；——

1. 土是能死的。它以尘埃的形式飞走了，

首先，请看某些部分的土地
不断地被剧烈的阳光所烤干，
并且受到许多的脚步所践踏，
就放出粉末样的雾气和云样的飞尘，
这些东西都被猛烈的风在空气中吹散。

或者受湿润所毁坏

大地的另一部分泥土
则被大雨召唤去补充洪水；
而河流则把两岸啮食挖掉。
此外，任何取出它自己的一部分
来养育和增大〔别的东西〕的东西，

---

① 就是说，不要指责我犯了乞词的毛病。

. . . . .①

都被归还；而既然毫无疑问
大地这万物的母亲被认为
同样也是万物的共同坟墓，
所以你能看见她有所减少，
然后又由新的生长而增大。

大地是万物的母亲和它们的坟墓

此外，大海和河流和水泉
永远因新增的水而显出满满，
以及流水长期地不断涌出来，
这一点并不需要语言来证明——
到处的大量的水的巨流本身
就宣称了这个。但任何首先
流上来的水总是不断被带走，②
所以结果总的说起来就不会
有过多的水；这部分地是因为
那猛烈地扫过水面的大风，
和那用光线使水解体的太阳，
减少了水量；部分地是因为
水又在地下到处被扩散。

2. 水是有死的

它被风和太阳从大海带走，

经过地下流失，又在源头重新出现

① 此处鲁斯追随着鸠山尼的意见，认为所失去的诗句可能有如下的意思：——

“本身就消减；但当所养育的东西死亡之后，一切就……”。贝里以为不必假定失去一行。他解释为：“此外，土所养育和增添的任何东西，都按它自己的比例归还〔给土〕”。雷撒姆也这样译。

② “首先流上来”，即首先成为河、海的水，而不是存在于表面的水。

海的盐分被滤开了，于是
液体的物质又渗回陆地，
而在河流的源头再聚集起来，
从那里它又带着新鲜的水流
流过陆地各处，沿河床而下，
这些河床以前已经被凿好，
并曾带走这些捷足的水流。

3. 空气是有死的：它不断地借物的流出物而造成，又不断地以它自己的补充来使物新生

现在，来谈谈空气：它的全部
无时无刻不在遭受着无数的改变。
因为任何从物流出来的东西，
永远是全部被带进了
空气的巨大的海洋；
如果不是空气反过来
又把物质归还给各物，
这样来补充那流散着的它们，
那么所有的东西到现在就应该
已经都解体而变成为空气；
可见空气从来未停止过从物身上
产生出来，又回归于物，因为
万物都是处于不断的流变之中。

4. 火是有死的。太阳常常送出新的补给，而它的光线一落下就

同样地，那个丰富的亮光的源泉，
天上的太阳，它不断地使天空
溢满着常新的光辉之流，
立刻用新的光供养光亮的地方，

因为任何最先流开来的光辉都消失了，
不论它是落在什么地方；
这一点你可以从这些例子看到：
每当云块从太阳底下经过，
仿佛把太阳的光线切成两截的时候，
下半截的光线立刻就全部消失，
巨块的云所飘过的地方，
地面上就被遮得暗淡无光，——
所以，可以看出：物永远
需要新的光辉和照明的补充，
而所有最先放射出去的光辉
都一一消失。也别无他法
能够叫物在阳光中被人瞧见，
除非光的源泉永远在供给新的光。
真的，大地上夜间的灯火，
那些悬挂的小灯和火把，
带着跃动的光在发亮，充满着黑烟，
也是以同样的方式匆急而迅速地
借着火焰的帮助①来供给新的光；
它们全迅速地颤动着它们的火焰，——
这样迅速，使光线不致好像被切断，

消失

阳光被云切断，可作为证明

甚至地上的灯火也不断地供出火焰

① “借火焰的帮助”（ardore ministro）（297）：芒洛以为是“借热的帮助”，这是错误的，因为此处问题的中心不是热。

使它片刻没有离开它所照亮的地方。
它的消灭如此迅速地被那从它所有的火
迅速地产生出来的火焰所掩盖。
所以我们必须认为日月和星辰
是用永远新产生的光辉来射出光辉。
而任何最先产生的火焰总是一一死去，——
否则你也许会以为它们每一个
都带着不可损害的力量永存着。

我们经常看见许多极坚强的东西死去

再者，难道你未曾看见
石头如何也为时间所征服？
未曾看见高大的塔如何成废墟，
石块如何圮毁？神殿和神像
如何破坏倾败？未曾看见
神灵的威力并不能推进
命运的终点，或抗拒自然的命令？
再者，难道我们没有看见
那些英雄碑现在已经圮毁，
好像现在轮到它们也来询问我们
是否不相信它们也随年月而衰老？
难道我们没有看见崩裂开来的雪花岩
突然从高高的山上滚下来，因为
它们不能够忍受和支持一段有限时间的
巨大的力量？——它们绝不会这样

突然裂开崩坠，如果从无限的远古以来
它们曾经挫败了时间的一切攻击，
而自身毫无损伤。现在请看看
这个从四面八方，从我们头上
把整个大地拥抱在它怀里的东西：
如果它像某些人所说的那样
是从它自己产生出万物，
并且当它们毁灭的时候
它就把它们取回给自己，
那么，它就必定完全地是
有生有死的物体所构成；
因为凡取自身以养育他物
而使其增长者，本身必减少，
而后又获得补充，当它
把那东西接收回来的时候。
此外，如果说天地并非诞生出来的，
并且它们从来就是永远存在着，
那么，何以早于忒拜之战，早于
特洛依的末日，就没有其他的诗人
也歌唱过其他伟大的事件？许多的
英雄们的事迹常常埋没在哪里？
为什么那些事迹不再活着，
铭刻在光荣的永恒的碑石中？

如果天乃是万物的父亲，它就是有死的：因为它不断地增减着

（2）有许多迹象证明世界尚年轻

事实上，我想，是因为世界还年轻，
我们这个世界乃是新近的产物，①
是在不久以前才获得它自己的开端。
因此，就是在现在，还有某些技艺
仍在改进和发展；现在造船方面
有许多新的设计正在被增加进去。
并且还只是不久以前，音乐家们
才创造了和谐的歌声和曲调；最后，
这万物的本性，这种哲学，②
也是不久以前才被揭露出来，
而我自己只是现在才被人发现
是第一个能够用祖国的语言
首先把它说出来的人③。但是，
如果你以为在这以前已经有
完全同样的一切东西存在过，
不过人类的世代曾为酷热所消灭，
或者他们的都城曾经陷落
在一次可怕的世界的震动中，

如果你以为以前的文明是在某一次世界的大难中消失了的，那也会证明世界是有死的

① 此两句中"summa"和"natura mundi"(330—331)都是指这个可见的世界——包括海陆空。

② 原文"denique natura haec rerum ratioque repertastll nuper"(335—339)：其中"rerum natura"是指客观的事实，"rerum ratio"是指对于它的说明（即一种哲学）；显然这种哲学就是指伊壁鸠鲁的哲学。

③ 原文"primus cum primis"(336)："第一个……首先"，这是卢克莱修式的重复。

或者连绵的大雨之后凶暴的河流
曾经溢流而泛滥了整个大地各处，
并把城镇吞没，——那么，你就会
为你自己的论据所击败而更应该承认：
必定将有天地的全部毁灭。
因为既然事物曾经受过
这样大的灾害和危险所袭击，
那么只要一个更严重的原因
来攻击它们，它们就准会
广泛地全部遭殃而彻底崩溃。
也没有别的推理更能够来证明
我们是有死的，除了这个事实：
所有我们都轮流患同样的病，——
自然已经从人间清除出去者
在过去所曾患过的那些疾病。
此外，凡永恒地存在的东西当然 (3)世界没有满足任何不朽性所应具的条件
必须或是因为它能击退一切打击，
由于它是坚实的物体所构成的，
并且不容许任何东西走进来，
以便从它内部解散它紧结的成分，
正像那些物质实体那么样，
它们的本性我们前面已经阐明；
或是因为它能够在时间中经久支持， 1. 最忍让如虚空；
由于它们像虚空一样不会受到打击；

2. 至大无外如宇宙

虚空是不能触到的存在，
它不受任何打击所打击；
否则就是因为周围再没有什么地方
可以让东西进入其中而解体消灭，——
正如宇宙的总体是永恒的，
由于在它之外没有别的空间，
使事物能够向那里飞散，
或者有什么能打击它们的物体
用强力的打击把它们加以解散。
但是，正如我已经指出那样，
这个世界并不是坚实的物体，
因为在物里全都混杂着空隙；
世界也不是像虚空那样；此外
也并非没有那样的东西，它们
也许会从无限中涌出来并且能够
用狂暴的旋风使这万物世界[①]陷落，
或者给它们带来其他危险的灾害；
并且，在它外面也并非没有
无限的空间和无底的深渊在等候着，
世界的墙垒能够在其中粉骨碎身。
也不缺乏别种能捣击它们
使它们全部消灭的力量。

---

① 此处所谓“世界”是有别于无限的“宇宙”的。

可见对于天空和太阳，
对于大地和海洋，
毁灭之门并非关闭而是敞开着，
是向它们张着一个可怕的阔口。
因此再一次你必须承认这些东西
乃是在一定时间中诞生出来的，
因为凡是具有死的躯体的东西，
一定不会有能力抵抗无数年代中的
时间的暴力，从无限的过去直到现在。

所以它必定是会死的，并且是曾经有一次诞生的

　再者，既然世界那些最有力的成员，
在一种完全不是神圣的战争中激动着，[①]
进行着如此凶残的互相厮杀，
难道你看不出它们的长期战争
也许会有终于停止之日？那时候
或者是天上的太阳和一切的热
已经把所有的水吹干而获得胜利，——
它们总在企图这个，但还未达目的；
因为河流带来了如此大量的水，
并且威胁着要溢出河岸，并且
用那从大海的不可测量的深渊
流出来的洪水来淹没一切的东西。

(4)原素之间的大战可能有一天会由于其中之一战胜了其他原素而使世界告终

① 原文“pio nequaquam concito bello”(381)：“完全不是神圣的战争”，意思是指内战；火、气、水、土四种原素被认为是同一个国家中的成员。

但也徒然——因为那扫过海面的风
和用自己的光线使水解体的天上的太阳
降低了海的水量，并且相信
它们有能力把所有的水弄干，
在水能达到所企图的目的之前。
它们就是这样彼此势均力敌地
永远在进行着一场巨大的战争，——
据说火和水各曾一度占上风
虽然在其中火曾一度占得了上风，
也曾经——据传说——是水成为了
陆地的主宰者。因为火曾战胜，
曾用火舌吞没和烧光了许多东西，
关于太阳之子的传说
当太阳的那些难驯的烈马
带着费厄顿[①]离开了他天上的轨道，
冲下整个天空而奔过所有陆地的时候。
但是万能的天父在盛怒之下
当时就以突然的雷霆之一击
把野心勃勃的费厄顿从马车上[②]
击落向地面。而太阳，他的父亲
就在空中把他截住，并用手接住
那永远发光的世界的悬灯[③]，

① 费厄顿是太阳之神的儿子，有一天太阳之神让他驾驶自己的四轮车，他驶得离地太近，以至于如果不是宙斯大帝用雷霆把他打下，就会使世界起火。

② "equis"(401)："马匹"，指马车。

③ 指太阳，太阳用手把太阳接住，这恐怕是诗人有意的讽刺。

把乱作一团的马匹赶在一起，
把还在颤动着的它们缚上了轭，
然后重新驱策它们走上原来的道路，
恢复了宇宙的秩序，——如此云云，
是从希腊古代诗人的诗歌中听到的——
一个远远离开真理的故事，我想。
因为火能够获胜，只当从无限里面 这故事只是表示火原子的过多
有比通常更大的一群火物质的粒子
产生出来的时候，之后它的威力就衰败，
又多少减退了，要不然就会终于
把世界在炎热的气氛中烤碎。
并且，从前水也曾一度开始胜利， 关于世界的大洪水的故事
如所传说，当时它用洪涛
淹没了人类的许多城镇[①]；之后，
当那曾从无限的空间涌出来的
所有的水的物质力量好像
多少已掉转锋头而退落的时候，
暴雨停止了，河流也减少了力量。

世界的形成和一些天文学的问题
（416—768）

那太古的物质的结集以什么方式 世界的诞生。

① OQ 作“multas... undis”(412)：Purmaun 读“multis... vltass”；Pontanus 读“multas... urbis”；兹从 Pontanus 读法译出。

它不是按计划造成的，而是由于原子的偶然的结集形成的

形成天地和深不可测的海岸，
形成太阳和月亮的运行轨道，
我将逐一来说明。因为，实在说，
事物的始基既不是按计谋而建立自己，
不是由于什么心灵的聪明作为
而各各落在它自己适当的地位上；
它们也不是订立契约规定各应如何运动；
而是因为许多的事物的始基，
每种各式，自无限的远古以来
就被撞击所骚扰，并且由于自己的重量
而运动着，经常不断地被带动飘荡，
以一切的方式互相遇集在一起，
并且尝试过由于它们的互相结合
而能够创造出来每一样东西；
正就是由于这样，所以，既然它们
在亿万年的长时间里面远远地
广泛地分布开着，同时尝试着
各种各样的结合和各种各样的运动，
终于其中某些始基彼此相遇了，①
这些始基当突然被抛掷在一起的时候，
常常形成了巨大事物的开端，

---

①　这一句的意思是：无限多的原子在无限的时间中和空间中运动着，遇合着，终于原子中有一部分达到了某种的结合方式，即足以形成我们这个世界的那些方式。参看第一卷第1015以下各行（“宇宙的无限性”一节中）。

天地海洋和生物的种族的开端。
那时，当情形是这样的时候，
什么地方都不能看见太阳的圆轮
带着它的丰富的光芒在高空飞翔，
也没有这个伟大世界的那些星辰，
没有海洋，天空，甚至没有大地和空气，
也没有任何像我们现在这样的东西
能够被看见——只有一种新的风暴①，
一大群由各种各样的事物的始基
混合而成的极度紊乱无章的东西，
它们的敌对的不和产生了冲突，
使得间隙、路径、纠合、重量、
撞击、遇集、运动都格格不入，
因为，由于它们形式不同形状各异，
它们就不能全都那样继续结合下去，②
也不能互相交换和谐的运动。
但是，从那里有些部分开始飞开去，

最初，原子在一种疯乱不调和的状态中遇集

然后，世

① 这种关于一个“原始的混沌”的观念，大体上是古希腊自然哲学所通有的。他们认为世界的形成是由于从混沌里面相同的东西结合了，不同的则分开去。伊壁鸠鲁这方面与别的哲学家不同之处，乃在于他认为这个过程如何不必假定一个本身不能说明的“涡漩”或一个任意的“必然”也能加以说明。“新的风暴”，(nova tempestas)(436)，因为这不是第一次的风暴，而是上节所描写的那种原子的结集之后所发生的。

② 原文“quod non omnia sic poterant coniuncta manere”(441). 意思即在上述那样(sic)的情况之下，它们不能结合起来，像现在我们这个世界的原子结合在一起这样。

界的各部分被分开出去

于是相同的东西和相同的东西结合起来，
初步地塑造了一个世界的雏形，
划分出它的成员，安置了
那些巨大的部分——就是说
使高高的天从陆地分开，
使海洋带着独立的水展露着，
而天上那些纯粹的分开的火[①]
也同样地独立凝成起来。

土粒子集合在底层，把些应该去形成海洋和天体的原子挤出去

是的，所有的土粒子，由于
它们是既沉重又相互纠缠着，
就首先集中在中心的地方，
并且占住了最下边的位置；
而它们越是互相纠缠在一块，
它们就越从它们的集团中
把另外那些粒子排挤出去，
这些粒子形成大海，群星和太阳，
月亮和伟大的世界的墙垒，——
因为这些东西的种子是更为圆滑，
并且它们的原素比土原素更细小。

构成光的以太粒子升上去

这样，那充满着火的以太，
就首先从土的部分[②]离开去，

① 指太阳、月亮、星辰和世界的墙垒。

② “从土的部分”(terrae partibus)(457—458)：意思即从土所占据的地方，而不是从大地的各部分。

通过它那些疏开的小孔，
高高升上去，并且轻轻地
把大量的火和自己一起带走；
情形颇像我们所常常看见的：
当灿烂的太阳的黎明的光辉
初次在缀满雾珠的草丛上
开始金红色地闪亮着的时候，
宁静的湖和终年不竭的河流就吐出
一阵烟雾，大地自己有时也冒起烟。
当所有这些烟雾都已经
被带到上面聚在一起的时候，
云块就用现在已经凝成的躯体
在天穹下面织成一个遮篷，
同样地那轻而易于扩散的以太，　　而形成了天穹
也把已凝成了的躯体向各方展开，
四面八方把自己弯曲成一个圆顶，
并且远远地向各方各面展开去，
这样把其他一切都贪馋地围抱起来。
接着太阳和月亮就诞生出来，　　太阳和月亮的造成
它们的球体运转在以太
和大地两者之间的空气里面，——
因为天地双方都不接受它们，
由于它们太轻而不能下沉停定，
但又太重而不能在最高处飘行；

它们却是这样地处于两者之间，
永远用自己活着的身体①绕圈子运转，
并且永远作为广大宇宙的部分而存在，
情形正像我们身上有些肢官
是静止的，而其他的则运动着。

大地下沉到中部而使海洋形成出来

之后，当这些东西都离开之后，
在现在展开着广阔的蔚蓝海洋的
那一片地方，当时大地就突然陷落，
并且向那些地方注进了它那
汹涌的咸水；一天又一天地，
以太的浪潮和太阳的光线
越是由于不断轰击大地的外壳
而从各方面把大地压缩成一团，
（以致它因为受到这样的打击
而完全紧缩聚集在它的中心四周），
那从它的躯体挤出来的咸汗，
从它的身体渗出来后，就越加
壮大了海洋和有浪的地方，
并且越来就有越多的那种热
和空气的分子逃开了大地，
开始向上面高高飞去，并且

① “活着的身体”，并不表示卢克莱修相信星辰有生命，而只是把它们形象化而已。

由于凝聚而在远离大地的地方
形成那高高的发亮的天穹。
平原开始低沉，而高高的山岳
就越发耸拔起来；因为岩石
不能下沉，而地面的所有部分
也不可能低落到同一的水平。

山岳则被留下来矗立着

　这样，大地由于它的重量
和那现在已凝成的身躯而稳定了，
而世界的所有的沉重的泥浆
就都像渣滓一样集拢起来停定在底部，
然后是海洋，然后是空气，
然后是那充满火的以太自己，
它们纯粹的流动的躯体就一一被留下，
并且每一种都比它下面的那一种更轻；

总结：土沉下而海、空气和以太就一一独立地存在于它之上

而以太由于是最轻最有流动性，
就飘浮在空气的风的地带之上，
也不把它的清澈的躯体
和咆哮的空气的风混杂在一起。
它把它下面所有那些地域
都留给狂暴的旋风去播弄，
把它们全留在不测的风暴中去受困，
同时它自己则以一种不变的运动
带着它那些火平稳地滑动着。
因为，以太能够这样安稳地流去，

在最高处，以太运动着，它的路线是不变的，不受骚扰的

带着一种不变的动能，关于这一点，
滂吐斯[1]可以作证——那个永远保持着
不变的潮流并按一定的节奏流动的海。

大地由一种“第二本性”在下面支持着它，这种第二本性是和空气密切联结着的

　大地之所以能够安定地停留在
世界的中心地区，必需是因为
它的重量逐渐消失，逐渐减轻，[2]
并且在它下部有着另一种实质，
从最初时候开始就和它联结在一起，
并与它生根和生活于其中的辽广的
宇宙的空气的那些领域紧密结合着。
因为这个缘故，大地不是一个重负，
也不是重重地压它下面的空气上；

(1) 我们的肢体不成为我们的沉重负担，乃是因为各部分是紧密联结着的

正如对于一个人，他的肢官
是完全没有重量的，——头对于颈项
并不是一个重负；我们也不感到
全身的重量都集中在双足上面。
但来自外面加在我们身上的重量
都使我们难堪，虽然它们常常轻得多。
因为每一样东西所能做的是什么，

① 滂吐斯即今波斯波拉斯海峡，它连结了黑海和马拉马海。

② 大地底部逐渐变稀薄，因而在它下面形成一种很轻的“第二本性”，把它和空气联结起来，这样，它就和四周形成了一个有机体，像我们的身体各部分合成的有机体一样。这就是为什么它不成为它下面空气的重担。此处“重量”等于“团”“块”。

这一点至关重要。由于这样，
大地并不是突然被带来的外物，
不是从别处抛掷到相异的空气上；
而是在世界初创时就和它①一起被孕育，
它是世界的一个一定的部分，
正如我们的肢官之于我们一样。

此外，每当突然受到巨雷所震动的时候，
大地就以它的运动使它上面的
所有的东西②也震动——这件事
它会绝对办不到，如果大地不是
跟世界的空气区域、跟天紧连着；
事实上它们是由共同的根而连在一起，
从它们最初存在的时候就紧紧地
彼此结成一体。难道你没有看见：
灵魂这种极其精微的能力却能够
支持我们的身体，尽管身体这么重，——
实在说，正是因为它们是那么紧紧地
互相结合着？此外，试问什么力量
能够把身体举起在一种敏捷的跳跃中，
如果不是那指挥着肢体的灵魂的能力？③

(2) 大地与它上面的空气密切结合，这可由它把自己的震动传给空气这个事实来证明

(3) 灵魂借其与身体的密切结合而能举起身体

① 它，指空气。

② “它上面的所有的东西”指空气。

③ 原文“vis animae”，即(灵魂的力量)，OQ；“vis animi"，即(心灵的力量)，Lachman，里奥诺德。

丙，星辰的运动
(1) 如果整个天是旋转着的，那它

现在难道还看不出：一种精细的自然，
当它和沉重的躯体结合着的时候，
会是怎样地有力，——如像空气与大地、
心灵的能力与我们结合着的时候？
现在，让我们来歌唱什么使星辰运动。①
第一，如果巨大的天球是转动着的，
那么我们就必须说有某种空气
在两端紧紧压迫着天轴的两极②。

---

① 卢克莱修的天文学是很奇异和复杂的。他把这个世界(我们这个世界，包括我们能见到的星辰)看作一个球体，而大地则是悬空位于它的中心；月亮、太阳、星辰则在它们的圆轨上绕地而运动，每一个圆轨离地越来越远；在最高远的地方则是那形成世界的墙垒的以太。世界的转轴是倾斜的。在这一段里面，他先考察那种认为世界整个说来乃是旋转着的理论；我们应该意想它的转轴的两端(PP′)被空气所压紧，然后，或者由一种上面的空流(a→A)使它旋转，这 a→A 的方向，是与我们所见的星辰运行的方向相同的；或者也可由一种下面的气流(b→B)使它转动，而这种 b→B 的方向，则是与上面星辰运动的方向相反的；——正像水车被它下面的水流推动而转动一样。(参阅附图)

然后，他又考察其他的见解，即从世界不动的那种假定出发而提出来的那些见解。他认为这些都会值得考虑，认为在我们的感官不能提供直接的知识之处，我们宜把所有不与感觉发生矛盾的解释都视为可能的。

天轴倾斜：

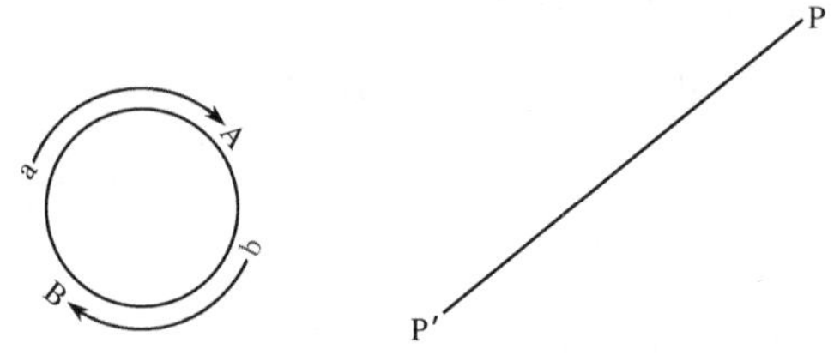

② 里奥纳德此处译“高低两极”，因为天轴略有倾斜，故说高低两极，见上面注①。

并且从外面把它们执住，
在两头把它们关闭起来；
然后上面又有另一种空气
横过天球的顶端流动着，
它流动的方向正是永恒世界的
闪亮的星辰转动时所采取的方向。
或者是另一种空气在下面流过去，
从下面沿相反的方向①使天球
向上转动着——正如我们看见
河流转动着带斗勺的水车那样。
也可能是整个的天停住不动，
而光亮的星辰却在运动着，
而这或者是因为有疾速的
以太的潮流被天关闭在内部，②
为了找寻一个出路而旋转着，
因此就使那些火球在天空的
夜的地区各处转动③；或者是因为
从外面有某种空气流进来，
而使那些被驱动的火团绕行转动；
或者，还可以是它们本身能够爬行，

必定是由于它上面或下面的一种气流所推动而旋转

(2)如果天是不动的，那么，星辰的运动乃是 1. 或者由于内部的火；

2. 或者由于外部气流所推动

3. 或者由于被它们

① “沿相反方向”，即与星辰运动的方向相反。

② 原文是“sive quod inclusi rapidi sunt aetheris aestus”(519)：此处卢克莱修原意如何颇难说。有两种可能的意思：(1)“被天所围住”，即被围住在这个天球里面，这是里奥纳德的解释；(2)“以太被关在各个天体(即星辰)里面”，这是 Bailey，Munro 等人的解释。里奥纳德的解释似较佳。

③ 原文“summanus”(521)：古罗马的神，有在夜间行雷的能力。此处泛指“夜间的”。

自己找寻相宜的养料的欲望所推动。所有这些原因，都在宇宙的某一处发生作用

前往它们的食物招请它们前去的地方，
历遍整个的天到处觅食
来饲养它们烈焰熊熊的身体，
但在这几个原因里面究竟哪一个
是属于我们这世界的，这倒很难说；
但是，在整个宇宙里面，在它的
按不同模型造成的各式世界中，
能够有和确实有什么事情发生，
我只是把这一点指明出来；
关于星辰的运动我陆续地
提出几种存在于太空里面的原因；
在我们这个世界中使星辰运动的，
必定是这些原因之中的一种。
但是去确定它是其中哪一种，
这绝对不是一个像我这样地
小心按步前进者分内的事情。

太阳的大小不能比我们所见的太阳有什么大的

太阳的圆轮和它的热也不能够是①
比我们感官所看见的大得多或小得多。②
因为不论火和我们相距是多远，

---

① 这一节，对于那在第510行以后各行所提出的原则再提出一个补充的原则。凡感觉提供我们以证据之处，我们必须绝对相信它。我们的视觉告诉我们太阳和月亮是这么大，因此它们就是这么大。他用下面这一个奇怪的说法来支持他的理论：在地上，光和火只要还放出光和热，只要线条还清楚，那么它们的体积就还不显得变小。

② 原文"nec nimio solis maior rota nec minor ardor esse potest"(564—565)：

如果它们还能把它们的光辉投给我们，
并且把它们的热气吹在我们肢体上，
那么它们就没有由于那些中间的空间
而从它们火焰的躯体上失去了分毫；
从眼睛看来火也丝毫没有缩小。
因此，既然太阳的热和它所授射的光
达到了我们的感官并抚摩我们的肢体，
太阳的形状和大小即使从这地上看来
也必定就是它们原来真的那么样，
以致你几乎一点也不能对它有所增减。
至于那旅行着的月亮，不论她
是用借来的光线照亮各处，
抑或从她本身投出自己的光辉，——
无论如何，她乃是带着一个
绝不比我们用眼睛所看见的
来得更大的形状在旅行着。
因为所有我们所见的远处的东西，
在它们的体积减小之前，
就先由于太多的空气而显出模糊。
因此，既然月亮呈现出
光亮的面貌和清晰的形状，
我们从地上所见的高空中的她，
能够正是那具有实际所有的外缘
和原来的大小的她。最后，
所有你从地上看见的天上的火，

差别。因为火只要它还能被看见，被感觉到，就不显出比原来的小

月亮完全像我们所见的它一样大小

因为只要物的线条还是清楚的话，物就不显出比原来更小

星辰可能比我们所见的它们

Duff 将 ardor 读为 autem：“太阳圆轮不能〔比我们所见的〕大得多也不能小得多”。

略大或略小

你都可以认为它们比它们所显出的
大概只是小了一点点，或大了一点点——
因为任何我们在地面上所看见的火，
只要它们还清晰地闪动着，
只要它们的光辉还能看得见，
那么，按照它们离我们远近的程度，
看来它们有时改变了它们的大小，
但不论大些或小些，所差都极微。

这个小小的太阳能够放出这么大的热和光，可能是由于(1)它乃是世界所有的光的泉头

人们也不必感觉到惊奇，[①]
以为天上那么小的一个太阳，
为什么竟能送出那么大量的光辉，
来充满海洋和整个陆地和天空，
并用它的火热的气息浸没一切。
因为很可能是在这里张开着
一个整个世界的丰富的光的喷泉，[②]
它把它的光辉投射到各处；
因为火热的气的原素是这样地
从整个世界各处聚集到这里，
是这样丰富地汇合起来，
以致从一个泉头就能够流出
这样的热和光。你难道没有看见

---

① 在这一节中，卢克莱修又重复他对于“假设”的看法：一切不与感觉矛盾的假设都是可能的。

② 意思是说：太阳可能是一个“开口”，或者“世界的墙垒”的一个“缺口”，通过这个缺口，许多光的粒子从世界的外面涌进来。

一个小小的水泉有时竟能够弄湿
多么宽的草地,并且淹没了田野?
也可能是因为太阳的火
虽然不很大,却能够发出
剧烈的热来侵入空气——
只要空气碰巧有这样的状态和倾向,
能够当即使受到少许热粒子打击时
就燃烧起来——正如我们有时看见
谷穗或麦秆熊熊燃烧起来,
都仅只是由于星星之火。也可能是
那以玫瑰色的挂灯在高空发亮的太阳,
在他四周拥有一种丰富的火,
它具有不可见的热,不因亮光而显眼,
以致那充满着火的太阳就能够①
把光线的力量增大到这样的程度。

(2)或因为它燃着了周围的空气

(3)或因为它有隐藏着的热在它四周

也不是有一个确定的原因显示给人们②
为什么太阳从他的夏天的居留地
旅行到仲冬摩羯宫中那个转折点,

太阳、月亮和星辰的轨道可能由下列原因引起

① 意思即太阳借不断地从四周不可见(因为不发亮光)的热取得补充而使自己有不断的光。

② 这是很晦涩的一段,这里,卢克莱修可能自己有点混乱。太阳在天上的外观上的路线有两个特点:(1)他好像在一年中绕行天球一周(就是说,在一年中的哪一个月他出现在十二宫的哪一个宫中,次年的该一月他就再出现在该一宫中),这种绕行的方向是从西到东,月亮则一月就绕天球一周(就是说,在一个月中的哪一天她出现在十二宫的哪一个宫中,次月的该一天她就出现在该一宫中);行

的：(1)因为一个天体离地越近，它因天球转动

然后从那里转回来，他又再次
回到巨蟹宫中那夏至的终点；
也不能知道何以月亮每月就历尽
那么长一段路，经过这段路，

星则以比太阳较长的时间绕天球一周。(2)太阳的圆轨不是在天球赤道的平面上的；因此，好像太阳有时在赤道线之北，有时在赤道线之南。卢克莱修所给出的两个说明里，第一个(第621—636行)可以解释前一个现象，第二个(第637—645行)可以解释后一个现象；但不幸卢克莱修把这两个解释不作为一个复杂的现象的并存的解释，而把它们作为可以任取其一的解释。

(1) 德谟克利特关于太阳、月亮和行星的相对轨道的理论，可以用附图甲来说明。假定在一定的时间里面，星辰(即恒星)实际上在世界的较外边的边缘上从a运动到α；行星运动得较慢，因为它们离地较近，因而受天球转动的影响较少；它们在同样时间中会从b运动到b′；太阳则从c到c′，月亮更慢，只从d到d′。这样一来，相对于那好像停定着的恒星，行星就好像是从β运动到b′，太阳从γ到c′，月亮从δ到d′。(参看附图甲)

(2)太阳轨道的平面既与天球赤道的平面不同，结果就使得太阳在秋天时向南移，直至在冬天时他到达了南回归线，即摩羯宫中那个转折点，在春天时则向北移，直至在夏天时到达了北回归线，即巨蟹宫中那个转折点。(参看附图乙)这种现象，卢克莱修猜测是由于不同方向的风在太阳的路线上吹过把他吹来吹去所致。(第637—649行)

附图甲

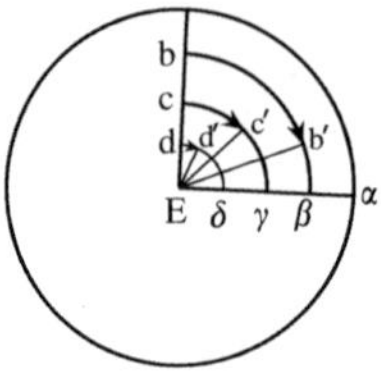

附图乙

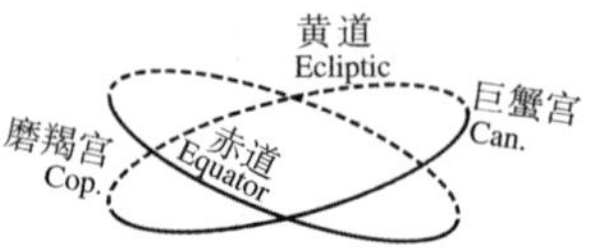

太阳则要费去一年的时间。
我说，没有人曾对这些问题
提出一个清楚的理由。因为
圣人德谟克利特所提的思想
好像应该算作最可能的第一个说法：
星辰和大地越是离得近，
它们就越少受天的转动所带动，
因为天的迅速的运动的力量
在低层中就消失和减少，
因此太阳就逐渐地被那些
在它背后的星座抛在后面，
因为太阳是远远地位于
那些发光的星座之下的；
而月亮甚至比太阳还要落后：
她的轨道离上层的天越远，
并和大地相离得越近，
她就越不能和上面的星座
并驾齐驱前进；因为由于
那带动她的转动已更为微弱，
（因为事实上她比太阳更低），
所以那些绕转着的星座
也就更能追上她超过她。
因此，就使得月亮看来
好像比太阳更快地回到

而致的运动的速度就越小。太阳比星辰运动得较慢，而月亮比太阳又要缓，因此月亮看起来就好像向着相反的方向运动得最快

黄道带中的每一个星座，
因为那些星座再次访问她
比它们访问太阳还要快。

(2)或因为两种相逆的气流把太阳从一回归线吹到另一回归线上：月亮和星辰也可以是这样

也能够是有两条空气之流，
从世界的相反的地区，①
在一定期间交替地吹来，
其中一种能够把太阳
从他夏天所在的宫推开
而使他走往仲冬的终点
和刻骨的严寒；其中另一种
则能把他从冰冷的阴暗地方
抛回到充满着热的地区，
和那些发光的星宫那里。
我们也必须这样来设想：
月亮和所有那些在大年②里
周行了巨大的轨道的星辰，
可能是受交叉地区的气流所推动。
你难道没有看见云块如何
也被相反的风送往相反的地区，

---

① 原文是"fit quoque ut e mundi tranversis partibus aer alternis certo fluere alter tempore possit"(637—638)：这种空气横过太阳所经的轨道而吹。

② 大年"magnos ... annos"(644)：很费解，各家解释不同；有人以为是指若干行星绕天球一周的时间，因为这种时间比一年还长；有人以为是指太阳、月亮和行星都回到它们的相对的位置的周期，这种周期古代天文学家 Philolaus 算出是59个太阳年。贝里以为后一种说法是更无可能的。

下层的云和上层的云相逆而过?
那么,那边天空里面的星辰
何以不能够是由相逆的气流
沿它们巨大的轨道加以带动?

夜的原因或者是(1)太阳的光被熄灭;

夜用巨大的黑暗淹没了大地,
或者是因为在长途旅行之后,
太阳已走到了天空的终极地带,
于是困乏地吹熄了他的火,
这火曾为旅行所消耗,并且
由于经过巨量的空气而被削弱;

(2)或者因为他已旅行到大地下边去

或者是因为那驱使他的球体
在陆地上空经过的同一个力量,
迫使他掉转路向朝大地下面走。

黎明的原因或者是(1)回来的太阳把他的光线先送来作前导

同样地马突塔①也在一定的时间
沿着天际铺开玫瑰色的早晨,
并把她的光辉散布到各处,
而这或者是因为那同一个太阳
从大地下方回来时就先以它的光线
占领了天空,企图使天空燃烧起来;②

---

① 马突塔(Matuta),古罗马黎明之神,被认为即希腊神话中之“Leucothea”。

② 原文“anticipat caelum radiis accendere temptans”(659):中(radiis)应和(anticipat)连在一起呢,还是同(accendere temptans)连在一起呢,关于这点,人们的意见不同。兹从贝里和拉萨姆的意见;里奥纳德和鲁斯则认为应和(accendere temptans)连在一起。

(2)或者是因为那些形成每天的新的太阳的火原子逐渐集合

或者是因为在一定的时候
许多的火会集中起来，许多的
热种子惯于在一定的时刻汇合在一起，
这样就每天产生出一个新的太阳的光。
所以有这样的传说：在黎明的时候，
人们看到哀达山峰顶有许多散碎的火，
之后，它们就好像结成一团，
并形成一个球体。在这方面，
也绝不必奇怪何以这些火种子
能够如此定期地汇集起来，
并重新形成了太阳的光辉。
因为我们看见过许多事情
按一定时间在各方面发生：
树木在一定的时间开花，
而花朵又在一定的时间凋残。
岁月命令牙齿在很一定的时间脱落，
青春命令发育中的小伙子
长出柔毛，并且让自己两颊
垂下软软的胡须。最后，雷电，
雪和雨，云和风，都全一一发生
在一年中绝非无定的季节里。

这种定期的结集不必引以为奇。自然界有许多相似的现象

因为既然甚至从最初的时候开始，
原因就曾以这样方式起作用，
既然甚至从世界初生之日开始，

当原因是一定时，结果也一定

事物就落入这样的模式，
所以它们即使到了现在
也会按一定次序一一发生。

除在春分和秋分之外，日和夜的长短的不相同，可能或者是由于(1)太

同样地，其所以日长而夜短，
以及白昼变短而夜变长，
或者是因为那同一个太阳[①]
当他以一个较长和一个较短的弧形
在大地上方和下面运行的时候，

---

① 这是很困难的一段，不过它的意思大体上还是清楚的。太阳在外观上有两种运行的轨道，其一是一年的绕天球一周，这卢克莱修在上面已讨论过(第614—649行)，但他另外又有一种每天的轨道，在一年中最大多数的日子里，他把他每天的转动的圈子分得不相等：冬天时，他每天大部分时间在地平线之下，所以夜长而日短。(见附图甲)夏天时，他大部分时间在地平线上，所以日长而夜短(附图丙)。在春分和秋分时他把他的圆轨分为两个半圆，所以日夜相等(附图乙)，这种现在一年发生两次，即当他正在“交轨点”上——即太阳的一年的轨道(黄道)与天球赤道相切的点上(附图丁)。因此，这一段的意思就是：当他在一年中从北到南、从南到北运行的中途点上时，他是与两个“转折点”(即冬至点和夏至点)成相等距离的，就是说，他是在天球赤道线上的。这样结果就使得白天和黑夜相等，因为在这两个时候既然太阳是在天球赤道上，所以他从正东升起来，向正西落下去——换言之，他的日转就是沿着天球赤道线。因此，这个日转轨道就是恰好一半在地平线上，一半在地平线下面。这一点，从附图丁中可以看出来。

附图甲

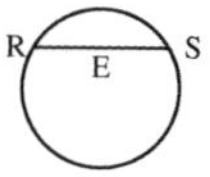

附图乙

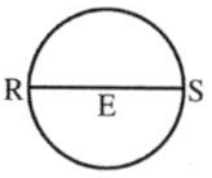

附图丙

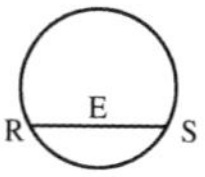

附图丁

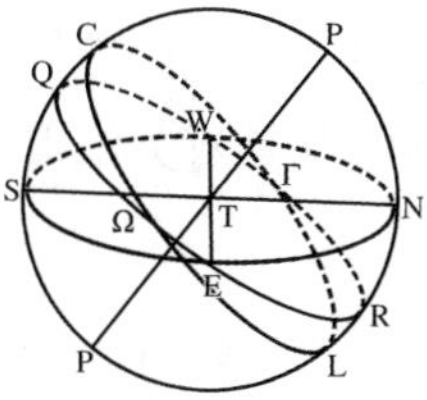

T = 大地
PP = 天轴两极
NESW = 地平线
EQWR = 天球赤道
ΩCΓL = 黄道
ΩΓ = 春分和秋分点(交轨点)
C = 夏至点(巨蟹宫)
L = 冬至点(摩羯宫)

阳把他在地上面和地下面的半弧作不等分，直至春分和秋分时才把自己的轨道分为两等分

就把天的领域加以分割，
把他的圆轨分为不等的两部分，
并且，当他绕转回来的时候，
就把那从其中一半取来的分量，
加到另外那一半上面去，直至
以后他到达了天上那一个宫，
在那里，一年的交点使得
夜的黑暗和白天的时间相等。
因为当太阳正处于他旅途的中点，
居于吹北风和吹南风两者之中点的时候，
天就使他的两个终点和他距离相等①，
这是由那整个密集着星辰的
黄道带的古老的一定位置来规定的；
爬完这条黄道带太阳需要一整年，
这其间他以他斜斜的光线照耀着
天空和陆地——正如那些人所宣称，②
他们用他们的图式好好地画出了
天空中那些区域，这些区域有着
黄道带的那些有秩序的宫为装饰。

(2)或者因为在某些时令太

要不然就是因为在大地下面
某些地方的空气是较为浓厚，

① “两个终点”就是指巨蟹宫和摩羯宫中的回归点。在春分和秋分时，这两个回归点与太阳的距离相等。参阅上页附图丁。

② 古代人早已把黄道附近的天空划分为黄道带十二宫。

因此火的颤动着的光线就被阻滞，
也不能容易地穿过那些空气
而出现在它们升起的地方；
因此冬季的夜晚就久久徘徊，
在光辉四射的白天的圆徽出现之前。
要不然，就是正如人们所说的，
在交替的季节里火习惯于
有时较快有时较慢地汇集起来，——
那使太阳在某一地方升起来的火——
因此那些人们好像是说出了真理，
〔他们认为每天在黎明的时候，
都有一个新的太阳产生〕。①

阳受浓厚的空气所阻滞

(3)或者因为在一定时候他的火汇集得较迟缓

至于月亮，她可能是因为
受到太阳光线所照射而发亮，
并且一天比一天更多地把她的光
转向我们，当她从太阳的球体
越来越远地退开去的时候，
直至她和他面对面的时候②
她已能用满满的光辉来照耀，

月亮盈亏的原因可能是：(1)如果月亮是借反射而发光的话，那她的盈亏就是由于她逐渐走近那与太阳面对面的位置，又从那里离开

① 赫克利特就是这样主张的；括弧内的补充是根据芒洛的；贝里以为应该这样补充：

“他们说关于这一类事情不能只提一个原因”。

② “面对面”，就是说，远远地横过天空时的那种“面对面”，而不是接近时的那种“面对面”。

并且，在她上升到高空的时候
她已能够看见他的落下；这之后
她必定好像把她的光辉藏在背后，
当她现在沿着黄道带的圈子逐渐地
从相反的区域滑近太阳的火的时候，——
像那些人所主张那样，这些人
认为月亮正像一个球，它走着
一条位于太阳下面的轨道。①

(2) 如果她所放射的光是她自己的，那么，她的盈亏可能 1. 或者由于一个伴着她的不透明的物体遮住她；2. 或者由于她有发光的一面把这一面转向我们，又移开它

再者，也颇有理由认为月亮
是带着自己的光辉在运行，
并把她的光辉的各种形象显露出来。
因为在她附近也许有另一个物体，
它由于缺乏光辉而不能被看见，
它总是跟随着月亮在运动着，
它能够以各种方式遮阻月亮的圆盘。
再者，她可能是自己转动着，
像一个圆球，——如果碰巧是这样，——
她的一半染着闪亮的光，
而由于那个球体的转动，
她就可能对我们显出她的各种形象，
直至她完全把她那有火的部分
转到人们的眼睛所能看见的方向。

① 在太阳下面的(sub sole)，意思即在太阳和地球之间。

之后慢慢地她又旋转回去，
逐渐把她那圆球形的身体上
充满光亮的那一部分收回去，
正如卡尔地人的巴比伦学说①
在驳斥希腊天文学家的科学的时候
辛辛苦苦想作的反面的证明那样，——
仿佛双方角斗着各想坚持的东西
不可以同样是真的，或者好像
真有什么东西值得你去冒险，
去抱住这个而抛开那个见解似的。②
还有，何以不能有一个新的月亮，
带着各种一定的形象和外貌，
永远按一定的次序被创造出来，
何以每天那个被造成的月亮
不能消失，而在她的位置上
另一个月亮又重新产生出来，
这很难用推理指出，或用语言证明，
因为多少东西能按一定次序被产生：
春天和维娜丝来了，维娜丝的男童，③
那有翼的使者，则走在前面，

3.如果每天都有一个新的月亮被造成，那么她的盈亏乃是由于各种形式有规则地接续被造出来，像四季的有规则的接续而来一样

① 特别是 Berosus 的理论。

② 这里卢克莱修又强调只要不与感觉矛盾，任何假设都是可能的。

③ 芒洛指出这一段描写的可能是诗人曾见过的一次化装巡行；贝里以为可能是描写一幅名画。

紧跟着西风的足印，万花母亲
用花朵洒满他们面前的道路，
使它充满鲜丽的颜色和芬芳；
后面跟来了干燥的热，他是由
满身尘土的丝里丝①陪伴着，
〔还有〕那些来自北方的定季风；②
接着秋天来了，随伴着他的是
大摇大摆的酒神老爷，然后
其他的时令和其他的风也跟来了，
那在高空中发雷声的瓦吐拿斯③
和那充满着雷电的南风。最后
大地的最短的白天带来了雪，
带回了僵冻的严寒；跟着她的是
冬天，他冷得直打颤，牙齿嗒嗒作声。
因此更不足为奇，如果一个月亮
在一定的时候被产生出来，
然后又在一定时刻被毁掉，
既然有那么多的东西
能够于一定时刻发生。

日食可能

同样地关于日食和月亮的失光，

---

① 丝里丝——谷物的女神。

② 原文是"etesia flabra aquilonum"，(742)：指那种从北方或东北方吹来的定季风，它出现在一年中天狼星升起的时候。

③ "瓦吐拿斯"(Volturnus)，是东南偏东的风。

应该认为可以是由于几种原因。
因为，为什么既然月亮能够把大地
从太阳的光遮开，在朝大地的方向，
在太阳下面伸出她高高的头，
用自己黑暗的球体挡住他的光芒，
而同时人们却认为同样的效果
不能是由另一个本身没有光辉
而永远在运动着的物体所产生？
再者，何以太阳不能在一定的时刻
筋疲力竭而失去他的火，
然后又把他的光重新产生出来，
当他在空气中已经通过了
那敌视他的火焰，并使它们
熄灭和消失的地方？为什么
既然反之大地也能从月亮①
把光辉抢走，当大地自己
居于太阳上方而把太阳遮住，

是由于(1)月亮；(2)某一别的不发光的物体；(3)他经过能把它的光熄灭的区域

月食的原因(1)由于大地走到月亮和太阳之间；

① 关于月食的第一个理论，虽然原则上是正确的(就现在的自然科学立场来说)即是，大地遮阻了太阳的光线，形成了一个锥形的黑影，而当月亮走进这个锥形时就发生月食现象。(见附图甲)可是，这与伊壁鸠鲁认为太阳和月亮是像我们所见那样大小这个原则是不能调和的。因为，既然太阳和月亮是我们所见那么小，即比大地小得很多，那么，大地所投的影子，就不能是一个锥形，从而月食的现象就会比现在我们所见的月食现象更频繁，并且历时较久。(参看附图乙)这一点，也可表示卢克莱修对于自己的天文学还未作整个的考虑，没有仔细考虑他的假定与他所主张的伊壁鸠鲁的认识论原则之间如何能调和。

而月亮在她逐月的旅行中恰好
走过那清晰的锥形黑影里面的时候；

(2)由于另一物体的遮阻

而同时①另外一个物体
却不能够在月亮底下经过，
或在太阳的球体上面滑过，
而把他的光线和亮辉割断？

(3)由于她的光的暂时的熄灭

还有，如果月亮是由自己的光辉
而本身在发亮，那么何以不能是
她有时在巨大的世界的某一地方
变得衰弱而疲倦，当她正在穿过
那敌视她自己的光辉的地区的时候？

---

① 所谓“同时”，意思是既然承认上述的情形是可能的为什么不能同时承认另外一种可能呢？

附图甲

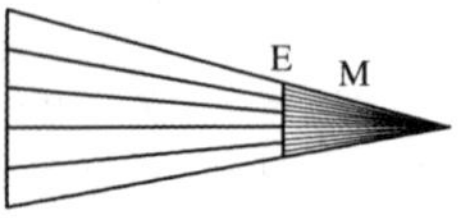

S=太阳
E=大地
M=月亮

附图乙

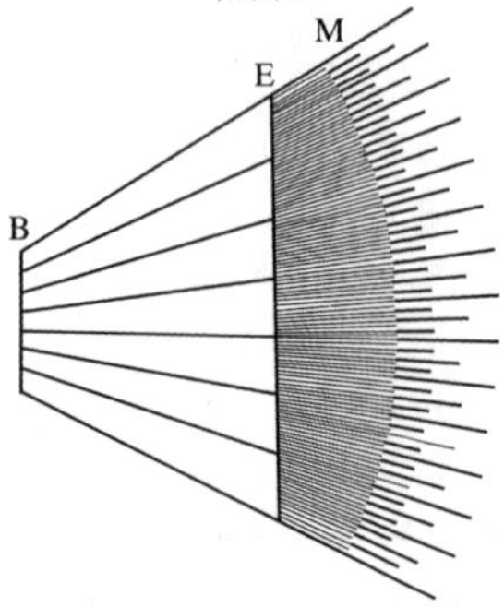

植物和动物生命的起源(769—921)

现在来谈其他的。既然我 丁、回头谈大地最初的时期
已经揭露出各种事物如何发生
在巨大的世界的那片蔚蓝的地域,
我们如何能认识是什么能力和原因
引起了太阳在各种轨道上的运动,①
和月亮的旅行,指出它们如何
能由于光辉受到阻碍而暂时消失,
并用黑影把未预料的大地蒙起来;——
那时候他们就好像眨眨眼睛,然后,
又睁开眼睛看着那全部的广大地区
因它们的清明的光辉而在发亮,——
现在,我回头来谈世界的原始时代,
来说出大地的柔软的年轻的旷野,
在初次分娩时曾决定把什么东西
最先送上这个灿烂世界的空气中,
并把它们委托给那轻浮任性的风。

最初,大地在山丘周围 大地最初产生植物
和所有的平原上,长出了

① “各种……运动”,指太阳每年在黄道带中由西向东绕一圈的运动,和每年它在冬天自摩羯宫到夏天进入巨蟹宫的运动。

各种的草类和绿晶晶的东西；
花朵盛开的草地上闪烁着
一片绿色，这之后，瞧，
各种树木被赋予一种
竞争的冲动，毫无拘束地
大力争先长高到空气中。
正如在四脚动物的肢体上，
在有翼能飞的东西身上，
最先长出来的是羽毛和刺毛，
同样地从当时的新的大地
最先长出来了草和灌木，
然后产生动物
然后才产生出各种动物，
它们从多种原因以多种方式产生，
它们的数目和形状多不胜数。
因为动物绝不能是从天上掉下，
那些陆栖动物也绝不能够
是从含盐分的海湾走出来。
剩下来的只能是：大地获得了
母亲这个称号，是完全恰当的。
因为一切东西都从大地产生出来。
甚至现在，从泥土里面也能有多少
由雨水和太阳的热所形成的生物长出来！
因此更不足为奇，如果它们
在远古时生得更多、更大，

因为它们乃是在大地和以太
还新鲜年轻的时日里成熟的。
首先有翼的东西和各种的鸟，　　先有鸟类从卵出来
在春天中被孵出，离开了卵壳；
正如现在夏天时树上的蟋蟀[①]
自动地离开它们的光亮的外壳
去找寻它们的食物和生活。
正是在那个时候，大地初次
把动物的种类带到世界上；
因为当时原野间有大量的湿和热，
因此，每遇有一片适宜的地点，　　动物从那些植根于大地的"子宫"出来
那里就开始长出子宫窝，它们
用根子扣住大地。当时间已到，
当其中那个求空气避土湿的幼婴
已成熟而冲破这些子宫[②]之后，　　自然会对它们加以养育
那时候，自然就会把大地的细孔
都转到那里，而使她从洞开的管脉中
喷出一种像乳一样的液汁，
正如现在一个妇人在养孩子时
就充满了甜蜜的乳汁，
因为她的所有的养料的急流

① 树上的蟋蟀，即蝉。

② 卢克莱修用出现在大地的子宫这个奇异的东西企图解释植物到动物的过渡。

都转向那里流进了她的乳房。
那时大地会对幼婴供给食物；
温暖则是他们的裹身布，
充满柔毛的草是他们的床；

当时没有过度的冷、热和大风

当时童年的大地不会招来
一阵阵的严寒酷热或大风，——
因为万物是按相同的比例随岁月
长大和健壮：而当时地球还年轻。

因此大地是万物的母亲；

因此，我要一再地重复说：
大地多么值得获得母亲的称号，
因为正是她生育了人类，
并且几乎是在一定的时候
产生各种在高山大岭上
疯狂地到处梭巡着的野兽，
和空中各种不同形状的飞鸟。

但到一定时期她就停止生育，

但是，由于她的能生育的时期
必有止境，她不再生育了，
像一个妇人因年老而衰竭。
因为消逝的岁月改变着整个

按照凡万物皆不断变化、互相代替的普遍法则

广大世界的本性，万物都必须
从一个状态过渡到另一个状态，
也没有任何东西能够永远
保持原来的样子。万物皆消逝；
自然改变一切，她使万物变化，

看，这一个东西腐败了，
因久历年月而衰弱无力；
那一个又脱离了被轻蔑的位置
而光辉地发展。所以，就是这样，
岁月改变着整个世界的本性，
大地从一个状态过渡到另一个。
她昔日能产生的，现在她已不能够，
而她从未产生的，今天她却能产生。

自然最初造出许多奇形怪状的东西

　也是在那些时候，大地[①]
曾尝试产生许多的怪物，
它们长着奇异的面貌和四肢，
那种阴阳人——介乎两性之间，
却非男非女，与两者皆有差别；
其中有一些是没有足的怪物，
一些没有手；一些没有嘴的哑巴，
还有一些无眼的瞎东西；
还有一些被自己的手足束缚着，
这些手足前前后后贴紧身体上，
以致这些怪物半点也不能走动，
不能避开灾害或取得需要的东西。
还有诸如此类不可思议的怪物，

① 在这个关于自然最初的尝试的思想中，我们能够瞥见现代进化论和自然淘汰的理论的萌芽，这一点，在下面一段尤其显著。这是卢克莱修的最值得注意的对于近代科学思想的猜测之一例。

但它们都不能继续生存

大地当时都在产生;全都徒然,
因为自然禁止它们的增长,
并且它们也没有力量达到
所渴求的美好的成熟的年华,
也不能找到养料,或者彼此
在维娜丝的工作中交合。因为
我们看见:在生物中间,
必须有许多条件合起来,
才能使它们生育并借生育而永远
把生物的种类一代一代造出来:
首先必须有食物;其次必须有
一条路径,借着这条路径
那生育的种子可以在体内通过,
并且从松弛了的肢体放出来[1];
最后,要具备那样的工具,
借之男的和女的能交合,
共同享受销魂荡魄的快乐。

许多物类由于不能保护自己而灭亡

　在那些时候有多种生物消灭了[2]
它们不能借生育来创造后代子孙。
因为任何你看见能够呼吸着

---

① 原文"genitlia deinde per artus ‖ semina qua possint membris manare remissis"(851—852):"从松弛了的肢体……",因为射精时身体是松弛的。

② 原文"Multaque tum interiisse animantum saecla neccessest",此处的"tum"(那时候)是比上段第一行的 tum(那时候)较迟的一个时候。

生命的气息的生物的种类，
都是由狡猾或勇力或至少由敏捷
保护着才从最初时候坚持活下来。
还有许多物类存下来，则是因为
对人类有用，因此引起人类的保护。
勇力保全了凶猛的狮子，
和其他许多令人骇怕的物类，
狡猾保全了狐狸，善跑保全了麋鹿。
怀着一颗忠心睡时也警觉着的犬，
和从负重之兽的种子诞生的生物，[①]
以及那毛茸茸的羊和有角的牛，——
这一切，明米佑，则都是
被托管在人类的监护之下。
因为它们迫切地逃开猛兽，
它们找寻安宁和丰富的食物，
不是它们劳力得来的食物，
而是我们作为对它们的服役的
适当报酬而供给它们的。但那些
自然没有赐予任何这类东西的野兽，
那些不是以勇力而独立生活，
或不是对于我们有用处而使得我们
为酬报它们的服务便准许它们

也不能由于对人类有用而使人类保护它们

① 指马。

安全地受我们的保护和饲养的动物，——
很显然，这些动物因为受着
致命的锁链所束缚，就常常
成为其他动物的生饵和捕获物，
直至自然使它们的种类完全消灭。

但是由不同种类的动物的部分形成的怪物却不可能存在过

　但半人半马的怪物从来未曾有，①
任何时候也不能够有什么
双重本性和两种身体的生物，
由种类各异的肢官组合造成，
身体的每部分都有相同的机能和力量，——②
这，不论你多么笨，也能从这点认识：

因为种类不同的动物发育的速度也不同

马，当他已达到了三岁的时候，
就到了盛壮的年华，但一个孩子
却并不这样；因为常常地
甚至在这样的年龄，在睡眠中
他还会摸索找寻母亲的乳尖；
往后，当马的勇猛气力和健壮的四肢
已因老年而衰弱不济的时候，
看，对于孩子们那时才开始了

---

① 这样的怪物之不可能形成，在第二卷第700行以下曾经谈及。

② 这是很困难的一句，各人的读法不同，贝里的本子此句作："potetas hinc illinc partis ut sat par esse potissit"(880—881)："造得这种从这种东西和那种东西形成的生物的能力却足够相等。"不过基本的意思是可以从下面各句完全弄清楚的。

青春的年华，它才在他们红润的两颊上
披上柔软的须毛。所以绝对不要
以为从人和负重之兽的马的种子，
一个半人半马的怪物能够被构成，
能够存在；也不要以为能够有希拉[①]，
或者诸如此类的其他怪物，
肢官彼此不能相合的东西，
因为它们从来不同时达到壮盛的年华，
或者同时获得或失去身体的丰富的精力，
它们从未为相同的情欲而燃烧，
并且它们的习惯从来就不相同，
也不发觉同样的食物是同样有益于身体；
真的，人们常常可以看见：
长须的山羊吃了毒芹便胖起来，
但是对于人，它乃是剧烈的毒物。
还有，既然火焰之能烧烙狮子的
毛茸茸的身体，正如它能烧烙
大地上存在的其他的血肉动物，
那么，那个叫奇米拉[②]的怪物，
那个带着由三个部分构成的身体，——
狮子头、龙尾和山羊腰身的怪物，

它们的口味也不同

① 希拉(Scylla)，是古典神话中的女怪物。

② “Chimaera”(希腊文是“κίμαιρα”)。

倒能够从口中从身体里面喷出
疯狂的火焰？因此，谁以为
这样的东西能够产生出来，
当大地和天还年轻的时候，——
（把他的论据仅仅建筑在
“青年”这个空虚的语词上面），——
谁也就可以以同样的理由
喋喋不休地说出许多的奇想：
说那时候到处有黄金的河流，
或者树木惯于开着宝石花，
或者人长着这样魁梧的身躯，
以致用他的两足就能够跨过
深深的海洋；或者用两手就能够
拿起天穹绕着自己的头颅旋转。
因为，虽然往昔，当这个大地
最初倾倒出许多种动物的时候，
大地里面曾经有过许多的种子，
但这个事实完全不足据以来证明
那时候曾有这样杂种的生物被产生，
以及不同的所有的动物的肢官
曾被结合在一起；因为你瞧
各种草类和谷物和果树，
这些即使在现在也大量地
从大地里面长出来的东西，

关于世界的青年期的思想，会导致到许多类似的荒诞说法

这种结合在当时并不比现在更为可能

也仍然不能彼此交混地长出来，
它们每一种都按自己的方式生长，
并且全都根据自然的一定规律
而保持它们各各具有的特征。

人类的起源及其野蛮时期(922—1008)

但那时候陆地上的人是结实得多①，
也应该这样，因为生长他的
是一个〔更〕结实的大地，
在体内他是由更大更坚实的骨骼构成，
在肉体里面和粗壮的肌肉结合着。②
他也不容易受不习惯的食物
或寒热或身体的病痛所伤害。
在天空中绕行的太阳又经过了
许多个五年③，人们却还过着
一种像野兽那样到处漫游的生活。
那时候没有壮健的人驶着弯曲的犁，
也没有人知道用铁器去耕作田地，

原始的人：他是结实的

并且是长寿的

他还不会耕种

① 关于人类原始时期的理论，古代人中间流行着一种"黄金时代"的说法，因此，卢克莱修在这里提出的看法，更显出它的特色。它包含着许多大胆的猜测。

② 原文"validis aptum per viscera nervis"(928)："per viscera"通过(全身的)肌肉(即普通的肉)而和 validis nervis(粗壮的筋肉)——如臂肌——联结起来。

③ 原文"lustrum"(931)一个"lustrum"等于五年。按照朱里斯历(Julian Caleuder)则为四年。鲁斯附注说是四年。但一般均指五年。

或把鲜苗种植在挖开了的泥土里，
或用弯曲的刀从高高的树木上砍掉
去年的旧枝。凡是太阳和雨水
所给他们的，大地当时自动地
创造出来的，已经是足够的礼物
来使他们的心快乐。他们大半都是
在橡实累累的橡树间养息身体；[①]
而杨梅树的野生的莓子，现在在冬天
你看见紫红红地成熟了的那种莓子，
当时的土地会产生出更多更硕大。
此外，那时候大地的繁茂的青春
还产生出许多别的粗糙的食物，
足够满足当时那些可怜的野人。
河流和水泉会召唤这些人去解渴，
正如现在从大山上倾泻下来的瀑布
会大声地远远就召唤着口渴的野兽。
他们居住[②]在山林水泽女神所居之处，
他们在流浪中所发现的那种地方，
他们知道从这些地方有小溪流水
满满地涌溅出来，流过湿润的石块，
是的，湿溜的石块，并且从上面

他借树木的果实过活

他饮溪流的水

---

① 养息，(curabant)(939)：包括休息和吃东西。

② 原文"tenebant"(948)：意即居住了一个时期又离开。

滴到绿色的苔藓上。这里那里，
还有水泉涌出来在平地上溢流。
他们当时还不懂得在生活中利用火，[1]
也不懂得利用毛皮，不懂得
用所猎得的兽的皮来遮蔽身体；
他们缩做一团躲在树林里和山洞里，
把他们污秽的身体在树丛间藏起来，
当他们被迫必须逃开风的鞭挞
和大雨的袭击。他们也不能够
注意共同福利，他们也不懂得
采用任何共同的习惯或法律；
运气给谁送来了什么礼物，
谁就自己把它拿走，因为每个人
都被教训[2]只为自己去自力生活和奋斗。
那时候，维娜丝会在树林间
把情人们的身体结合起来；
因为一个女人或者由于共同的欲焰，
或者由男人的暴力和不顾一切的欲求，
或者因为一点利诱——像橡实、好梨子、
或杨梅的野生莓子——而听任摆布。
信赖着自己双手双足的可惊的力量，

他没有火、衣着，也无房屋，住的是洞穴森林

当时没有公共生活，

性爱是混交的

他追捕一

① 利用火来御寒或烹饪。
② 被本能或需要所教训。

些野兽，别的他则避开。夜间他躺在地上

他们追猎着树林里面的野兽，
用抛掷的石头，用沉重的粗木棍。
有许多野兽被他们征服了，
但对另一些他们会躲起来避开。
当他们被夜晚追上了的时候，
他们就会像有刺毛的野猪一样
把他们的身体赤裸裸抛在地上，
滚进树叶和羊齿植物枝叶里。

他不怕黑暗

他们也不会在原野上哀哭着
大声地呼唤白天和太阳，
在夜的黑影里恐惧地踯躅；
却是静静地蒙头而睡，等候着，
直至太阳以玫瑰色的火炬给天空
带来了一片光辉。从童年时开始
他们就习惯于看见黑夜和白天
交替地诞生，所以他们永不可能
会感到什么惊奇，会害怕
一个永恒的黑夜会把大地占领，
而太阳的光则永远地消逝。

更使他苦恼的是野兽的突袭

对于他们更大的忧虑是：
各种野兽常常地使睡眠
对于这些可怜虫成为一种危险。
从自己的家中被赶出来，
他们赶快离开自己的石洞，

当口边挂着垂涎的野猪
或勇猛的狮子向他们走近的时候；
半夜里他们恐慌地把铺满树叶的
卧床让给了这些凶暴的客人。

　但是，比起现在，在那些日子　　当时死的人并不比现在多：
并没有多得多的人们带着哀号
离开了生命的甜蜜的阳光。①
诚然，那时候更常会有人　　虽然当时更多的人受野兽所害，
被野兽用爪牙攫住来吞食：
他成为野兽的活生生的食物，
他一边被吞食着一边号叫着，
使山林充满了他叫声的回音，
当他看着自己的活生生的肌肉
正在被埋进一个活坟墓的时候；
那些遍体鳞伤逃得一命的则哭叫着，
用发抖的手掌按住讨厌的伤口，
用可怕的声音唤死唤活，——
直至因无人救助，又不知道
什么能医治伤口，抽动的剧痛
把他们从生命挪开。但是那时候　　但人们却

① 原文"dulcia linquebant lamentis lumina vitae"(989)OQ：大多数把(lamentis)读成(labentis)(消逝着的)；贝里以为应维持原读，兹按原读译出。如读(labentis)，则此句应译成：

"并没有多得多的人们离开了正在消逝的生命的阳光"——即中途离开生命。

没有成千累万地死于大规模的战争，也不成群地死于海中，

却不会一天工夫就葬送了成千累万
在战旗底下迈步进军的士兵，
那时候大海的汹涌的浪涛也不会
把整个的大船和水手们抛在礁石上；
高涨的海水常常会徒然地怒吼着，
达不到半点目的，没有半点结果，
也只好悄悄地放弃它空洞的威胁；
一个宁静的海的温柔的蛊魅
也不能用微笑的轻波引诱任何人
到海上去丧身：因为在那个时候
大胆的航海术还没有产生出来。

他们死于饥饿而非死于太饱太多。他们无意间毒死自己，而不有意地毒死他人

再者，那时候是食物的缺乏
把人们虚弱的肢体交给死亡，
今天则是过度充足置人于死地。
当时人们常常不知不觉地
自己给自己下了毒药，
现在因为有着更好的技术，
人们便把毒药给了〔别人〕。

文明的起源（1009—1455）

戊、文明的起源。火，衣服和住处导致到家庭

此后，当他们获得了茅舍、皮毛和火，
当一个女人和一个男人结合之后
就和他一起住进一个〔地方，

……………………〕①

生活

已被认识；当他们看见他们自己
生出一个孩子，这时候，人们就
开始变温和。因为正是在这时候，
火的利用使他们瑟素的身体变得
再也不是那么能忍受露天的寒冷；
维娜丝也消耗了他们身体的精力；
孩子们又以讨人喜爱的样子摧毁了
父母的高傲性情；也是在那时候
邻居们开始结成朋友，大家全都
愿意不再损害别人也不受人损害，②
并且代孩子和妇人们向人求情，
他们吃吃地用叫声和手势指出：
对于弱者大家都应该有恻隐之心。
虽然当时完全的和谐还不能得到，
但是很大的一部分人都遵守信约，——
要不然，人类早就该已经完全绝灭，
生育也应该不能使人类延续到现在。
自然促使人们发出各种舌头的声音，③

与邻居结成朋友

大部分人都是信守彼此之间所约定的

语言的起

---

① 此处失去诗句所包含的意思，根据许多人判断，可能是：——“而夫妇生活所应遵守的习惯”。

② 这里，可见在卢克莱修思想中已有“社会契约论”的萌芽。

③ 关于语言起源问题，在古代人中间有“约定说”和“自然发生说”之争。卢克莱修根据他的原则，赞成后者，并为之作论证。

源。说话的机能正像别的机能一样，是在实践中自然发展起来的，正如孩子们和动物试用自己各种不同的机能

而需要和使用则形成了事物的名称，
其方式大抵正如不能说话的年龄
迫使小孩子们去运用手势，
叫他们用手指在这里那里指着
他们面前的东西。因为每个生物
都能感觉他的能力有什么用处。
当小犊的角还未长出，还没有
在额头上凸起的时候，他已经开始
用它们来怒冲冲地牴犊和凶蛮地冲撞。
而小豹子和小狮子，当它们的爪牙
差不多还没有长出来的时候，
就已经用足用爪和口咬来相斗。
同样，我们看见所有有翼的生物
都相信翅膀并企图从它们的羽翼
获得不稳定的帮助。因此，如果
以为在那些日子有人给周围的事物
划定了名称，然后人们从他学习了
事物的最初的名目，那就是蠢话。
因为何以他能用语词标志每样东西，
并且发出各种不同的舌头的声音，
而同时他人却被认为不能这样做？
并且，如果其他的人不是已经
也在彼此之间使用了语词，
那么，是由于什么在他里面

语言不能够是任何人有意地创造出来然后教给他人的

因为为什么只是他而不是别人能创造语言？他又如何能有关于语言的概念？

种下那关于它们的使用的概念?①
从何处他单独获得了发端的能力
来认识和预见他所要做的是什么?
此外,一个人恐怕也难于强迫一群人,
制服他们叫他们愿意学习
他所创造出来的那些事物的名称。
去劝说和教导聋子关于必需做的事,
这绝不是一种容易的工作。
因为他们永远不会准许也绝不会容忍
人们在他们耳中灌进前所未闻的语音,
那种继续不断的毫无意义的叮叮当当。
最后,在这件事上面有什么值得惊奇,
如果具有有力的声音和舌头的人类
按照他们的各种感觉的催促
用不同的话语来标示周围的东西?
因为哑巴的牛畜和各种野兽,
也惯于发出各种不同的声音,
当它们感到骇怕或痛苦的时候,
和当充满快乐的时候。这一点
你能够从最显然的事实认识到:
当疯狂的麾罗斯犬的大而松弛的脸皮

他怎能使别人接受它?

人能发展语言,这绝不是值得奇怪的事,因为甚至动物也用不同的声音来表达它们不同的情感

例如犬;

① 参阅第二卷第744行及其注译。概念必须由经验事实中抽出来,既然未有语言的经验事实,就不能先有语言的概念。

露开它们坚硬的白牙开始狺吠的时候，
它们张大的发怒的嘴唇所发出的威胁，
其声音远远不同于当它们终于大吠起来
并以吠声充满附近四处时所发出的。
而当它们用抚爱的舌头开始去舐吻
它们的小犬或用脚掌把小犬抛着玩，
用口轻轻咬它们假装吞它们的时候，
它们所发出的叫吠声就远不同于
当它们单独在屋子里时的吠声，或者
当它们夹着尾巴避开打击时的哭吠声。
马； 其次，马的嘶鸣难道不是也同样不相同，
当一只年轻的马在它开花的年龄
受到了长翅膀的爱神所刺激
而在牝马之间尽量放肆的时候，
和当它睁大鼻子发出战斗的呼声，
和当他有时四肢战栗哀鸣着的时候？
鸟类 最后，能飞的生物，斑色的鸟类，鹰，
鹗，和海鸥，当它们在海洋的波浪间
在海水里觅食的时候，在不同的时候
发出不同的声音，远远不同于当他们
为食物而斗争、或者和它们的猎物
相持不下时所发出的声音。此外，
有些鸟类随气候的变化
而改变它们粗嗄的歌声，——

例如那些长寿的乌鸦和白嘴翁，
据说它们有时为求雨水而鸣叫，
有时则呼求着微风和大风。
因此，如果不同的感觉促使
那些虽然永远不会说话的动物
去发出不同的声音，那么，认为
人类当时能够用许多不同的声音
来分别标示各种东西，自然更合理。
　为了使你在这些问题上面
不至沉默地思问着，让我说：
最初把火带到地上给人类的
是闪电；并且，从那里开始，
热焰就散布到所有的地方。
因为就是现在我们也看见许多东西
一被天上的火焰触到，就着起火来。
但还有，当一株茂盛的大树
在风的吹打之下摇来摇去，
压迫着邻近的树的枝杈的时候，
火就被强烈的摩擦压挤出来，
有时候，火焰的炎热冒出来了，
当树枝和树干互相击打的时候。
可能是其中之一将火给了人类。
其次，用火来煮熟食物使它变软，
是太阳教人做的，因为人常常看见

闪电为人类带来火；

或者是由树木的摩擦带来的

太阳光的作用教给人们煮食

物的方法

在各处旷野里许多东西如何变软熟，
当它们为太阳光线的照射打击

然后发生了一种变化

和它的热所征服的时候。渐渐地
那些能力较强智慧较多的人，
就教人去用火和其他的新发现
来改变他们以前的生活方式。

国王们建立城市；

帝王开始建立城市和筑建城砦
来做他们自己的堡垒和庇护所，

分配土地最初是按个人本身的优点

并且把牲畜和田地分给各人，
按照各人的美丽、体力和能力——
因为在那时候，美丽很被重视，
而体力也有它自己的极高的权利。

后来发现了黄金，情况就全部起变化

此后，财产出现了，黄金被发现了，
它们不久就把强者美者的荣誉剥掉；
因为人们不论相貌如何漂亮，
或如何勇敢，一般地都会听从
富人的指挥。但是一个人如果
以健全的推理①作为生活的指导，
如果知足地过淡泊的生活，
那他就是拥有大量的财富。
因为少许的东西他绝不会缺乏。

黄金助长了野心

但人们总愿望取得荣名和权位，

---

① 指相信伊壁鸠鲁的哲学。

以便他们的好运在坚固的基础上
能永远安稳存在，以便他们自己
能应有尽有，平静安乐地过生活——
但是，全都徒然；因为当他们
卖命攀登名位的山峰的时候，
他们使自己的路径变成危险可怕；
而即使当他们有一天爬到了上面，
妒忌有时会像雷电一样轰击他们，
轻蔑地把他们抛下到最黑暗的地狱里；
因为，瞧，所有的峰顶 一切野心都是徒然的
和一切比别处更高的地方，
都受妒忌的雷电所击而冒烟；
所以远不如安静地服从，
胜于一心想做最高的主宰，
做帝国的占有者。让他们去吧； 不应过那种生活
让人们去流尽他们生命的血汗，
徒然弄得筋疲力竭；去在憎恨中
沿野心的狭窄的道路斗争着。
因为他们的智慧都是他人口中借来的，
他们寻求的都是听来的。
而不是他们思考出来的。
这种愚行也并非现在甚于从前，
也不是将来会变得更厉害。
因此帝王们被诛杀了， 帝王被打

倒；

往昔宝座的威严和高傲的王笏
都被推翻而抛弃在尘土里面；
帝王头上那种如此庄严的王冠，
不久就染上血污而躺在庶民脚底，
后悔着①它们的显赫不可一世——因为
既曾过度为人所惧，现在它们就遭到了
群众的鞋跟带着更大的热心加以践踏。

一切陷入混乱状态：

这样，一切就陷入彻底的混乱，②
而每个人都为他自己寻求统治权
和至尊的位置。之后，他们中间

之后，选出了行政官，制定了法律

有一些就教人们去设立官吏职司，
制定法典，使大家同意遵守法规。
因为人类已十分厌倦于过那种
暴力的生活，已苦于彼此厮杀；
因此人们就更容易自愿地
服从法律和最严格的典规。

犯罪的事，由于受到惩罚而减少

因为，既然以往每个人在盛怒中
都准备进行一种比公正的法律
现在所准许的更为厉害的复仇，

---

① "后悔"(lugebat)(1139)：不是说惋惜失掉过去的显赫，而是后悔自己过去取得了它，以致现在被践踏。

② 原文"res itaque ad summam faecem turbasque redibat"(1141)：这一句容许两种解释："一切都陷入彻底的混乱"，或者"因此政权就落入社会渣滓和暴民之手"；鉴于次句并未提起政权落入民众之手，而是一群相继而来的篡夺王位者之手，第一种解释是更对的。

所以人们就厌恶过暴力的生活。
就从那时候起，对惩罚的恐惧
就沾上了生活的一切胜利品；①
因为暴行和诡计包围每个人
并且一般地都回头反啮那发端者，
一个人如果破坏了公共安宁的盟约，
就绝不容易过一种镇静安详的生活。
因为即使他逃避了神和人们的眼睛，
他还必定会害怕不能永远藏住罪行——
既然传说许多人常常在梦中说话
或在病中发呓语而把自己暴露出来，
并且终于公布出旧的秘密和罪行。
其次，什么原因把神灵的神威
遍布在许多伟大的民族中间，
使城市充满了许多神坛，
教人每年举行庄严的仪式——
那种在伟大的国家和通都大邑
即使今天也仍然盛行着的仪式；
正是因此在可怜的人类心中
现在仍然种下了那战栗的畏惧，
而这种畏惧又使新的神庙
在大地各处仍然高高升起，

对于惩罚的恐惧使抢劫得来的东西变成不是那么好受

使犯了罪的人心中永远不安

信仰神灵的原因

① 生活的奖品（praemia vitae）（1151）：意思是由犯罪得来的东西。

人们看见了许多大而美丽的肖像，以为它们是有感觉的，不朽的，和快乐的

并驱策人们在节日成群结队
去参拜它们，——这一切都不难
用话来加以解释。因为，说实话，①
就是在那些日子，人类已经惯于
在心灵醒着时看见许多卓越的
神灵的容貌；睡着时就更多，——
它们都带着硕大出众的躯体。
因此人们赋予它们以感觉能力，
因为它们好像能够移动肢体
并且说着崇高而配得上
那威严容貌和魁梧躯体的话。
人们又赋给他们一种永恒的生命，
因为他们的容貌永远川流而至，②
并且他们的形状永远保持一样，
但是主要地是因为人们不认为
具备着这样大的威力的人
能够轻易被任何力量所征服。
并且人们会以为他们的幸福

---

① 很难正确地知道伊壁鸠鲁和卢克莱修如何理解神灵的不朽性，因为证据很不充足。但是，可以确定说，他们认为神灵住在“各个世界之间的中间地带”（intermundia），这些神灵由于从它们身体上不断地放出的肖像袭击了人们，而被人们所认知。这些肖像保持着“不变的形式”，并且由于太精细而不能被人的感官所知觉，却直接通过人身的小孔进入心灵。

② 不断地供应（suppeditabatur）（1176）：——不断出现在人们面前。

远远超过常人，因为死的恐惧
根本未困恼过他们之中的任一个，
同时，在睡眠中人们又看见他们
做许多奇迹，但却不因而感到
有什么疲倦。此外，人们看见
天象和一年的季节的变化
如何按一定的次序循环发生，
但是却不能知道其中的道理。
因此他们就把一切归之于神灵，
认为一切皆听从神灵的支配。
他们把神灵的所在地和住处
放在天上，因为人们看见夜和月亮
在天空中转动——月亮，白天，黑夜，
和黑夜的古老的令人敬畏的星座，
还有那些在夜间漂泊的空中的火把，
和飞动的火焰，云，雨，太阳，
风，雪，闪电，雹雨，急促的雷鸣，
和吓人的巨大的空虚的吼声。

不理解天上的许多现象，就把它们归之于神灵的操纵，这些神灵被认为住在天上

啊，不幸的人类！——当他们
赋给神灵以这样可畏的作为，
并且又加上暴怒的威力的时候！
他们为自己造成多少的呻吟，
为我们造成多少的创伤，
为我们的子孙造成多少眼泪！
虔诚并不在于使自己被看见

这种信仰引起了许多不幸的后果

真正的虔

诚不在于崇拜，

把头蒙住[1]转而向着一块石头，
不在于经常去移近一切的神坛；
或者匍匐在地上爬近去叩头，
在神龛面前伸出张开的双手，
或者用大量牺牲的血洒湿神坛，
或者接连不断地许愿求福；

而在于有一个和平安静的心灵

而是在于能够静心观看万物。

无知引起怀疑和恐惧。例如关于星辰的规律的无知；

当我们仰望伟大世界的天穹
和上面那嵌着闪亮的星辰的以太[2]
而想起了太阳和月亮的运行的时候，
在那已负荷着过多的其他忧患的
我们的心中，又有一种新的疑惧
开始把它的初觉醒的头抬起来：
以为也许在我们头上
有神灵的不可限量的威力，
是它使那些明亮的星座
以不同的运动在运转；
因为没有能力解决问题，
就使混乱的心灵更为痛苦：

---

① 古罗马拜神的仪式是用面纱蒙面，从右侧移近神像，说出祷告，然后转而正面对着神像下拜。

② “... super stellisque micantibus aethera fixum”(1204—1205)：此半句容许两种解释，除已译出的之外，尚可解释为：“…… 和星辰上面那个坚固的以太”——以太即天空。

是否世界有过一个诞生的日子，
同样地，是否有一个终点来限定
世界的墙垒还能够有多少日子
抵抗住这永不停止的运动的压力，
抑或神灵赋给了它们以永恒的生命，
以致它们能够历无限的岁月
蔑视不可计量的时间的强大威力？
此外，谁的心灵不因怕惧神灵而瑟缩， 关于雷电
有谁的身体不因恐怖而缩作一团，
当干焦的大地因可怕的雷霆而战栗，
广大的天空中响着隆隆雷声的时候？
人民和民族①，他们岂不是都在发抖？
骄傲的帝王岂不是全身缩作一团，
被对神灵的恐惧所袭击，害怕着
也许因为自己的某种罪行或狂言
算账的沉重的日子现在已经到来？
或者，当海上的狂风的暴力 关于海上的风暴
把一个舰队司令和他强大的军团
连同他那些巨象②都扫过大海的时候，
他岂不是许愿发誓，求神息怒，
战栗着用祷告祈求暴风停止，

① 原文"non populi gentesque tremunt..."(1222)："populi"是指国家里面有组织的人民，"gentes"是指野蛮的部落。

② "巨象"——指他的军舰。

求顺风到来？——全徒然，因为
常常地，既已陷于狂暴的飓风里面，
不管他所有的一切祷告，
他终究被送到死亡的险滩上。
永远有一种隐藏的力量
如此不容反抗地践踏着人类，
用它的脚跟践踏着
那显赫的木棍和残酷的斧头①，
关于地震
把它们拿来嘲笑。再者，当
整个大地在人们脚下摇动着，
当许多被震动的城市崩下了
或者摇摇欲坠的时候，
那就还有什么可奇怪，
如果人们鄙夷轻视自己，
相信世界上有神灵的伟大威力
和神奇的本领来指挥一切？

金属是由森林起火而被发现的。这种火的原因可能有多种

　现在来谈别的：铜、金和铁，
和沉重的银和铅的能力被发现，
是当大火用熊熊的热焰烧去了
高山大岭上面的大森林的时候；
起火的原因也许是天空闪电的一击；
也许是由于在林地里面交战的人们

---

① 木棍和斧头是古罗马官吏权力的标志。

把火向敌人抛去来使他们惊惶丧胆；
也许是由于受到了土地佳美的诱惑，
人们愿望开发肥沃的旷野，
把那片地方变成草地牧场；
或者由于要捕野兽取猎物——
因为用陷阱和火来打猎，
是早于用网来围住丛薮
或纵猎犬从林中赶出野兽。
不论事实怎样，不论什么原因
使得热焰带着爆碎声和咆哮
把树林连同深深的根吞吃干净，
并且用火将土地烤得干焦焦，——
总之，从沸腾的地上的脉管里
开始有金和银的小河流流出来，
还有铅的和铜的小河流，
它们很快地聚集到地面的凹地里。
当人们看见那一块块冷却了的东西
不久都在地面上闪闪发光的时候，
大大地被它们的光滑可爱所迷住，
他们就开始把它们撬出来，并且看见
每一块都有着像它的土模那样的形状。
之后，他们就会想到：
这些东西如果用热熔化，
就能够弄成任何东西的式样，

金属被火熔化之后流进凹地，

变成各种形状，

这就使人们想起可以用火来把金属炼出来，并

用来制作工具

又想到如果把它们捶打，
它们就能够好好地锤成
最锐利的刺尖或最好的刀锋，
从而替自己制造一些工具，
使他们可以用来砍伐树林，
修木材，把梁木和木板削光滑，
此外还可以用来穿孔、凿、钻。
最初人们也用金和银的工具
来从事这些工作，正如他们
利用坚强的铜[①]的呱呱叫的力量；
全徒然；因为它们的被征服的力量
很快就垮台，不能同样地胜任
艰巨的工作。在那些日子
铜才是最有价值的东西；
金因为毫无用处而受轻视——
它的刀口很容易就变成钝钝的。
今天呢，铜下贱了，而黄金
则已经获得了崇高的荣誉。
就是这样，流动的岁月
改变着每一物得意的时节：

当时，金受鄙视，铜受珍重，现在情形刚好倒转过来

① 铜（自然铜或纯铜）被利用不久，青铜（古铜，即纯铜与锡的合金）就被发现，但既然青铜不是一种自然的金属矿，这里所说的铜就只能是指纯铜：拉丁文 aes 可以指两者。卢克莱修好像把它们搞乱了，不过，纯铜的武器和工具曾被发现。至于黄铜（铜和锌的合金）古代人是几乎不知道的。

曾一度被珍视的东西，
终于变成毫无地位而被鄙弃，
同时另一东西却脱离卑微的地位
而继承了显赫的光荣，
一天比一天更为人们所追求，
它一被发现就备受称赞，
在人们中间享受巨大的荣誉。
现在，铁的本性如何被发现，
你能够自己猜到，明米佑。
人类古代的武器是手，
爪甲和牙齿，是石头和树枝，
从树林里树上折下来的树枝，
和火焰，当它一被发现的时候。
之后，铜和铁的力能被发现了；
而铜的使用是早于铁的使用，
因为它较为丰富，也较易对付。
人们用铜开始从事土地的耕作，
由它激起了战争的喧哗的浪潮，
人们借铜撒下了可怕的创伤，
人们借铜抢走了别人的牲畜田地。
因为面对着用铜武装了的他们，
所有缺乏保障的东西都立刻屈服。①

铁的发现迟于铜

① “一切赤裸裸没有武装的”(Omnia... nuda et inerma)(1292)：——指人群或部落。

铁的出现使铜受鄙夷

之后慢慢地铁的刀剑兴起了，
铜制的镰刀[①]就转而受人鄙夷。
人们开始用铁去犁耕土地，
在结果难料的战争里面，
胜败的机会就变成相等。

骑马作战这个方法，先于马车的发明

人们武装着骑上了马背，
用缰绳控制马匹，同时空出右手
来挥舞武器，这种事乃是早于
乘两匹马的战车去投入战争的风险；
而两匹马的战车是早于四匹的，
早于武装着登上带镰刀的战车[②]。

迦太基人最初用象来作战争的工具

以后，迦太基人训练了鲁加牛[③]，
那些丑恶的有蛇样的手
并且背上起峰的东西，
来担受战争的创伤，
来使战神大军丧胆。
这样，可悲的不和就产生出
一种又一种的新发明，
来威吓战争中的民族，

---

① “铜制的镰刀”，在古代被用巫术；贝里原来认为卢克莱修此处所意想的也许就是这一点，但后来他又以为这是很不可能的。这里必定是指普通作为工具的镰刀。

② 古代有一种战车，车轮上有镰刀以便走动时切敌人。

③ 指大象；罗马人最初看见的象出现在鲁加尼亚，在比鲁斯的军队中，故称象为“鲁加牛”。

一天一天地把新的项目
添加到战争的恐怖上面。
还有，人们也尝试把牡牛
用于战争这种残忍的事情上；
尝试放出狂暴的野猪去对付敌人。
有人还在队伍前边放出勇猛的狮子，
配备着武装的驯狮师和严酷的主人
去领导它们和控制它们——但全徒然，
因为一受到乱糟糟的屠杀所激动，
它们就疯狂起来，
不分皂白地在队伍中制造混乱，
摇动着头上那可怕的鬃毛，
忽而这边，忽而那边。骑兵也不能
使那因吼声而受惊的马匹镇静下来，
不能勒转它们向着敌人。
发怒的母狮会怒跳着，
忽而跳到这边，忽而跳到那边；
谁首当其冲，谁就被撕破脸孔；
它们还会乘人不备从后面
把一些人从马背上撕下来，
缠住他们把他们摔到地上，
叫他们受伤而一命呜呼，
它们则用有力的牙和弯弯的爪，
紧紧地把他们擒住咬住。
牡牛会撞起它们的朋友，

还有别的动物也被人利用为作战的工具，可是结果都给自己带来灾害。例如狮子

牡牛；

用脚把他们践踏，用两角
从下面把马的腹部和侧部撬破，
并且用吓人的额头[1]撞地扬起泥土；
野猪； 野猪用坚固的长牙把伙伴戳出血来，
在狂怒中它们以自己的血溅满了
那折断在它们自己身上的枪矛，
它们会把步兵和骑兵推翻在一块干掉。
因为当时那些马匹会向旁边躲闪，
企图避开那些长牙的凶蛮的刺击，
或者后脚站起，前脚在空中扑打。
全徒然；你会看见它们倒下去，
筋肉破碎，沉重地倒下去铺在地上。
即使那些被人们认为在家中
原来已经训练得够驯的野兽，
一临阵地也都会变野发狂，
由于受伤，由于叫唤，由于逃奔，
由于恐慌和混乱；人们也不能——
把它们中的一部分再集合起来，
因为各种各式的野兽都跑散了，
正如现在在战争中常见到的那样：
那些受枪刀乱斩的鲁加牛都逃散了，
当它们已经在自己的朋友中间

---

① 原文"... et terram minitanti mente ruebant"(1325)：其中"minitanti mente"

制造了那么多可怕的伤亡之后。
如果真的曾有过这种尝试的话。
但是我不大相信人们竟不能够
在思想里预见这样的事必会发生，
这种惨痛的两败俱伤的灾难。
所以我们可以认为这种事情
曾经发生在宇宙里的某一个地方①
在按各种模型造成的各种世界中，——
很可能在很遥远的某一个地方，
而不是在某一个特定的地球上。
但是人们之所以选择这样做，
与其说是因为希望战胜敌人，
不如说是因为要给敌人知道厉害，
虽然他们自己也会因此而灭亡；
因为他们自己人少而又缺乏武器。
粗简地编成条块当作衣服来穿，
比穿纺织的衣服要来得早；
纺织的布是在铁发现之后才有，
因为在纺织的技艺中需要用铁；②
也不能借别的方法来制作那么

人们干这种危险的事只是因为对自己的力量感到绝望。所以明知不佳，也去做

铁发现之后就有织的布

(不怀好意地……)是OQ的原读，贝里以为应维持原读；大部分的编辑者追随Lachmann读为“minitanti fronte”(用吓人的额头……)。

① 这又是一个很好的例子，说明卢克莱修有这样一种看法：如果一件事不发生在我们这个世界，它可能发生在别的世界里。

② 就是说，用它来制造某些工具，这些工具可以制造下面所说的几种织布的工具，而不是说织布的工具是用铁制成的。

光滑的工具:踏板,纺锤,梭子,
和响叫的卷线轴①。自然迫令男人
先于妇女们去从事纺织的工作:
因为男性在技术上远为优越,
并且要聪明得多,——直至后来
那粗壮的农夫鄙视这种工作,
因而极愿意尽快把它们移交到
妇女们的手中,而自己则去
在更艰苦的劳动中锻炼四肢。

男人先于妇女去从事织布,

之后,他把这工作交给女人,自己则去耕田

自然,万物的创造者,她自己乃是
第一个种子的播种者和最初的接木人;
因为从树上掉下来的莓子和橡实
当时候一到,就会在树木底下
让成群成堆的幼芽彪出来。
也是从自然,人们才学会把枝条
接植在树枝上面,又学会把幼苗
种植在地上一个一个的窟窿里面。

自然教人播种、接枝和种植

之后他们会尝试用各种方法去耕耘
他们可爱的园地。他们会发觉
土地如何会由于培养和照顾
而使野生果实的味道变得更好。

新的农艺被尝试了

他们一天一天地迫使树林向山顶撤退

他们迫使

① 原文“scapi”(1353):可能不是指“卷线轴”而是指“通线具”或“综纩”。

让出下面的地方给他们来耕种，
以便他们在平野和丘地上能够有
草地水池沟渠庄稼和快乐的葡萄园，
以便沿着小丘、谷地和平野，
能够伸展着淡绿色的橄榄树的长带，
清晰地作为垦殖了的地区的分界线；
正像现在你所看见的那片土地
全都点缀上各种各式的美景，
人们用果树在这里那里把它装饰着，
用茂密的灌木把它四面围起来。
人们用口模仿鸟类的流畅歌声，
远远早于他们能够唱出富于旋律
而合乎节拍的歌来愉悦耳朵。
风吹芦苇管而引起的鸣啸，
最先教会村民去吹毒芹的空管。
之后他们逐渐学会优美而凄婉的歌调，
由吹奏者用手指按箫笛吹出的歌调，
这种箫笛是在这样的地方被发现的：
在连小路也没有的林间，
在林木深处，在林间的草地，
在荒凉的属于牧羊人的地方、
在那些仙境一样宁静的地方。
这些歌调会安慰人们的心灵，
在他们饱餐之后使他们快乐，——

树林向山顶退去平原上出现了美好的被耕作的景象

音乐的发生，是由于人们仿鸟类和风吹过芦苇的音调

粗糙的歌声会使人们在饭后

感到快乐

因为这种时候一切都受欢迎。[①]
常常地朋友们三五成群
随便躺在软软的草地上，
在河边，在大树的树荫下，
他们会开怀行乐，养息身体，
而所费不多[②]；特别是如逢好天气，
而又适值季节已在周围绿草上
绘上了五颜六色的花朵的时候。
那种时候，打诨说笑，谈天说地，
和一阵一阵的笑声就会到处被听见；
因为那种时候田园的诗情正浓厚；
那种时候，古怪的快活会怂恿他们
去把那用花朵和树叶编成的冠环
戴在各人头上，围在各人脖子上，
去跳呀舞呀而不理会什么节拍，
四肢古怪地摇来摆去，用不雅观的脚
笨重地击打着大地母亲——这样
就引起了一阵一阵快活的大声哄笑，

并且伴以粗糙的舞蹈

---

① 原文是“nam tum sunt omni cordi”(1391)：这是 OQ 的原读；贝里以为应维持原读，因为在饭后人们确是对什么都满意的。Lachmann 把 omni 改读为 carmina“……歌声(最受欢迎)”，恐不妥。

② 原文“non magnis opibus”(1394)：“花费不多”——这意涵着吃东西；对于伊壁鸠鲁派，简单的野餐是一件美事。可是，在这里“花费”不一定是指花钱去买，吃东西也不一定算野餐。因为这里所说的时代货币可能还没有发明，而在树荫下吃东西也许不能算是野餐。

这一切的嬉戏胡闹那时候正大受欢迎，
由于它比较还新鲜奇异。醒着的人
就以此来排遣他们那些失眠的时刻：
他们吹出各种不同的歌调，
吹出抑扬起落的旋律，
用弯曲起来的嘴唇
在调好了音的芦管上左吹右吹，
就是由这个，甚至到了我们现在，
值夜人仍然遵守着这些古老的传统，
并且学会了很好地保持正确的节奏。
但是他们比较往昔那些林间的土著①
并不获得更多点快乐的果实。
因为如果我们未领略过更好的东西，
那么我们手边现成占有的东西
就最使我们快乐，并且好像是最好；
但某种迟出现而可能是更好的东西，
就毁坏了以前那种东西的价值，
并且改变了我们对于昔日事物的趣味。
就是这样人们开始厌恶橡实；
就是这样那些用草铺成、
用树叶堆好的睡床被抛弃了。

现在，音乐的技术改进了，可是却不能增加快乐

旧日的食品和衣着被鄙弃

① 原文是"terrigenarum"(1411)："从土地生出来的"；贝里以为是指那些卢克莱修认为从地面的子宫窝生出来的人，见 V. 808 以下各句。但这恐怕不能是诗人的本意。

同样地，穿兽皮变成了被鄙视的事——
它曾一度是受尊敬的袍子，我想，
那时它必曾引起如此恶毒的妒忌，
以致第一个穿它的人必被埋伏者所杀；
虽然它终于被人们当场撕得粉碎，
并且溅满了血而彻底地被弄坏，
变成毫无用处。所以使人的生命
充满忧苦焦虑、使他们疲于战争的，
在昔日是兽皮，今天是紫袍和黄金。
在这方面，更值得责备的我想是
今天的我们：因为如果没有兽皮，
寒冷就会折磨那些赤身的土著，
但是我们如果不穿那些镶着金丝
饰以纹章的紫袍，也毫无害处，
只要我们有普通人的衣服来保护身体。
这样，人们永远在苦役中而毫无所得，
把自己的年华消耗在无用的忧虑上面，——
这无疑地是因为他还没有认识
什么是占有的限度，还没有认识
真正的快乐增加到什么地方就停止。
正是这种想得到更好更多的欲望①

往日是兽皮被珍视，现在人们为黄金而斗争

这就带来了文明和战争

① 以下四行，原文为：

"idque minutatim vitam provexit in altum ‖ et belli magnos commovit funditus aestus"(1434—1435)：各人解释不同，我根据里奥纳德译出，余不赘。

一步一步地把人类一直带到了
大海深渊，并且从深深的水底
把巨大的战争的浪潮激扬起来。
但是太阳和月亮，世界的守望人，
带着它们自己的光绕转着，
经过那巨大的转动着的天穹，
教导人们认识一年的季节按时回来，
认识万物万象的发生都遵循
一定的形式和一定的秩序。

从太阳和月亮，人们认识了四季的有定

到了这时候，人们已经是生活
在用坚固的堡垒围住了的地方；
已经耕耘着划了界分配好的土地；
海上已经密布着以帆为翼的船只；
人们已经根据正式条约而有了
附庸邦和同盟国，而诗人也在当时
开始用诗篇使英雄的事迹流传下来；
但文字乃是在这之前不久才形成的，
这就是何以我们的时代不能够回头
去看到这以前所发生的是什么，
除非理性把一些迹象给我们指出来。

之后，有设防的城市出现，有航海术，条约出现，有诗人歌颂伟大事件

航海耕种筑城法律武备道路服装，
以及诸如此类的一切，所有的奖赏，
所有更好的生活的享受，诗歌，绘画，

逐渐地，所有各种知识和技艺也发展了

巧夺天工的雕像，——所有这些技艺，①
实践和活跃的心灵的创造性逐渐地
教晓人们，当人们逐步向前走的时候。
这样，时间就把每一种东西
慢慢地逐一引进到人类面前，
而理性则把它升举到光辉的境界。
因为人们在自己的心灵中看见
它们一件一件地形成起来，直至
他们已经借他们的技艺而登峰造极。②

① 原文“...et daedala signa polita”(1451)：“polita”(精磨细琢的)原读为“polito”，这是 Bergk 的改读。“daedala”(巧妙无比的)，在第一卷中它曾被用来形容大地母亲(1:7)，但在那里意义略有不同。

② 原文“artibus ad summun donec venere cacumen”(1457)：贝里以为“summun cacumen”应和“artibus”连起来理解，所以他译为“直至他们已到达了技艺的峰顶”。

第　六　卷

序　诗(1—95)

序言。雅典不但生产谷实和制定法律，而且诞生了伊壁鸠鲁这个真理的发现者

昔日是雅典，这个著名的城邦，
首先把谷物散布给受苦的人类，
并重新安排人的生活，颁布法令；
是她首先给生命以甜蜜的安慰，
当她生下了一个如此贤智的人，
这个人从他那宣说真理的口中
曾经倾吐出了一切的智慧；
他虽然已经死去，但由于他那些
在古代已极著名的神圣的发现，
他的荣名今天仍然备受崇敬。
因为，当他看见生存所需的东西
几乎都已经一一为人所具备；
当他看到了就人所能做到的而言，
人的生活已经获得了安全的保障；
看到有些人已经拥有财富地位荣誉，

并且因儿子们的好名声而备受尊崇，
但是他们每个人在自己的家里
却仍然有着一颗焦虑的心，
它不断地苦恼着他的生命，
对于这种苦恼，理性①也无可奈何；
那颗心还被迫发出愤怒的怨言——

当他看见人们虽然已占有一切的生活条件而却仍然感到悲惨的时候，他就认识到错误的源泉在于人心

当他看见了这些情形的时候，
他就认识到造成毒害的是容器本身，
而所有从外面被收进容器中的东西，
即使是如此美好，一进到它里面
就会被它所毒害；他看到部分地
这是因为容器是如此地破漏，
以致它无论怎样也不能被装满②；
部分地是因为它用恶臭的气味
染污了任何进入它里面的东西。

他清洗了人的心灵，教给人们以至善的道路，及对付生命中的坏事的方法

因此他就用那宣说真理的语言
清洁了人们的心胸，划定范围
给欲望和恐惧；替我们揭露出
我们大家所企图得到的至善，
指出领我们达到那里的道路，

---

① 不顾心灵〔的反对〕(animi ingratis)。(15)：我把“animus”(心灵)译为理性，因为这里它是指那管推理的那一部分心灵(mens)，是要和上一句和下一句那属于激情的“心”有所区别的。

② 关于把人的心灵比作有漏洞的容器，可参阅第三卷第 1003 行的注。

那一条笔直而狭小的捷径；
指出在人们的所有的事务里面，
有什么坏事出现，各种各式地
到处溜达：无论是由于偶然[①]或强制，
因为自然曾经作了这样的安排；
指出一个人应该从哪一个门口
冲出去和各种各式的坏事作战。
他证明人类大抵都是完全徒然地
让忧虑的凄惨的浪涛在心中翻滚。
因为正如孩子们发抖着而害怕一切
在不可见的黑暗中的东西一样，
就是我们在光天化日之下
有时也害怕着那么多的东西，
它们其实半点也不比孩子们战栗着
以为会在黑暗中发生的东西更可怕。
能驱散这个恐怖、这心灵的黑暗的，
不是初升太阳炫目的光芒，
也不是早晨闪亮的箭头，
而是自然的面貌及其定律。
因此，我更愿意继续用诗章
来编出我这已经开始了的论证。

心灵中的黑暗必须用知识来驱逐

① 这里显示出卢克莱修认为自然中除了规律性之外，也有一种偶然性存在，这种偶然性，就是原子的“偏离”所引起的。

现在必须来谈天上的现象

既然我已教导你世界的广大地区[1]
是不免于死的，而天的躯体
也是在某个时候诞生出来的，
并且已经对你解释过几乎所有
在其中发生和必定发生的诸事物，
现在，请听听其他尚待解说的东西；
因为我既已大胆登上了
〔文艺女神〕的轮车，现在
〔我将对你说明〕暴风是如何发生[2]，
它们是如何静息，以及任何曾经
疯狂嚣张的东西如何改变而静下来，
当它的狂暴已经减退而止息了的时候；
以及那些人类常常带着惊惶的心情
看见发生于天地之间的其他一切现象；

对于这些现象的无知使人错误地以为它们是神灵的作业

这些现象引起人对神灵的恐惧，
使人们的心灵自觉卑下，
并把人们按下去跪在地上，
因为对于原因的无知迫使人们
把一切事物归之于神灵的操纵，
并承认他们的至高无上的统治。
因为有些人虽然已经很好地认识到

① 以下数句所说指第5卷中已加说明的东西。

② 根据芒洛、贝里、雷撒姆、鲁斯诸人的猜测补足此句。

神灵是过着一种无忧无虑的生活，
但只要这其间他们奇怪着一切事物
是如何发生和存在，特别是关于
在上面天空中所见的那些现象，
他们就又被抛回古老的宗教里面，
而再次接受那些严酷的主宰，
把他们认为是全能，——可怜的人，
竟不认识什么能存在，什么不能够，
以及每样东西的能力是如何被限定，
以及它那深植在时间里面的界碑。
从而他们就更被盲目的推理
带上了迷途。所以，除非你
从心灵中把这一切驱逐出去，
并抛掉你所有那些不配用于神灵、
与他的安宁背道而驰的思想，
那么，高天的神灵的神圣的威力，
既然受到你的思想所侮辱，
就将常常为害于你，——并非因为①

这种信仰对于神灵是一种侮辱，对于你自己又是一种损害：它破坏你在随俗履行宗教仪式时

---

① 这一段很有趣地说出了伊壁鸠鲁哲学关于神与人之关系的看法。旧宗教的迷信，对于那些不受人世事务骚扰而安宁度日的神灵，是一种侮辱。但这种迷信并不引起神灵们亲手直接来惩罚人们，因为这是不可能的；但是它会使那些有这种迷信的人失去了精神上的安宁，这种安宁本来能够使他们在崇拜神时从中取得好处的。这一段，相当清楚地表现出卢克莱修认为神灵不外是理想生活的样本，对于神灵的崇拜，只能够是沉思观照。这也就解释了何以伊壁鸠鲁自己及其直接的后继者总是随俗参加宗教崇拜仪式。他们之这样做，并不完全违背他们的哲学观点，尤其是他们的人生观。

你心灵的安静和平

神灵的至尊本质能够被你所污辱，
以致他们震怒万分而寻求严厉的报复；
而是因为你自己将会折磨自己，
设想那生活在和平宁静中的神灵
是在使震怒的浪涛不停地汹涌着；
你将不能够带着一种宁静的胸怀
踏进神庙；你也将不能够心平气和地
接受那些从神灵身上发出
而被带到人们的心灵中的肖像，
它们是他们的神圣的形式的使者；
在这之后[①]，将会有怎样一种生活，
这一点你自己能猜得到。但是，
为了叫最正确的推理能把这种生活
从我们远远赶开，有许多东西
还尚待用美好的诗章来加以装饰，
虽然我所说过的已经有那么多；

我们必须寻出风暴和闪电的规律

还必须用推理认识天的规律和面貌；
还有那些狂风暴雨和光亮的闪电
也必须被谱入我们的诗篇，歌唱出
它们做什么，由什么原因而发生，
以免你把天划分成许多区域[②]

① “在这之后”，即你这样迷信之后，就会有很坏的后果。

② 指塔斯干人占吉凶的十六个天上区域。他们看闪电来自何方和往何方，来卜吉凶祸福。

来占吉凶祸福，愚蠢而狂乱地
询问那飞翔的火焰是从哪里来的，
它是转向天的哪一半而去的，
或者它如何穿进了紧闭的地方，
如何在那里任意妄为之后又迅速地
从那里离开，——所有这些现象，
人们都无从知道它们的原因，
他们就以为有神灵操纵其间。
请你，卡来奥披[①]，精明的女神，
你人类的安慰和神灵的欢乐，
当我向着目标的白线奔跑的时候，
请你在我面前给我指出道路，
使得我能够在你的引导之下
在热烈的彩声之中取得荣冠。

显著的气象学的现象等等(96—607)

第一，蔚蓝的天空受雷声振动，
是因为在高空疾驰的天上的云块
互相冲撞起来，当不同方向的风
彼此互相搏斗的时候。因为雷声
从来不会从天空中清朗的区域发出；

甲，天上的现象。雷的发生可能是(1)由于云块迎面相撞

① “卡来奥披”(Calliope)——司知识的文艺女神。

但是什么地方云块积集得更密更多，
从哪里就更常发出大声的隆隆巨响。
（云的组织既不太浓密又不太稀疏）
此外，云不能是由密集的物体所构成，
像石头和木材；也不能是那样微薄，
像雾和飘荡的烟；因为要是那样，
云块就必定会或者像石头那样
受着自己重量所拖拉而跌落；
或者像烟那样不能保持自己的躯体，
并在自己体内包藏冰冷的雪和雹雨。
（2）由于云块彼此侧身而过互相摩擦发出一种像帐篷或纸张在风中鼓动着时所发出的声音
在世界的张开着的大片天空上，
云块也会产生出来一种声音，
正像那张盖在大剧场上的遮篷
有时会发出一种辟扑辟扑的响声，
当它张挂在柱子和横梁之间，
受到了〔风的大力〕打击的时候。
有时当被狂风撕碎着的时候，
云丛就号叫着发出一种声音，
很像纸张被撕扯时所发出的那样；
这种声音在雷声中你也能听见。
或者一种这样的声音，它很像
卷旋的风急促鞭打悬挂着的衣服
或把纸张卷起在空中乱飞时的声音。
因为也有这样的情形：
云块不能彼此迎面相撞，

而是从相反的方向飞来，
各向相反的方向慢慢过去，
彼此摩擦着对方的身体，
从那里就有一种干燥的声音
到来骚扰我们的耳朵，
这样的声音拉得很长很长，
直至云块已过了那狭窄的地方①。
再者，由于下述原因，整个天地
常常会好像受巨雷打击而振动，
而辽广的天上的坚固的墙壁，
也好像在一瞬间爆炸而散开：
因为一阵已经形成了的暴风，
突然钻进了巨大的云层，
而当它一被禁闭在里面之后，
它就用它的不停的旋转迫使云层
越来越变成一个中间空虚的东西，
四周由厚厚的外壳包围着；
之后，当风的暴力和猛击已经
把那层外壳削弱了的时候，
云层就被撕开，并且砰然发出
一种可怕的声音；这绝不足为奇，

(3)由于风被云擒住包藏起来之后突然冲破云块而出

① “从狭窄的地方〔离开〕”，(regionibus artus)(120)。诗人把两块云比喻为狭路相逢的两个行人。

因为一个充满着空气的小皮囊
当它突然爆裂的时候也常常
同样地发出一种小小[1]的声音。

(4)由于风吹过云块，像吹过森林时一样

当风穿过云块吹过去的时候，
云块就发出声音，这是有道理的。
我们常常看见天上飞过了许多的
边缘很粗糙或者有着枝桠的云块；
而我们都知道，当一阵西北风
猝然吹过茂密的树林的时候，
树叶就沙沙地响，枝干就格格作声。

(5)由于风迎面击破云块

同样地，有时一阵烈风的暴力，
穿过云层而把它撕裂；
一阵烈风在天空中能做出什么，
可以从地上的事实清楚地看出来。
在这里，风是比较温和的，但是它
也能把大树卷起，把它们连根拔出来。

(6)由于云块中间的波涛声

此外，云层中间也有波浪，
而当波浪汹涌的时候，
它们就发出一种吼声；
正如在水深的河流和大海
所听到的那种浪涛声一样。

---

① 原文“saepe ita dat parvum sonitum displosa repente”(131)：Vossius 把“parvum”(小的)改读为“magnum”(大的)，但这恐怕不妥当，因为诗人正是要以小见大。

还有，每当雷电的火热的能力，
从一云层落进另一云层的时候，
如果后一个云层是充满水分的，
它就会带着很大的声音立刻把火灭掉，
正如刚从熔炉里出来的白热的铁，
当我们迅速地把它抛进凉水的时候，
就会嗞嗞地响。反之如果把火接住的
是更干的云，它就会立刻燃烧起来
并且发出一种巨大的声音，
正如一阵火焰被卷旋的风所吹送，
就沿着那长满桂树的山岭蔓延着，
用它猛烈的袭击烧毁着那些树木；
没有什么东西比迪尔菲[①]的亚波罗的桂树
带着更可怕的声音在有声的火焰中烧掉。
还有，常常地大量的冰的破碎和落雹，
也会在高空的巨云中间发出一种声音；
因为当风把它们紧紧地迫在一起的时候，
每一个巨大的含雨的云块，
既已在那里完全冻结并和雹石混合起来，
就破裂而发出响声……

· · · · · · · · · · · · ·

同样地，闪电发生了，当云块互相撞击

(7) 由于闪电从一个云层落到另一个湿润的云层时发出嗞嗞声

(8) 由于闪电燃着了干的云

(9) 由于云里面的冰和雹的声音

闪电的发生可能是

① 德尔菲，是希腊地名，其地有亚波罗神庙。

(1)由于两块云相撞而击出火的种子来(闪电较先被看见,因为光比声走得快)

并且由于冲击而送出许多火种子的时候:
情形正如当一块石打击一块石或一块铁[①]:
因为那时候也会有光闪出来,
而火也把明亮的火星向四处喷射。
但是我们用耳朵听到雷声,
乃是在眼睛看见闪光之后[②]。
因为事物总是较迟缓地到达耳朵,
比不上它们到达眼睛那样快,
这一点你可以从这个例子认识到:
当你看见有人用双刃的斧头
在远处把一株大树砍倒的时候,
你的眼睛先看见的是斧头的挥动,
然后才听见斧头砍树的声音。
同样地我们先看见闪电的光,
然后我们才听见雷声,虽然
声和光是从同一原因同时产生的——
是的,它们都产生自那同一个冲突。

(2)由于风被禁闭在云堆里面,就旋转着直至

以下面所说的这另一种方式,
云块用跳动的光浸透了大地,
而风暴则闪射着颤动的光箭:

---

① 原文"ceu lapidem si percutiat lapis aut ferrum"(161—162):里奥纳德和贝里的解释相同,鲁斯和雷撒姆读作:

"正如〔用〕石头或铁块击打石头"。

② 卢克莱修这个正确的观察是值得注意的。

当风侵入了云层而在其中旋转，
并且把云层像我上面所说那样
弄成一个有厚厚外壳而中空的东西，
这时候它就因自己的速度而变得很热：
正如你看见运动使一切的东西
都变得很热并且燃烧起来，——
一个铅球被抛而飞动很远的时候[①]
甚至就会溶化。因此当这火热的风
把黑云击破之后，它就把火的种子
抛掷出来，这些火种子看来好像是
由什么暴力突然从云块中迫出来的；
这些种子就造成那跳动的火光；
接着而来的是那一种声音，
这声音较迟缓地到达我们的耳朵
不比视觉对象到达我们眼睛那样快。
这现象你知道是发生在云很浓密
并且一层一层地堆叠得很高的时候；
你切不要被这个事实所欺骗：
我们从下面只看见云层的宽度有多大
而不看见它们一层一层地叠得多高。
因为下一回当风把山岭一样的云

它燃烧起来

这现象发生于浓云密布的时候

① 古代人普遍这样相信。芒洛引好几个古代作家(包括亚里士多德)的作品来作证。

横过天空中带送过去的时候，
或者当沿着高大的山岳半腰
你看见它们一层叠一层堆集在一块、
上层压着下层，静静地停定着，
而四面八方风都被埋葬了的时候①：
这时如果你观察一下，你就会认识
它们巨大的体量，就看见它们的洞穴，
这些洞穴好像是由悬崖所构成似的；
风把所有的火种子结集在一起，然后冲破云笼而出
当风暴已经形成，而狂风已经
进入并充满了这些洞穴的时候，
被囚禁了的风就愤怒地大声咆吼，
像在笼洞里的野兽一样地号叫着；
时而从这边，时而从那边，
它们送出了它们的大声的号叫；
它们为我寻一条出路而四周转来转去，
并从云块中把火的种子卷出来，
把它们大量地堆集成一块，
在中空的熔炉里把火焰转动着，
直至从那被冲破了的云笼，
它们以叉形的闪光放射出来。

(3)由于云彼此相撞时把自

再者，下述的原因也引起
那流动的火的金色的光辉

① 即没有风的时候。

从天上疾速地射到地上来： 己里面的火种子驱出来

云本身必定包藏大量的火种子。

因为，当它们完全没有水分的时候，

它们大体上总是带着火焰的颜色

并且发着光辉。因为它们必定

从阳光那里取得了大量的火种子，

所以很有理由它们是红红的，

并把它们的光亮的火散射出来。

因此当风已经把这些云驱赶强推，

迫使它们紧挤在一个地方的时候，

它们就把被榨出来的火种子倒出来，

这就使得有这些火焰的颜色在闪射。

同样地，当天空的云变疏薄的时候，

也会有闪电出现，因为当风轻轻地

把移动的云块解开和拆散的时候，

那些造成闪电的种子就自然会落下来；

在这种时候，空中有闪电的光，

但却没有那可怕的凶恶的声音和咆哮。

(4) 由于云块变疏时火种子落下来：这造成无雷声的闪电

其次，雷电具有什么样的本性，

可以从下面这些情形清楚地看出来：

从它的打击，从它焦灼的热

烙在被击中的东西上面的烙印，

和那些发出浓厚的硫磺味的焦痕。

因为这一切都是火的记号，

雷电的性质：由火所构成

而并不是风或雨的记号。
再者，雷电也常常使屋顶起火
并且用疾驰的火焰在屋里面为所欲为。

这种火是极其精微的，这由它们所造成的结果可以看出来

你要知道，自然把这一种火
造得比其他的火都精细，
用的是极微小极疾速的物体，
这种火任何东西都不能加以抗拒：
这有力的雷电穿过屋子的墙壁，
正像声音和叫唤穿过它们那样，
它穿过铜，穿过石头，
并且能使金和铜转瞬就溶化；
同样地，它能使酒立刻消失干净
而酒瓶却完好无损，无疑这是因为
它的热一到达就立刻使整个土制的酒瓶
变成松而多孔，而在进到酒里面的时候
它就迅速地把酒的始基分解抛散，
而这一个过程火热的太阳光线
甚至在一个长时间里也不能完成，①
尽管太阳的热辉是怎样地强大：
因为比较起来，雷电这种力
是敏捷得多，是更不可抗拒。

必须对于

现在，雷电是如何产生出来的，

① 罗马作家普林尼曾经说：堪巴尼地方的酒，被暴露着来受风吹日晒雷打。

何以它们造得有这样猛烈的力量，
以致它们能够把堡垒劈碎，
把整个的房屋颠覆，
把柱木和屋梁扭开，
把英雄们的纪念碑拔起，
使它们粉碎而变成废墟，
从人们把生命永远取走，
把牛羊畜生到处抛到地上，——
雷电借什么力量干这种种事情，
以及其他一切，我将来告诉你，
也不再用空口许约来耽搁时间。

它们的威力加以说明

雷电必须被认为是产生自那些
堆集在高空的浓厚的云层。
因为从晴朗的天空，
从密度较小的薄云那里，
从来就没有雷电发出来。
显然的事实证明无疑地是这样。
因为在这种时候，密集的云
在整个高空中堆聚得那么多，以致
当暴风雨开始铸造它的雷电的时候，
我们会以为所有的黑暗
都已四面八方从地狱跑出来，
而充满了巨大的天空的圆顶；
当满天阴云的惨淡的夜晚

当高叠着的浓云密布时它们才被造成，

这样地集结了它的力量的时候，
那些黑暗的恐怖的脸孔
就出现在空中俯视着我们。

例如有时我们看见海上就有这样的情形

此外，在海上也常常看见
有一种黑魆魆的圆块积云，
像一条沥青的瀑布从天而降，
它的黑影遮得很远很远，
它带着巨响坠到海面上，
身边还拖拉着那充满着
雷电和狂风的乌黑的暴风雨，
它本身更是大量地充满着火和风，
以致甚至在陆地上的人们
也全身发抖而去找寻躲藏。
因此，我说应该认为：风暴①是
在我们头上向上堆得很高很高的，因为
云绝不会用这样巨大的黑暗遮没大地
除非它们是一层一层地高高叠上去，
以致能够把阳光遮断。到来的云块
也不能用这样大量的雨水吞没大地，
以致河流泛滥，田野浸没在水里，
如果天空不是有叠得很高的云层。

---

① “风暴”(tempestas)(263)：——指构成风暴的物质条件，即是浓密的云层。

在这种时候，一切都充满着火和风，
因此有那长久的闪电和响亮的雷鸣。
因为，刚才我已经向你指出：
中空的云层包容着无数的热种子，
而它们从阳光及其热气那里，
必定另外又取得许多的种子。
因此，当风凑巧把这些云驱集在一块，
又从它们挤出了许多的火种子，
自己又和那团火混合起来的时候，
那时候，那已经变成为旋风的它，
就进入云堆狭窄的腹部里面绕转着，
在火热的熔炉里面铸造着锐利的雷电。
因为那风由于双重的原因而着火：
由于自己的速度，和由于跟火接触。
之后，当风的能力已经完全热透了，
而火的暴烈的冲力已经侵入其中的时候，
那成熟了的雷电就突然冲破云层，
那已被激动起来的热就跳出来，
用它叉形的光芒照耀周围各处。
接着立刻就有这样沉重的轰响，
以致天穹好像完全被震碎，
好像要从上面掉下来把大地压盖。
这时候，一种可怕的颤动攫住了
整个大地，而高空中则响着隆隆雷声。

这样的云充满着风和火

风和火一起形成一个旋涡

风着火的原因是双重的

之后它冲破云出来，就成为雷电：带着雷声、闪电、风雨

因为在这个时候几乎整个的风暴
都受震撼而动摇，激起了大声的咆哮，
在震动之后就跟来了那样喧闹的大雨，
整个黑魆魆的天空都好像变成了雨水，
当它倾盆而下的时候，看来就好像
它想命令陆地回到太古的大泛滥。
当火热的雷电撕破云层，
而雷声从它飞出来的时候，
由于云层的破裂和旋风，
就有那么样的大雨落下来。

有时云被外面的风所冲破

有时候，已被激起的风的力从外面
打进了一个本身已经热烘烘地
具备着一个成熟了的雷电的云堆；
当那风粉碎了那云堆的时候，
那火焰的旋风立刻就落下来，
按祖国语言我们称它为雷电。
这样的雷电发生在云堆任一边，
只要风力是向着哪一方扫过去。

有时风自己在进行中燃烧起来

有时也有这样的情形：
最初被抛送出去的时候
风的力虽然完全缺乏火，
但是在旅途上它却着了火，——
当它经过了很长的路之后；——
在路上它不断失去那些较大的物体，
它们不能像别的物体一样穿过空气；
一面又从空气本身收割搜集了

较小的物体，带着它们一同走，
这些物体和它混杂起来的时候，
就在飞驰中产生出了火：
情形很像时常看见的一个铅球
在空中飞驰着的时候就变热起来，
因为它一面丢掉许多僵冷的物体
一面从空气里面替自己吸取着
火的微粒。也有这样的情形：
撞击的力量本身引起了火，
当那射出时全没有火的冷的风的力
突然打击了某一个东西的时候，——
无疑地这是因为：当它用可怕的打击
击中了某物之后，许多的火种子
就能从风本身和那受到打击的东西
同时流出来并汇集在一起：
正像当我们用铁击石的时候，
就有火星飞射；也不会因为铁是冷的，
击打时它所发出的亮而热的火种，
就冲射汇集得不那么快。所以，
同样地如果一件东西恰好是适当的，
并且又是与火焰能相容的①，
那它就必定能被雷电引得起火。

像一个飞动的铅球会熔化一样

或者，风对云的打击产生了火

正像用铁击打石头时一样

① 原文“opportuna fuit si forte et idonea flammis”(318)：“opportuna”指处于适当的地位；“idonea”指其构造具有为火焰所燃烧的性质。

况且风也不全是冷的

但是，风的力不能随便地认为
完完全全是冷的，——这种从高空
以这样巨大的力量放出来的风；
如果它不是在路上已经着火，
那么，至少当它到达的时候
必定已因混着火种子而热烘烘。

雷电的速度是由于(1)它从云中被射出时那股冲力；

　现在，雷电的速度之所以这样巨大，
它的打击之所以这样沉重，
它落下时的冲驰之所以如此疾速，
都是因为那已经激起的雷电的力量
本身总是先在云堆里积聚并壮大，
然后准备向外冲出所需的那股大劲儿；
之后，当云块已经再也不能包含住
它们那增大了的猛烈的冲力的时候，
它们那股力量就被迫跑出去，
因此带着那样可惊的冲力疾驰着，
像强大的弩炮所射出的炮弹一样。

(2)它是由很小很圆滑的粒子构成的；

还要记得，构成这种力量的，
都是细小而光滑的原素
所以没有什么能轻易抵抗它。
因为它能飞过物的孔隙，
能穿过它们的狭窄的道路，
因此既然没有许多东西阻碍它，
它就永远不在路上迟延耽搁，

而是以一种疾速的气势飞射。
其次，既然所有重量
按其本性来说总是向下坠，
所以当又加上了撞击的时候，
速度就加倍，气势就更凶猛，
以致雷电就能更疯狂更暴烈地
把所有挡阻着它的东西都震碎，
而继续前进去赶它自己的路。

(3) 因为在引力上又加上了打击力

还有，因为它经过了长长的路途，
带着一种继续不停的运动，
所以它必定不断获得新增的速度，
它愈前进速度就愈增大，
雷电的威力越来越增加，
而使它的打击更加有劲；
因为它迫使雷电所有的种子
好像挤成直线向一个地方走，
当它们飞动着的时候，把它们
一个个全都抛进那相同①的路线。

(4) 由于在长途旅行中它克服了内部的原子振动

再者，也许它在运动过程中
从空气里面吸取了某些物体，
它们用撞击燃烧起它的速度。

(5) 也许它获得了它从空气中收集了的粒子的

① 在长距离的运动中，所有的原子逐渐克服了那使运动迟滞的“内部运动”，而形成一种同方向的运动，所以整个雷电的速度就增大。

帮助。它能穿过物体，熔化物体，乃是由于它刚好打中物体原子相联结的地方

它穿进物体，但是却没有损害它们，
它穿过许多东西，但它们却完好如初，
这是因为那流动的火飞过了它们的细孔。
有许多东西它能贯穿①过去，
因为雷电的那些原初物体正好
落在这些东西的原初物体上面，——
恰恰是在这些原初物体
彼此互相联结在一起的地方。
再者它很容易就把铜熔化，
并且在一瞬间就使金沸腾起来，
因为它是造得这样地精细，
由极小的部分极光滑的原素所构成，
所以它们很容易侵进物里面，
一经进入就迅速地拆散一切结子，
把其中所有的联络的锁链都松开。

(6)雷电最常出现的春天和秋天，因为在这种时候，那些构成雷电的必要的因素最常碰在一起

天的大厦在秋天最常到处受震动，
是的，那缀满着闪闪的群星的大厦，
和整个的大地各处；也最常在春天，
当繁花盛开的季节正展开自己的时候：
因为在寒冷时火很缺乏，
在炎热的季节风很稀少，
而云也没有那么浓厚的体量。

---

① 原文是"perfigit"(350)：刺穿进去而部分地加以破坏之意。

但当季节处于这两者之间的时候，
各种造成雷电的原因都汇合起来：
因为一年的逆流[1]混合了冷和热
（而云正需要这两者来铸造雷电）。
以致事物之间存在着一种不和，
而空气则用大量汹涌的浪涛咆哮着，
因许多的火和风而猛烈地骚动着，——[2]
因为，热的开端是冷的尾部，
而这就是春天；因此不同的东西
就必定互相斗争，而当混在一起的时候
就疯狂地骚动起来。而当已经轮到
最后的热混合着最初的寒冷出场的时候——
当这个我们称为秋天的季节出现的时候，
猛烈的冷和热同样也会互相斗争。
因为这原故这些季节就被称为逆流。
毋怪乎在这种时候雷电最常出现，
声势汹汹的风暴在天空中被激动起来，
因为这种时候两方会疯狂地进行着
势均力敌的战争：一边是火焰，

---

① 所谓“逆流”（fretus）（364）：“狭窄的地方”意思是：好像一个海峡一样把两个分开的大洋连接起来，因此，由于两个大洋的相反的潮水而有逆流在其中回旋着。

② 以上三行（原文两行，366—367）里奥纳德和 Bockmüller，Brieger，鸠山尼等人把它们移在第 364 行之后，即它们之前那一句前面。贝里却以为应维持原来的位置。

一边是风，和跟风混合着的水。

雷电不是神灵震怒的标志

　这才是真正的方法来认识
那由火所构成的雷电的本性；
借这才足以看出是借什么力量
雷电造成它的每种行径的结果；——
而不是借徒然地打开提伦的卷籍[1]
去寻求晦隐的神灵的意旨的记号，
想由之认识飞驰的火焰来自何方，
或者它是向着天的哪一边消失，
它如何夺路进入紧闭的地方，
如何在里面为所欲为之后，
又从那里疾速离开；或者探寻
天空落下的雷电能有什么为害[2]。

如果它是神灵震怒的标志，那么，何以神打击无辜者而放过有罪者？

如果尤彼得[3]和其他的神灵能够
用可怕的回响来震动光辉的天宇，
把火焰抛向他们各人高兴的地方，
那么为什么他们不用雷电来击中
那些无顾忌的罪大恶极的人，
使得他们从那被穿透的胸膛

---

① 原文“Tyrrhena... carmina”(381)：依特鲁斯的占卜的卷籍，但不一定是用诗体(carmima)书写的。

② 即能预示什么灾害。

③ 尤彼得即大神宙斯。卢克莱修在长篇大论谈雷电之后，回到了他的中心目的；他用自然的原因来解释自然现象，从而否定神对人的统治。

喷出了红亮亮的雷电的火焰，
作为对人们的一个严峻的教训？——
为什么倒是那良心中没有罪过的人，
却无辜地被那些烈焰所包围，
被卷进天上来的火旋涡里面？
还有，为什么神灵总以荒地为目标，
无结果地消耗自己的精力？也许
他们是借此来锻炼臂力，加强筋肌？
为什么他们让诸神之父的箭头
在地面上锉钝？为什么他自己容忍了
这种事，而不是节省它来用于射敌人？
为什么他那样常常以高地为目标？　　为什么浪费在高山上？
为什么最常看见雷电的痕迹在山顶？[①]
还有，为了什么目的他向大海射击？　　为什么浪费在大海上？
大海的波浪和海水，那浮动的大原野，
它们曾经犯了什么亵渎神灵的大罪？
此外，如果他是要我们当心雷打，　　尤彼得是否要我们当心？
那么，为什么他不愿意让我们
能够看见它是怎样打过来的？
反之，如果他是想用火干掉我们，
在我们毫不提防的时候，那么，
为什么他却在远处轰轰地响，

① 以上双句“为什么”原来是在此段最末的地方。

使我们能够去躲避他的雷电？
为什么他事先结集了那些黑暗
以及远处那些隆隆的咆哮的声音？

他怎能够在同一个时候放出许多雷电？

你又如何能相信在同一个时候
他能够向许多方向发出打击？
难道你敢反辩，说从来就未有过
许多雷电的打击同一时候发生？
可是，这样的情形太常发生了，
并且必定仍然会发生：因为正如
在许多地区同时落着大雨和小雨，
同样地，许多雷电会同时在闪射。

为什么在天气晴朗时不抛下雷电？

再者，当天空万里无云的时候，
何以尤彼得从来未曾向大地抛出雷电，
倾出雷声？或者是他要等到
云块已经在天盖下积集了的时候，
才亲身下降到那云端，以便能够
从那里就近决定箭头射击的目标？

为什么毁坏他自己的庙宇？

最后，为什么他用毁灭性的雷电
粉碎了那些神灵的圣庙，
和他自己那些光辉的宝座？
为什么他破坏那些精美的神像，
并且从他自己的那些肖像上面
用暴力的伤害夺去它们的光彩？

此外，从这些事实①就能容易地认识：
希腊人按其性质称之为海啸②的东西，
是如何从天上掉落到海里。
因为，有时候，发生了这样的情形：
仿佛有一条被推着的巨柱，
从上面天空降落到大海里面，
在柱子四周可怕地汹涌着
由狂吹的暴风所引起的浪涛；
任何船只一被卷进这场骚动，
就被震荡颠簸陷入极端的危险。
它发生在这样的时候：风的猛力
有时不能冲破那它企图冲破的云块，
而是迫着云块往下坠，
直至显出好像有一根柱子
从天上逐渐被按捺到海面上，——
仿佛一只往下按的手臂用拳头
把一种什么东西朝下边按落，
越按越长③，直至深入波浪里面。

水柱的问题

水柱发生的情形

它的发生乃是由于风不能冲破云出来，就把它迫下海面

---

① “从这些事实”——指上面关于雷电的形成的那些事实，特别是关于旋风等等。

② “海啸”(presteras)(424)：希腊文πρηστῆρες，意涵着火的存在，但卢克莱修此处只着重在谈它的风和云。参看 Diels, Doxograph，第 26 页。(“海啸”或“旋风”，即通常所谓“龙卷”或“水柱”。)

③ 被拉长(extendatur)(435)：云块最初不是长的，由于包含在其中的风在它里面迫它下降，所以越来越变成一条长长的柱子。

当风的力已把云壳突破之后，
它就从云块里面冲下海面，
在海上引起了一种可怕的沸腾。
因为那卷旋着的风下降着，
并且把躯体柔软的云一同带下；
当它把满载的云推到海上的时候，
旋风自己就突然整个投入水里去，
带着可怕的咆哮激动起整个大海，
迫得它波浪沸腾起来。有的时候，
风的漩涡也会把自己卷进云里面，
从空气中搜集了许多云的种子，
因此就赝造了一个好像是从天上
被推下来的水柱。而当这个东西
已经跌落到地上而爆破的时候，
就吐出旋风和风暴[①]的无穷的伟力。
但是因为一般地这是少有的事，
并且在陆地上山岭必定遮阻[②]了它，
所以我们更常看见它发生
在宽阔的大海上，辽广的天空底下。

或者由于旋风在自己四周卷集了云而把它投到地上

云的凝成是由于在上面天空里
有无数疾驰的粒子突然相遇，——

云的成因：（1）由于在空

① 原文“turbinis immanem vim provomit atque procellae”（447）：“turbo”（旋风）指“水柱”附近的狂风；“procella”（风暴）指远近各处的狂风。

② 遮阻它不让我们看见的意思。

它们较粗糙，虽然只轻微接合， 气中结集的粒子的分量渐渐增大
也能彼此拉扯着[①]互相联结起来，
这些微粒子先形成一些小云块，
接着这些小云块相互抓住集成一群，
并且由于它们的结合而越来越大，
它们被风带动不停地飞，直至形成
猛烈的风暴。也有这样的情形： 特别是在高山顶上，因为它们被风驱赶到这里
山岳的峰顶越是接近着高空，
它们那些高高的岩壁就越是
不停地冒出那些浓黑的乌云[②]，
因为当云雾最初形成的时候，
在眼睛能看见薄薄的它们之前，
风就把它们带送而驱迫到上面，
到那些山岳的最高的山峰那里，
然后，终于达到了这样的阶段：
当他们已结集了较大的一群的时候，
由于它们的凝聚，它们已能被看见。
在这个时候看起来它们就好像
是从山岳的峰顶直升进高空。
因为当我们爬上高山的时候，

① 被压迫着(compressa)(454)是O Q原读；"comprensa"(彼此拉扯着)是Marullus的改读。

② fulvae(461)：(黄色的"云")是O Q的原读；"furvae"(黑色的"云")是Bentley等的改读。

事实和感觉清楚地证明
那些空旷的高地是多风的。
(2) 由于水分的粒子从大海上升
此外,悬挂在岸边的衣服,
它们吸进了那粘住的湿气,
证明自然从所有的大海
提取了无数的微粒。因此
更可以看出有许多粒子
也能从大海海水的波涛
成群地升上去增大云块。
因为这两种水湿是血亲。
从河流陆地升上
此外,从所有的河流,
正如从陆地本身那里,
我们看见有水雾升起,
像气息一样从它们被迫出,
升上去用它们的黑暗遮住天空,
并且缓缓聚集而造成天上的云。
因为上面星空中的热
又压下来压在它们上面,
并且由于把它们凝缩,
而在蔚蓝的天盖底下,
编织成了一层烟瘴。
(3) 由于
也有这种情形:从世界①外面

① 世界指这个被我们所见的世界。

一些物体进入我们的天空， 云的粒子从世界外边飞来
它们形成云块和飞翔的风暴。
因为我已指出它们的数目无限，
而深渊是无边无际；并且已经指出
那些物体是以如何的速度飞驰着，
它们如何能在一瞬间通过无数的空间。
因此，并没有什么特别可惊异，
如果风暴和黑暗在极短时间内
常常用悬在上面的巨大积云
遮没了海洋和大地。因为
通过天空四周所有那些小孔，
通过巨大世界的呼吸孔道，
对于那些原素，到处有出口和入口。
雨水如何在高空的云里面凝成， 雨的原因：
然后如何成为大雨淋落到地面，
现在我将要来告诉你。
首先我要证明这一点： （1）云包含着许多湿气；
从所有的东西里面，
本来已经有许多的水种子
随着云本身一起升上去，
它们两者按比例同时增长，
云和在云里的水这两者；——
正如我们的身体和我们的血液，
我们的汗和体内的任何液体

是按相同的比例同时增长的。

(2) 水分从海洋和河流升上去

此外,云时常吸进了许多的
从宽阔的大海升上的湿气,
当它们像悬挂着的羊毛一样
被风吹送着飘过海面的时候。
同样地,从所有的河流里,
也有水分上升到云里面去。
当许多的水种子以许多方式
从各方面聚集添补到其中之后,
那拥挤过度的云就因两种原因

之后,就由于云本身的重量和风力而被挤出来

而竭力要〔把雨水〕放出来①:
因为风力把它们推迫出来,
而那些过多的雨云本身,
因为结集成比平常更大的一群,
也从上面推迫着雨水落下来。
此外,当云被风吹得变稀疏,

或者因太阳的热力使云变疏而落下来

或者因上面受到太阳的热
而被驱散的时候,它们就
放出了雨点,让雨点滴下来,
正如腊块②搁在热的火上面

① 第509行原文缺一字,根据芒洛的增补 umorem 译出。

② 原文是"Quasi igni ‖ cera super calido tabescens multa liquescat"(515—516):由于对"super"是副词还是介词各家看法不一致,对此句的解释也有不同,现视作介词译出。此句里奥纳德译为"正如腊块受了上面的火的热,就……"。

就熔化而大量滴下一样。
更大的雨狂暴地落下来，
当云块同时受它们自己巨量的积集
和风的冲击两者的猛烈压迫的时候；
雨长时间地继续下个不停，
当许多的水种已被激动，
当滴水的云一层叠一层一堆叠一堆
从四面八方飘动而来，
而整个大地都冒着烟
发出她的水汽的时候。
在这种时候，如果太阳
从黑暗的风暴中间
用它的光线从对面照射
在雨云里面的水滴上，
乌云中间就出现彩虹的光辉。
所有其他在上空生成，在上空产生①，
所有那些在云块中间凝成的东西，——
所有这些东西，雪和风和雹和寒霜，
和冰的巨大的冻结力，
水的有力的硬化者，

压力大时雨就下得更大；水分多时就下得久

虹霓是由于阳光照在水滴上

其他的气象都可以解释

① 原文“cetera quae sursum crescunt sursumque creantur”(527)：Koch，Lachmann 和芒洛等把“sursum”读为“sorsum”因此把这一句解释为“其他那些自己单独被产生出来，被生成出来的东西”。

那到处把急激[①]的河流勒住的马勒，
所有这一切是如何发生，
是借什么而被产生出来，
都很容易发现并在心中看清楚，
当你一经很好地认识了
原素具有什么力量的时候。

乙，地上的现象。(1) 地震的原因 地下面有洞穴、河流和岩石

现在，请听我来说地震的规律，
首先要注意知道的是：大地下面
正像我们四周的地面一样，
是到处充满着有风的洞穴；
在她的胸膛里她还包藏着
许多的湖泊和许多的潭窟[②]，
是的，还有削壁和峥嵘的岩石；
还有许多河流隐藏在地背下面，
滚动着它们湍急的浪涛
和水里的石块。因为显然的事实[③]
要求大地的构造各处都相同。

---

① 原文“et mora quae fluvios passim refrenat aventis”(531)：Lachmann 根据 Q′(Q′是 Q 的第一个校改者)把“aventis”(急激的)读为“euntis”(奔驰着的〔河流〕)。

② 原文“lacus”(538)是有水的“湖”；“lacunas”是没有水(或浅水)的低落的地方。

③ 初看起来，这很难是“显然的事实”。可能是根据卢克莱修那个“平衡”原则而有这种主张。(参看第二卷，第 532 行及其注释。)也可能是：他想到了他在第五卷第 492 行所描写的地面不规则的形成过程，于是根据一般概然性的理由，认为同样的过程也发生在地下面。这两种见解也并不互相矛盾。

因此既然这些东西分布和接合
在大地下面，所以，当时间
把地下这些巨洞挖崩的时候，
受到了这样巨大的东西所震动，
地面就战栗起来；是的，整个的山
会崩下来；由于这巨大的震动，
立刻就有一阵颤动从那里远远传开。
这也很有理由；因为街边的屋子
受到不很重的车子所震动的时候，
也会整个地颤动起来；同样地车子
也会跳动起来，当路上的一块石
挡住任何一个铁的车轮的时候[①]。
也有这样的情形：当巨量的泥土
被岁月摧残而从大地崩开来
滚进巨大的水潭里的时候，
大地本身就因为水的波动而摇摆，
正像一个容器有时候不能停定，
除非其中的液体停止了它的往来波动。
此外，在地下的那些洞穴里面

所以：1.当有一些洞穴陷落时，就引起了地震，正如屋子被车子震动一样

或者像陆地因土块崩落到水里而震动一样

2. 可能是由于一

① 以上两行半按贝里编的读法和他对“ea”一字的解释（他认为它指车子）译出。他所编的本子此两句为：

“nec minus exultant ea ubi lapi’cumque viai ferratos utrimque rotarum succutit orbis”（550—551）。

关于这两行有各种不同的读法，对“ea”有人认为是屋子、屋子里的家私等等。

种地下的风向着一个方向吹去时所引起

当一阵风已经结集起来之后，
它就从一个地方向前冲去，
用它的巨大的力量的锋头，
冲迫着那些高大的洞穴；
那时候大地就歪斜起来，
朝鲁莽的风闯撞的方向。
于是所有建筑在地面的屋子
就危危乎朝同一方向倾斜起来，
屋子越高，就倾斜得越厉害；
屋梁抽出半截，像快要跌下来。

人们不相信世界有末日，这是错误的。只是靠风吹转方向，大地才恢复平衡

但是，人们却不敢去相信：
一个大毁灭的日子等候着
这个伟大的世界，尽管他们
看见这么大块的土地会歪斜！
其实如果不是风势又静下来，
就没有力量能够拦阻事物
制止它们迅速地陷于毁灭。
可是因为这些风是交替地
猛烈向前推进然后又退回来，
好像结集了力量时就进攻，
被反击时就撤退，因此之故
大地就更常像有崩溃的危险，
却并不真带来可怕的垮台。
因为她歪向一边，然后又摆回来；

在向前倾斜摇摇欲坠之后，
她又恢复了自己的平衡；
这就是何以整个屋子会动摇，
房顶比中间各层摇得更厉害，
中间各层又比下部更厉害，
摇得最轻的是最下面那层。
这种巨大的地震还有另一个原因：
风和一种空气的异常的力量，
不论它们是从外面积集起来的，
抑或在大地本身里面发生的，
当它们突然冲进地下的洞穴之后，
最初就在那些巨大的洞穴里面
暴怒地骚动着，在其中疯狂地旋转，
之后，那已激起来的力量被迫冲出去，
同时把大地深深地撕破造成一个大裂口；
这种情形发生于叙利亚的薛当
和比罗奔尼西亚的伊琴那个地方①，
这些城市曾被这种空气的爆出
和跟着发生的大地的痉挛所毁灭。
还有许多的有城垣的城市
由于大地上猛烈的震动而毁灭，

3. 有时由于被锢禁的空气冲出去

① 这是古代两次著名的大地震，正像近代发生于东京和麦西那（Messina）的两次地震之闻名于今世一样。

还有许多城市连同全部的居民
深深地陷落到大海里面被淹没。

如果冲不出去而继续被锢禁着，那就引起一阵痉挛

而如果它们实在冲不出去的话，
那么，空气的怒冲和狂暴的风力
也会通过大地无数的孔隙散出去，
像一阵寒疟一样使大地全身打战，——
正如当寒气深入我们身体的时候
就使我们不由自主地打战，
迫使我们全身抖个不停。因此
人们由于双重的恐怖而惊慌，
在城市里面忙乱地闯来闯去：
他们既害怕头上那些房子，
又害怕脚底下那些洞穴，
唯恐大地会突然把它们打开，
而她自己也被撕裂而张大着
可怕的嘴巴；在极度混乱中
她会用她自己那些残垣断瓦

这种情形给人们一个教训：世界可能如此被毁灭

来把裂口填满。所以，让人们
随他们的便相信天地不会毁灭，
相信它们赋有一个永恒的生命：
可是有的时候现成的危险的力量
就会在某个地方用这种恐惧的刺棒
把他们刺一刺：——大地很可能突然
从他们脚底撤退，向深渊落下，

失去了基础的万物[1]也跟在后面，
直至但见整个世界陷于大毁灭。

关于地上若干异常的和奇怪的现象
（608—1135）

首先，人们很奇怪为什么自然[2]　　（2）为什么海不会增大？
没有使洋海的体积越来越大，
既然流进海里的水是这么多：
所有那些从各处入海的河流，
加上天空的雨水和飞驰的风暴，
它们淋落在所有的海上和陆上，
还有海洋它们自己的那些水泉[3]：
但所有这一切对于整个的海洋　　1. 因为所有加上去的水不外是大洋中的一滴
只不过是像加上了一点滴的水。
所以海洋没有一天天增大，
这件事并不那么值得奇怪。
此外，太阳用它的热吸去很多水：　　2. 因为太阳从大海吸取了许多水
我们看见太阳猛烈的光线
晒干了我们的湿淋淋的衣服；
而我们所看见的海又是那么多，

① “万物的总量”（rerum summa）（606）：卢克莱修一般地是用来指整个宇宙，但这里只是指人类所知的这个世界。

② 此一段芒洛和贝里都认为与前后不连贯。

③ 指海洋里面水底的水泉。

那么地广阔；因此，尽管太阳
从海面任何一点所割取的水分
极为微小，但在这样广阔的海上
它从波浪所取去的总量仍然是极大。
风也会吸去水；
再者，还有那掠过水面的风
也能带去极多的水分，因为
我们常看见一夜间
道路就被风吹干，
泥泞的泥土就硬结。

云也会吸去水；
　再者，我已经指出云也会
带去许多从大海吸取的水分，
并把它们淋落在大地上各处，
当风吹送着充满水汽的云堆，
使雨落在下面陆地上的时候。

3. 从大海渗回陆地
最后，既然大地全身到处都有小孔，
而又与海洋相接，四周把海洋围住，
所以正如水从陆地渗入了海洋，
同样地它必也从海洋渗进陆地，
因为海水的盐分被滤开了，
水的质料则渗回去，全部
汇集到河流的起点重新流出来，
从那里它又成为新鲜的水流
再次流过陆地，沿河床而下，
这些河床以前已经被削成，

并且曾经送走过疾奔的水流。
现在，我将告诉你什么原因
使得有时候有那么多的火焰
疯狂地从伊特那峰喉里吐出来：
因为当那火焰的风暴爆发起来
而统治着西西里的原野的时候，
它带来的毁灭的力量可不平常：
它吸引邻近各族人民的脸孔
都仰起来朝它看，他们看见
整个天空冒着烟，充满着火光，
他们的胸中充满了恐怖和焦虑，
唯恐自然正在计划什么新事变。

(3)伊特那峰的火山喷出

　在这些事情上面，你很应该
看得远，看得深，向四面八方
远远地窥望，以便你能记得
万物的总体①是如何无边无际，
以便认识我们的这一个天②
是整个宇宙中多么细小的一部分，——
还比不上一个人在整个大地中
所占的部分那么小。如果你
好好地把这个事实搁在眼前，

首先，不要忘记宇宙的辽广巨大

---

① 原文“summam rerum”(649)：指整个宇宙。

② 原文“caelum unum”(650)：指我们这个世界。

这样，你就会不致对许多事物感到惊奇

清楚地看看它，明白地加以认识，
你就会停止对许多事物感到惊奇。
因为在我们之中有谁会感到奇怪，
如果一个人的身体得到热病，
这种热病使全身发着高热？
或者得了身体任何其他痛苦的疾病？
因为突然脚会变青而肿胀起来；
剧烈的抽痛常常会攫住牙齿，
或者侵入眼睛；那种所谓圣火①
会突然发生，沿全身蔓延开去，
把它所占领的每一部分烧痛着，
在全身里面爬引。完全不足为奇，

因为“无限”能供给各种各式的原子给这个世界

既然有充足的无数事物的种子，
而我们这个天和地又带给了我们
以充分的毒素来产生无数的病害。
所以，同样地我们必须假定天和地
能由无限的宇宙供给以一切的东西，
是的，有着一切充足的储备，
借之大地能够突然被震动起来，
疾速的台风能在海上陆上狂吹，
伊特那峰能够溢出那么多的火，
天空能够变成一场火焰的大爆发。

---

① 所谓圣火，指一种叫“丹毒”的病症。

因为这种情形有时也发生，于是乎
天空燃烧起来，雨云更浓密地出现，
当水的种子碰巧这样结集了的时候。
“不过，那种大燃烧的火的骚动
是太大太大了”；对于任何一个人，
他所见过的最大的河流也是巨大的，
如果他以前未见过更大的河流的话。
一株树和一个人也有这样的情形；
人们所见的每类事物中的最大者，
都会被他认为是非常巨大，
尽管所有的这一切，
连同天地和海洋都在内，
对于整个总量算不了什么。
现在我将告诉你火焰是如何被激起
而突然从伊特那峰巨大的火炉吐出来。
首先，整个山峰下面到处是空洞：
它由雪花岩柱形成的岩洞支撑着。
在这些空洞里面又有着空气和风，
因为空气变成了风，当它受到了
猛烈的骚动所激起的时候①。

伊特那峰的喷射乃是由于风在地下的洞里结集

---

① 对于卢克莱修，空气和风是两种不同的东西，虽然在实质上它们是相近的或同类的。（参看他关于灵魂的构成的说明，第二卷，第 231 行以下。）空气运动之后，会失去它自己一些特有的原子，而获得另一些原子，这样，就转成为风。

因骚动而把自己和四周弄热之后，就冲出去

当它已经变热，并且暴怒地转动着，
而使得它所接触的岩石和大地
也都变热起来，并且从它们敲出了
极其疾速的暴烈的火焰的时候，
它就升上去，向上一直射上去，
从山峰的喉口一直射向高空，
把它的火热的狂飙送得远远，
撒散着灰烬，卷着漆黑的浓烟，
同时把可惊的沉重的石头抛出去，
以致你绝不能怀疑那正是空气的
骚动的力量。此外，在很多方面

从附近的海有许多通道达到山底下，由这些通路，风跑进去了

海在那座山底下涌着它的浪头，
又不断地把它的潜流吸退回来，
并且下面有许多洞窟从这个海
一直伸延到山峰的咽喉底部。
你必须承认，通过这里进去了
〔那些混在浪潮中间的风〕
而情况又迫使〔它们向上升〕①，
从外面的大海深深地侵进山底下，
然后吐出来；因此就举起了火焰，
就把石头从内部抛掷上去，
把沙土所形成的云抛向天空。

① 此处可能失去一行，兹按芒洛的猜测增补。

因为在山顶有他们所说的窝臼①，
那东西我们则称为咽喉或嘴巴。
此外，对于有些事物的发生，
单单提出一个原因是不够的，
我们必须举出许多的原因，
其中之一将会是正确的②：例如，
如果你发现远处有一个人的尸体，
那就应该举出死亡的所有的原因，
以便他的死亡的原因不会被遗漏。
因为你不能证明他是死于刀器，
死于寒冻，死于毒物或死于疾病③，
但是我们知道发生在他身上的，
必是这类事情中之一种。在其他
很多场合，我们也必须这样说。

对于有些事物，我们必须提出几个可能的原因，其中之一对于当前事件是适当的

---

① “他们”指西西里岛的希腊人；下句“我们”指罗马人。窝臼“crateres”(701)：原意为“拌臼”。海水一涨一落时，就先使这些地下的洞穴充满空气，然后把海水和沙石驱进去，这些东西遭到了洞里的火热的风的作用，直至它们从峰顶的开口被抛出去。火山的熔岩很像是由沙和水混合而成的。也许就是这个事实使卢克莱修想起了他所提出的在这段中表达出来的解释。他以为“拌臼”(就是用来把许多东西搅在一起的窝臼)这个名称用得很好，因为这一切的东西——沙、石、水和火都在其中调拌在一起。

② 原文“... unde una tamen sit”(704)：雷撒姆译成：“尽管事实上真正的原因是一个”。

③ 原文“nam neque eum ferro nee frigore vincere possis interüse neque a morbo neque forte veneno”(708—709)：此两行里奥纳德和芒洛两人的解释与贝里、鲁斯、雷撒姆三人不相同，兹依后面各人的解释译出。前面两人将此两行解释为：“因为你可以证明他不是死于刀器，死于寒冻，死于毒物或死于疾病”。

(4) 尼罗河的水涨可能是：

夏天时那流遍全埃及的尼罗河
就水涨泛滥而把平原淹没，
这是大地上所有河流中唯一的现象①。
每当仲夏最炎热的时候，
它常常灌溉了整个埃及，

1. 由于北风的方向与水流方向相逆；

这或者是因为在夏季的时候②，
那人们称为夏季定季风的北风
抵达了尼罗河口，在向上流吹去时
就阻滞了它，迫使它的水往后退，
使它涨得过满，迫它停止奔流入海。
因为无疑地这些从天极冰冷的星座
被驱来的风，乃是逆尼罗河吹去的。
这条河从南方酷热的地方流来，
它远远地发源于日中地区③的心脏，
自那些为太阳晒黑皮肤的人们中间。

---

① 原文"Nilus in aestatem crescit campisque redundat unicus in terris，Aegypti totius amnis"。(712—713)：关于这两行，有许多种的解释。Merill，Lachmann 和鲁斯都在前一行之末加上逗点，而取消第二行中"terris"后面的逗点："初夏时尼罗河就水涨泛滥而淹没了田野，这条整个埃及唯一的河流。"雷撒姆大概是把 Aegypti totius 和 campis 连起来理解，因此他译成："尼罗河不同于大地上所有其他的河流，夏天来临时就水涨泛滥而淹没了整个埃及的田野。"我认为贝里的解释较佳，但我把他的"The river of all Egypt"略为改变而译成"那流遍全埃及的河"。

② 尼罗河在古代的涨水期是：自太阳进入狮子宫(7 月 23 日)至太阳进入室女宫(8 月 23 日)。

③ 日中地区(media ab regione diei)(723)：也是指南方，即近地球赤道地带。

也很可能是大量堆积起来的泥沙
堵住河口而阻碍着河水的奔流，
当那被狂风所吹的海水
把泥沙推向内陆的时候；
这样，河口就不那么畅通，
下泄出海的水就不能流得那么快。
也可以是因为在这个季节里，
在河流的发源地雨水更为丰富，
由于那个时候那些北风的定季风，
把所有的云都驱集到那些地方。
当它们已被驱逐到那日中地区，
并且这样在那里结集起来之后，
它们就被迫群集在高山上面，
大量挤在一起，并被大力压榨着①。
再者，也许河水的增涨是远远地
开始于伊西奥比亚地方的高山之间，
当普照一切的太阳用它的光芒
把白雪溶化驱赶流入平地的时候。
　现在，我将来为你说明
无鸟的地方和无鸟的湖塘②，
指出它们具有怎样的性质。
首先，关于"无鸟的"这个名称，

2. 由于一个沙坝阻住了河水；

3. 由于内陆雨水太多

4. 由于山上的积雪融化

(5)无鸟的地方；它们对于鸟类是致命的

① 未说出的意思是：云被压榨就把它所包含的雨点掉下来。

② 无鸟的(Averna)(738)：字原是"Avernus"(亚味拿斯)，它是意大利 Campania 的一个湖的名称，它被称为"幽冥之门"。

它乃由于这个事实：这些地方
对于一切鸟类都是有害的。因为
当鸟一飞到这些地方上面的时候，
它们就忘记怎样鼓翼，就收起翅膀，
它们的颈变得软弱无力而垂下来，
它们笔直地坠到地面，如果碰巧
那地方是地面的话；或坠入水里，
如果下面恰好躺着一个无鸟的湖塘。
例如亚味拿斯湖，
在库马附近就有这样一个地方，
那里山冒着烟，充满刺鼻的硫磺味，
另外还有许多蒸汽腾腾的热水泉。
例如雅典巴提隆神庙附近的一个地方；
在雅典城内也有一个这样的地方，
并且就在卫城顶，在生命的给予者
特来顿的巴拉斯①的神庙旁边，
那个地方噪叫的乌鸦从来不飞近，
甚至当神坛升起献品香烟的时候，——
它们永远避开那里，但原因不在于
巴拉斯对于它们那一次过分殷勤
尽忠职守进行侦察而激起的震怒②，
而却是受那个地方的本性所迫使。

① 巴拉斯(Pallas)即雅典的护卫神雅典娜(Athena)。特来顿是古典神话中半人半鱼的海神；以后又指和他同样形状的他的侍卫们。

② 故事见于 Ovid：Metam. II，542—565：司克罗普的女儿们违反巴拉斯的命令，打开了那藏有厄丽克顿尼亚斯的婴孩的箱子。奉命看守的乌鸦飞去告诉巴拉斯，但巴拉斯却困它们侦察过于殷勤(pervigili causa)而大为震怒，竟把乌鸦永远从卫城放逐了。

在叙利亚据传说也可以看见一个
这样的地方，那里甚至四脚动物
只要一走进去，就会立刻倒毙，
由于受到那个地方的自然力所打击，
就好像被宰杀来献给地下的神灵。
所有这些奇事都按自然法则而发生，
它们是由什么原因所引起，它们
根源于什么东西，这乃是显而易见的，
所以让我们不要相信在那些地方
敞开着地狱的大门，也不要以为：
从那里，地下的神灵把人的灵魂
拉下到黑暗的亚基龙河的两岸——
像人们以为那些有着敏捷的脚的麋鹿
常常用鼻孔的气息把那些爬行的蛇类
从它们的洞穴引到阳光底下一样①。
这想法是如何违背真正的推理，
你立刻会看见；因为现在我将
对于事实的真相试来加以说明。
首先，我把我以前常说的再说一说：
大地里面存在着各种东西的原素②：
许多可用为食物而且有益于生命

例如叙利亚的一个地方

所有这些地方的性质都是有自然的原因；它们不是地狱的门户

大地包含着万物的原素，好的和坏的

① 这是古罗马一种流行的说法。

② “形状”，(figuras)(770)：即就其形状的不同而言的原子，简译为“原素”。

有许多却能产生疾病和加速死亡；
以前我们还已经指出：不同的东西
适合于不同的生物的生活目的，
而这是由于不同种的东西的性质和组织，
和它们的原初物体的形状彼此各不相同。

这些原素中有许多东西能分别地为害不同的感官

许多有害的东西钻进了耳朵；
许多东西甚至钻进了鼻孔，
它们是危险的，接触时感到它粗糙①。
必须避免接触的东西也不少，
有不少东西则是看也不能看，
还有些东西简直不能尝一尝。

许多东西对人是有害的，例如树木

其次，你还可以看见有许多东西
对人的感觉极有害，又极令人作呕。
首先，某种树木的树荫是这样危险，
以致谁如果躺在它下面的草地上，
它们就会使这个人头痛起来。
在希里康的高山上还有这么一株树，
它惯于用它的花朵的臭恶的气味，
把一个人当场活活弄死。可以相信：

---

① 原文“multa per ipsas ‖ insinuant naris infesta atque aspera tactu”(777—778)：“aspera tactu”，“对于触觉来说是粗糙的”；在卢克莱修看来，一切的感觉归根结底都是触觉，所以“tactu”是应按字面解释的。有人觉得不惯，把“tactu”改读为“tractu”，“吸进去的时候”，因此将此句译成：“它们一被人吸进去，就酷烈地为害”。

这些东西都是这样从大地长出来，
因为大地在自身里面包含着许多事物的
许多种子，它们以许多方式混合着，
然后她又把它们分别地放送出来。
再者，当那刚刚弄熄的夜晚的灯
用强烈的臭味侵入鼻孔的时候，
就会使一个患那种有时满口泡沫
猝然倒地的病的人[①]立刻当场晕睡过去。
一个妇人一闻到浓郁的海狸香，
就在椅子入睡，她的艳丽的刺绣
也从她那些纤细的手指间滑下来，
如果她是在月经期间闻到那气味的话。
还有许多东西也能使身体无力的四肢
松弛下来，使灵魂在它的屋子里颠蹶。
再者，如果你吃得很饱的时候，
你在热水浴盆里滞得太久的话，
你就会在那热水中间的椅子上
突然晕倒过去。还有木炭的浓烟
很容易钻进脑壳，除非我们先喝水。
当一种高热已经征服了一个人，
把他全身四肢都占领了的时候，
酒的味道对他就会像铁锤的敲打。

一支刚刚弄熄的烛对于一个患癫痫病者

海狸香对于妇女

饱食之后的热水浴。

木炭

酒对于发热的人

① 即癫痫症患者。对健康的人当然没有这种情形发生。

地下矿对于矿工

你难道没有看见大地里面产硫磺，
而沥青则凝结而发出恶毒的气味？
还有，斯加普顿苏拉[①]从地下
发出了什么样的恶臭的气味，
当人们追寻金的和银的矿脉，
用鹤嘴斧在大地腹内肠胃里面
到处敲打找寻的时候？什么样的
致命的毒气又从金矿里面喷出来？
它们叫人们变成什么样子和肤色？
难道你没有看见过或听人说过，
那些被贫困的巨力所迫
而被禁闭在这种工作里面的人们，
他们是如何惯于在短时间内就死掉，
就丧失了他们的生命力？这一切
可怕的毒气都是从大地流出来，
并且从她吹送到空旷的地面，
到天空底下可见的地区各处。

同样地，这些“无鸟的地方”也发出一种气息，它先

　所以这些无鸟之地[②]也必定向空中
放送出一种致死的气息给飞鸟，
它从大地中上升到空气里面，
毒化了天空的一部分地方，所以

---

① “斯加普顿苏拉”是色雷斯的一个地下矿。
② 泛指无鸟岛的地方(连湖沼在内)。

当一只鸟鼓翼飞到那里的时候，
它就被阻碍，被看不见的毒擒住，
于是笔直地从横飞的路线坠下，
坠落在毒气所发出的地方。
当它已落到那里之后，那同一
毒气的力量就从它的身体里面
把它剩余的生命带走。因为
它先在生物里面引起一阵晕眩[①]，
之后，当生物已经落跌，一直
落到毒气的源头那里的时候，
它们就不得不把生命吐出来，
因为它们四周有那么多的毒。

使鸟失去知觉，然后杀死它们

再者，有的时候，这个力量，
这种无鸟的地方所发出的气息，
赶走了地面和飞鸟之间的空气，
使其间几乎成为一个真空。因此，
当鸟在飞行中飞到这里上空的时候，
它们的翅膀的浮动力就立刻减退，
就变成无用，两翼的任何努力
都徒然失败。此时既然它们已经
不能倚赖两翼来使自己浮在空中，
由于它们的重量，自然就迫它们

也可能是因为毒气驱逐了空气，使那个地方上完全成为真空，以致鸟类不能飞行而落下来

① 原文"quippe etenim primo quasi quendam conciet aestum"(826)：(aestus)有两种意义：气(热气、毒气……)和晕眩；这一句中用第二个意义，前面各句中用第一个意义。卢克莱修喜欢在很接近的地方以不同的意义使用同一个字。

坠下到地面，于是，躺卧在
那近乎真空的虚空里面，他们
就从它们躯体所有的小孔
把它们的灵魂都放散出来。
．．．．．．．．．．．．．．①

(6) 井水夏天凉而冬天温热，是因为夏天时大地把热放散到空中，冬天时大地把热放送进水里

再者，井里的水在夏天时较冷，
是因为那时土地受热而变空疏，
因此如果它有自己的热种子，
它就把它们放送到空气里面去。
因此，土地越是耗尽了它的热，
隐藏在土地里的水就变得越冷。
再者，当整个大地为寒冷所迫
而收缩，并且仿佛冻结了的时候，
就发生这样的情形：由于收缩，
它把它带有的热都迫进井里面。

亚蒙的水泉白天冷而夜晚温热，也是由于完全相同的原因

据说在亚蒙神庙②旁边有一个水泉
它白天是冷的，夜间却热起来，
对这个水泉人们过分地感到奇怪，
有些人认为它之所以热滚滚起来③，
是由于地下面那强烈的太阳，当夜晚

---

① 此处所失的行数恐不少，在其中诗人也许过渡到一种完全不同的问题的讨论。

② 亚蒙神庙，指埃及之西的利比亚沙漠的尤彼得·亚蒙神庙。基山尼说，如果古代人有一个热度计，那么此处所说到的情形就会大不相同。

③ 原文"et acri sole putant subter terras fervescere partim"(850—851)："partim"(一部分〔的人〕)是原读；Lambinas 把它改读为"raptim"(突然)，不少编者都跟从他："并且认为它之所以突然地热滚滚起来……"。但是水并没有突然热起来。

用可怕的黑暗遮盖了大地的时候——
这想法和真正的推理相去很远：
真的，太阳在上面用它的光线
接触赤裸裸的水的身体的时候，
尽管空中他的光线是这样火热，
尚且不能使水的上层变热，试问
当他在粗厚的大地下面的时候，
他怎能把水煮沸，并用热使它复苏①？
特别是既然他差不多不能够
借他强烈的光线把他的热气
透过房屋的墙壁射进里面去。
那么，缘故在什么地方？实在
不外是：这个水泉四周的土地
比大地的地方更多小孔，
而在水泉附近又有许多火种子；
因此当夜晚用那带来露水的浪潮②
淹没了大地的时候，大地就突然
变冷，并且深深地收缩起来；这样，
就把所取有的火种子挤进水泉里，

---

① 原文"percoquere umorem et calido focilare vapore?"(858)："focilore"(使复活……)是 Merrill 和 Martin 两人对原读"soclare"的改读；有人则采读梵蒂岗的一种抄本中的 satiare(用……充满)："……他怎能把水煮滚，并使它充满了热？"

② 原文"Hoc ubi roriferis terram nox obruit undis"(864)："uudis"(浪潮)是原读：Marulllis 把它改读为"umbris"(阴影)，许多编者，包括鲁斯和里奥纳德在内，都跟着他。但"浪潮"是一种更美的形象。

好像有人用拳头来榨取一样，
这就使得井水变热并且冒蒸汽。
其次，当升起来的太阳
用他的光线弄松了泥土，
使土地由于他的热的混合①
而变得稀疏起来的时候，
那些火种子就回到它们的老家，
水的所有的热就撤退到泥土里；
这就是为什么水泉白天就变冷。

并且由于太阳的热打击了水而把水里的热解放出来

此外，水受阳光所打击，一到早晨，
由于那颤动着的热浪就变稀疏；
因此，不论它有着多少火种子，
它都放了出来，正好像它常常
放出它里面包含的寒霜，而且
把它的冰溶化，把它的结子松开。

那个能使火把着火的冷水泉，它的力量是得自那些个

还有，有一个本身是冷的水泉②，
如果拿着一段绳子搁在它上面③，
绳子就会立刻着火，燃起火焰；
一枝火把也会同样地着火，并且

---

① 原文"et rarefecit calido miscante vapore"(870)："miscente"（由于……混合）是原读；Wakefield 改读为"gliscente"（逐渐增强）："……用逐渐增强的热使土地变疏的时候"。

② 在多多那(Dodona)。

③ 意即在水面上悬空拿住绳子。

在水面燃烧着，为微风所驱赶
在水上到处飘浮①。这全不足为奇，
因为在水里面有许多火种子，
并且从土地本身的深处，
必定也有许多的火粒子
穿过整个水泉涌上来，同时
像气息一样被冲到上面空气中；
不过它们的数目不太多，
不足以使水泉本身变热。
此外一种力量②又迫使它们分散地
突然冲出水面去，然后在水面上
结合成为火焰③。正像亚拉杜斯
那个水泉在海中间涌出了清水，
把它周围的咸水从自己分开；
大海在它的许多其他的地方，
也给口渴的水手以及时的帮助，
从咸水波浪中间吐射出美好清泉。
所以，同样地那些火种子
也能穿过那个水泉涌上来，

别地从水中彪上来而在水面空中的火把里面集合起来的火种子

它正像海中间的清水泉

① 即是，先把火把拿着在水面上让它着火，之后，如果让它跌落在水面，它就仍然继续燃烧着。

② “一种力量”，可能指水原子的撞击。

③ 火种子从地里面和水一同被迫涌上来，达到了和空气接触的地方；然后某种力量把火种子从水中驱出，它们就在水面上形成了火焰，正像亚拉杜斯（菲尼基附近一个岛屿）的清水被迫透过海水涌上来一样。

当它们在绳子里面集合起来，
或者渗进而附着于火把之后，
它们立刻就变成了火焰，因为
绳子和火把本身也有着许多的
潜藏的火种子。难道你未见过
这样的情形：当你在夜间
把一个刚刚熄灭的亚麻烛心
拿近灯火的时候，它就会着火，
在它接触到火焰之前？火把也一样。
许多东西在离火相当远的时候
仅仅由于和热接触，就会着火，
在它真正地被浸进火焰之前。
所以，我们应该认为这种情形
也同样发生在那个水泉那里。

试观察一个灯芯如何在它还未接触到火焰时就着火

其次，我要来谈谈是什么自然规律
使得铁能够被一种石头所吸引，
希腊人按照它的产地的名称，
把这种石头称为磁石，因为
它起源于马尼西亚人①的疆境。
对于这种石头人们大为惊奇；

（7）磁石以及它如何能吸住一串小环

① 磁石的拉丁文名是 magneta。“马尼西亚”是 Magnesia，在小亚细亚西部，是古代希腊人的殖民地。但普里尼（Pliny）则以为磁石是在马奇顿的马尼西亚发现的。近代的研究对于这种所谓因产地而得名的说法提出怀疑，而说是得名于它的发现者 Magnes。就是普里尼也说：“磁石得名于他的发现者。”

它常常使一连串的小环悬挂
在它自己上面。有时你能看见
五个或更多的小环相接悬垂着，
在微风中摇曳着，一个接一个，
下面那一个贴紧着上面那个的下边，
每一个都感觉到磁石的力量和束缚①——
它的力量就这样渗透着流得这么远。

应该先确立许多前提

关于这样的事物，在你能够
对它们本身加以说明之前，
必须先把许多东西弄清楚，
所以研究的方法必然要绕大圈子；
因此我更加要求你留心地来听听。

1. 从一切东西经常有物体流出来，这些物体就引起我们的感觉

首先，从任何我们看见的东西，
必定永远有许多原初物体流出来，
被发放出来，被散布到四周各处，
这些物体撞击眼睛，引起了视觉。
从某些东西不断地有气味流出来，
例如寒冷从河流，热从太阳，水雾
从海的波浪，那海边岸壁的蚕食者。
各种声音也从未停止在空气中渗流。
还有，当我们在海边散步的时候，

① 即每一个都通过上面一个而感受到磁石的吸引力。“磁石的力量和束缚”是修辞学上所谓重名法(hendiadys)，意即“磁石的束缚的力量”。

一种带盐味的润湿就跑进我们口里。
而当我们观看苦艾被调研着的时候，
它的苦味就刺激我们。所以无疑地
从一切的东西都有各种东西流出来，
向周围各处放散；自然不容许
这种向外的溢流片刻停止或中断，
因为我们是不断地有着感觉，
是每时每刻都要看见许多东西，
闻到它们的气味，听见它们的声音。

2. 一切的东西都是有小孔的

现在，我将再来对你说一说这点：
一切东西如何都有一个多孔的身体，——
这在我的诗篇开始处[①]也曾被表明。
因为，虽然这点认识对于许多问题
是极其重要，但对于这个
我立刻就要加以讨论的问题，
就更特别需要先确定这一点：
任何可感觉的东西都是由物体
混合虚空而构成。第一个例子：

例如石头；

在洞窟里面，上面的石块
湿得像流汗，滤出一滴滴的水珠；

人体，

同样地汗也从我们全身渗出来；

---

① 诗人所指的也许是：第一卷第329行以下，第348行以下；以及第二卷第95行以下。

我们长胡须，我们全身四肢各处
都长着毛。食物散入全身管脉，
连身体最末端的部位，连小小的指甲，
它也送去了养料使它们长大。
同样地我们感到冷和热通过了铜， 金属，
我们感到它透过金，透过了银，
当我们用手拿着满满的酒杯的时候。
还有，声音穿过了房屋的石壁； 墙壁，
气味也透得过，还有冷，还有
那连铁的强力也穿得过的火的热。
再者，在天的胸甲环绕着世界之处， 连世界的围墙也如此；
[云的种子和风暴的种子进来了]①，
还有一些毒素与它们同时流入来，
它们从世界之外进入我们的世界；
而从大地和天空结集起来的风暴，
则又撤退而被吸收进天空和大地——
很自然，既然没有什么东西
不是由多孔的物体所构成的。
此外，还有这点：并非所有各种 3. 流出物对不同的东西有不同的影响
从一切东西被抛开来的东西，
都能够对感官发生相同的作用，

① 此处所失去一行，按基山尼的猜测补上大意。胸甲，里奥纳德认为是“世界的烈焰熊熊的墙垒”的变名，用以表示这些墙垒的多孔性，像一个皮革制成的胸甲一样。

也不是对一切东西都同等适宜。

例如，阳光能够使东西溶化，或硬化

第一个例子：太阳把土地烤焦，
但是对于冰，他就加以熔解，
他又用他的光线把高高地
堆积在高山上的积雪化掉；
其次，蜡块搁在他的热力底下，
他就会把它化成液体。同样地
火会把铜熔化，把金熔化，但是
皮和肉它就会使它们收缩结茧；
水把刚从火里取出的铁变硬，
但是，受热而变硬的皮和肉，
水又把它变软。对于长须的牝山羊，

野橄榄对于山羊是食品，对于我是臭物

野橄榄树能够给予无上的快乐，
真像吸神膏香气、沉醉于琼浆，
但是对于人类，没有什么别的树叶
比这野橄榄更是一种苦涩的食物。

猪恨香膏，人类厌恶污泥

一只猪会从茉沃剌那油退开去，
它害怕每一种香膏；这些东西
对于长鬃毛的猪是烈毒，但对我们
它们有时却几乎好像能使生命重苏。
反之，虽然对于我们污泥最为龌龊，
在猪看起来它却是如此可喜的东西，
以致它们乐于全身在其中打滚，
并且从来未曾对此事感觉厌倦。

此外还有一点应该先说一说，
在我开始谈中心的问题[1]之前。
既然各种不同的东西都赋有
许多的小孔，这些小孔在本性上
必定是互不相同，每一个都有着
它各自的性质，各自的一定路径[2]。
例如，生物有几种不同的感官，
其中每一种都永远按自己的方式
接纳了它自己所特有的对象
到自己里面去。因为我们看见
声音进入一个器官，液汁的滋味
侵入另一器官，物的气味
侵入第三个器官。我们又看见
一种东西渗过石头，另一种东西
通过木材，还有另一种东西
则通过金，另外有些东西则能够
穿过银和玻璃。因为我们确实看见
事物的形貌肖像流过了这种东西[3]，
热穿过了那种东西；通过同样路径，
有些东西比其他东西通过得更快。

4. 各种东西的小孔和通路是不同的，因此让不同的东西通过

① 原文“ipsa... de re”(979)：指关于磁石的问题。

② 原文“... et habere suam naturam quaeque viasque”(983)：“性质”(natura)，指小孔的形状；“路径”(vias)指小孔的方向。

③ “这种东西”(hac)(993)：指玻璃；下行(illac)“那种东西”指银。

可以确信,迫使这种情形发生的,
是这些小孔的性质,它们由于
原初物体的本性和组织的不同,
就有许多不同的方式,已如上述。

现在我们可以来讨论磁石了

既然这几点现在都已确定,
作为必须的前提为我们预备着,
剩下来的就不难借这些前提
来给以一个清楚的说明,
而磁石吸铁的全部理由,
也可以清楚地被揭露出来。

它放出许多粒子,它们把面前的空气赶走,形成了一个真空,铁的原子就冲进这个真空,而由于铁原子是彼此紧结在一起的,因此就把

首先必定有许多种子,或者说
一种流出物从磁石流出来①,
它用它的打击驱散了
磁石和铁之间的空气。
当这个地方被弄得空空,
两者之间有一大片地方
已变成了虚空的时候,
铁的种子立刻就滑进去,

---

① 这一段的大意是:按照卢克莱修的原理,物是四周被无数的运动着的原子团团围住的,它们打击着这些东西,并部分地是这些东西所以能够保持不动的原因。从磁石放出来的粒子,把这些原子撞开了,在它自己(磁石)和铁环之间形成了一个虚空。面向着这个虚空的铁环的那一边,其中的原子因为受内部原子的浮动和铁环其他各边的外界原子的击打,就冲向这没有抵抗力的虚空地方而去。当它们这样做的时候,由于铁的原子是彼此紧结着的,就必然把整个铁环拖动向磁石冲过去。

互相联结着落入真空里，
圈子本身也在后面跟着走，
这样它就带着整个身体前进。
也没有什么东西的原初物体
是这样互相结合着紧贴着，
像坚固的铁的本性，和它的
冰冷的粗硬的性质那么样。
因此就更不值得惊奇[1]，
如果许多从铁环流出的粒子
不能自己进入那虚空，除非
那铁环本身同时也跟在后面，——
因为铁环被它的粒子带领着。
它是这样做了，它跟在后面，
直至抵达磁石本身，并且
借不见的钩链贴住了磁石。
这种情形在任何方向都能发生：
不论哪一边的地方变成虚空，
不论是在两侧或在上边，总之，
附近的粒子立刻就被带进了
那个真空，因为，实在说，
它们是被从另一方向来的

整个铁环拉动

这种情形在任何方向都能发生

① 自此以下共五行，根据贝里的编本；其他各家的说法繁多，兹从略。贝里本此处是："quo minus mirum，quod ducitur ex elementis，‖ corpora si nequeunt e ferro plura coorta ‖ in vacuum ferri，quin anmlms ipse sequatur"(1012—1014)。

那些撞击所推动起来的；
它们本身当然不能借自己
就上升到上面的空气里面。
铁环后面的空气又帮助把它推进真空去，这个真空里面没有空气加以抵抗
还得加上一点，借之它更易于发生；
这个运动受到另一件事的帮助：
因为当铁环面前的空气一变疏，
当中间的空间已变成虚空的时候，
所有在铁环后面的空气就立刻
把它往前送，从它后面推它走。
因为凡物四周的空气本来就
永远在敲打着它们，但在这里，
在这种时候，它就把铁环向前推，
因为在铁环一头空间是空虚的，
因此就把铁环接纳进去。
我提醒你注意的这部分空气，
迂回地穿过铁环的大量小孔，
细细地进到它最小的部位里，
冲着它，推着它，像风推着船和帆。
再者，一切东西在自己躯体里面
必定都包含着一些空气，
因为它们的躯体都是多孔的，
而且空气又四周围住了它们。
铁环里面的空气也帮助推动
这样，这深藏在铁里面的空气，
既然不断地在激动中运动着，

因此无疑地它会击打着铁环，
从内部震动着它……

. . . .

可以相信，铁环一经急剧地
朝一个方向跃进，一经开始
朝一个方向冲进虚空，
它就朝哪个方向继续运动。

它往同一方向

有时也有这样的情形，铁这东西
会从这种磁石退开去，它惯于
有时从磁石逃开，有时追着它。
我曾看见萨摩色雷斯的铁环跳舞，
看见铁屑在铜碗里面沸腾跳动，
当磁石被放置在铜碗下面的时候。
铁看来是那么急切想从磁石逃开。
铜搁在中间能产生这样巨大的骚扰，
无疑地这是因为铜的潮水
已将铁的洞开着的通路占领，
接着，磁石的潮水涌来了，
可是，在磁石里面它发现
所有的空间都已被充满，
现在已经不像以前一样
有孔口可供它流过去。
这样，它就被迫用自己的潮流
来冲击铁的组织；这样它就

把铜搁在磁石和铁之间时，磁石就把铁推开，这是因为铜的流出物已先把铁的小孔充满

磁石不能推动别的东西，是因为它们或者是太重或者是组织太松懈

把那没有铜时它会吸引的东西
从它自己赶开去，并且透过铜
使它们骚动起来。在这方面
你切勿大惊小怪问为什么
那从这种磁石出来的潮水
不能同样地推动别的东西。
因为有些东西，例如黄金，
借自己的重量站得很稳；
有些东西由于它们结构很松懈，
以致粒子的潮水能无损地流过去，
所以它们就不能被驱赶到任何地方，
这类东西中我们所看见的有木材。
所以当介乎木和金之间的铁
已经取得了一些铜粒子之后，
马革尼西亚之石的粒子的潮水
就能够以它们的冲击把它推动。

两种东西之间有特别的亲和力和结合力，这是不难举出许多例子

　但是这些能力对于别的东西并不是①
那么无缘，以致我只能举出极少例子，
那些只是两者彼此互相适合，
而与别物就不是互相适合的东西。

---

① 原文"nec tamen haec ita sunt aliarum rerum aliena"(1065)：贝里把(haec)理解为"这些能力"，即指磁石吸引铁的能力，而不是指排斥铁的能力；鲁斯把(haec)理解为"这些特性"。雷撒姆对此句理解为："这些现象并不是这样地和别的现象不相同，以致……"。

首先你看见只有石灰能把石头接牢；　　的：例如：石灰和石块之间；木材和牛胶；
木材只有用牛胶才能互相联结起来——
并且连得这么牢固，以致更常看见
木板沿它自然的纹理先破裂开来，
在牛胶的钩链松开它们的紧握之前。
葡萄汁极敢于和泉水混合起来，　　酒和水；
但沉重的沥青和很轻的橄榄油
却拒绝和它①结合。贝壳的紫颜色　　染料和羊毛；
只和羊毛的躯体结合，结合得这么紧，
以致它永远不能被分开，——永不能，
即使你用大海的水想把它恢复
也办不到；是的，甚至即使整个海洋
用它全部浪涛也不能把它洗掉。
还有，难道金和金不是由一种东西　　金和硼砂；
而且也只由一种东西②所结合？
难道铜和铜不是由锡来连接？　　铜和锡；
我们还能找到多少其他的例子！
但何必？你完全不需要走这种
远远地绕弯子的路，对于我，
浪费精力在这上面也不应该。
更适当的是用几句话来简单地

① “它”指水；在水里沥青沉底，橄榄油浮在表面。
② 这种东西即硼砂。

每当两种东西的原子结构的形状能彼此吻合时，就能得到有力的结合

把许多东西概括起来：某些东西
如果它们的组织是这样互相适合，
以致空隙的地方刚好符合密实的地方，
这对那，那对这[1]，它们就联结得最好。
有时有些东西也能够像用钩和环
那样地彼此互相联结在一起，
铁和这种石的情形看来就如此。

(8) 瘟疫和疾病

现在，我将说出疫病[2]的原因是什么，
疫毒的力量从何处突然产生出来
而结集着，在人类和牛羊牲畜中间
撒下一场充满死亡的大灾难。

当有害的种子在天空结集时，它们就把空气弄污

首先，我上面已经指出，必定有
许多东西的种子，它们有益于我们生命；
反之，必定有许多别的种子在飞动，
这种种子能够带来疾病和死亡。
当后面这些种子偶然积集起来
而毒化了大地的天空的时候，

它们可能来自世界外边，

空气就变成充满着病害。所有这些
疾病和瘟毒的力量或是从世界[3]外边

---

① 原文"... haec illius illa ‖ huiusque inter se..."(1085—1086)："这对那，那对这"，意即：这件东西的空隙符合于那件东西的密实的地方，那件东西的空隙符合于这件东西的密实的地方。

② 疾病的(morbis)(1090)：此处是指瘟疫之类的流行病。

③ 从我们这个世界的外边通过天空的孔隙进来。

通过上面天空落下来，像云和雾一样，
要不然就是从大地本身结集上升，
当它浸满着水分，受不合时的雨水
和阳光的打击而腐化起来的时候。
此外你难道未见过：有些人
来到了远离家乡祖国的地方，
就因不服水土弄得生起病来？
这正是因为情况相差得太远[1]。
因为，我们还能用什么别的理由，
来说明为什么英国的气候不同于
天轴下倾[2]之所在的埃及的气候？
或者，还能有什么别的理由来说明
为什么黑海的气候不同于加地斯[3]，
和皮肤被太阳烤黑的黑种人的地方？
正如我们看见这四种不相同的气候，
存在于四种风和四个天空区域底下，
同样地我们也可以看见
人们的颜色和面型大不相同，
而一定的疾病袭击这些种族，

或从大地出来

这就是何以旅居在外的人会受生疏的地方的气候所影响

① 即空气的原子的成分不同。

② 古代人认为地轴(因而也就是天轴)是倾斜的，向 Scythia 斜上去而向埃及斜下去。罗马诗人"Virgil"也有这个观念(Georgic I. 240)。这个观念又是原子论派的特点。例如，吕基坡(Aë,ili. 12. 1,Dials Leucippus A 27)等等。

③ 加地斯，是西班牙的地名。

也是按他们属于不同的种族而不同。
在埃及腹地，在尼罗河诸流域，[①]
有一种叫做象皮病的疾病产生，
而它从来不发生在别的地方。
在亚提加，是脚部常常遭到袭击，
在亚加地方常常遭殃的是眼睛。
所以对于不同的部位和肢官，
不同的地方成为有害而危险，
这是由于不同的空气所引起。这样，

所以，如果一种有害的气氛移动而到达我们，它就成为人畜的灾害

当一个碰巧不利于我们的天[②]开始移动，
当有毒的空气开始蠕动蔓延的时候，
它就像云雾一样慢慢地爬行着，
把它们在路上遇到的一切的东西
都加以扰乱，迫使它改变原来的状况；
而当它终于进入我们这个天的时候，
它就把它变成像它自己而不利我们。
因此，突然地这种新来的灾害
这种新来的毒素就降落各种水源，
甚至或者停歇在谷物的谷粒上，
或者别的人类的食物或牲畜的饲料上；
或者这种力量就悬留在空气本身里面，

---

① 原文"propter flumia Nili"(1114)：诗人用多数，可能是因为它更有诗意，而并非像一些人所说的是指蓝白两条尼罗河或三角洲各支流。

② 天(caelum)(1119)：指天空，引申而指大气。

而当我们在呼吸时从大气那里
吸进了那些混杂的空气的时候,
我们也就必定同样地把这种毒素
吸进我们身体里面。同样的方式
病毒常常光顾到牛畜的身上,疾病
也常常不放过懒怠的羊。不论是
我们自己旅行到不利于我们的地方,
因而更换了我们的天的袍子,抑或
自然自己带给我们一个被毒化的天,
或者别的我们所不习惯的东西,
一到来就袭击我们的东西,
不论由于其中那种,结果都是一样。

雅典的瘟疫(1136—1284)

这样一种疾病的原因①, 雅典的瘟疫就是这样造成的
这样一种致命的瘴疠,
曾经在司克罗普斯②的国土
使四野布满了死人的形骸,
使道路荒凉,从城郭吸干居民。

---

① 在这里,卢克莱修描写了公元前430年雅典那次著名的瘟疫;他的描写很接近修昔特底斯(古希腊历史学家)所描写的。在许多地方显然他是把后者逐字译成拉丁文。

② 司克罗普斯(Cecrops),希腊传说中的英雄,是最初的亚提加王。

它是从埃及来的

因为，起源于埃及国土的腹地，
经过了许多的天空和浮动的田野①，
它终于扑在潘地安②全体人民身上；
于是他们就成群地被送交给

这种疾病的征候和原因

疾病和死亡。最初他们觉得
头部火热地发烧，两眼发红，
充满着惘然的光泽。喉咙内部
也变黑而渗出了一滴滴的血；
声道被许多溃疡阻塞堵住了；
而舌头，心灵的发言人，也滴着血，
因痛苦而衰弱，动作迟钝，觉得粗糙。
之后，当病毒的力量通过咽喉
充满了胸膛，并且一直流入了
病人的痛苦的心脏③的时候，
生命的所有墙防就开始崩溃。
呼吸会从口中送出恶臭的气味，
像那抛在户外的腐尸的臭味一样。
接着，心灵的全部力量

---

① “浮动的田野”(campos natantis)(1142)：即大海。

② 潘地安(Pandion)，雅典的王，Procne 和 Philomela 的父亲。

③ 卢克莱修把修昔特底斯的记述里面“Καρδία”一字理解错了，就它的普通意义来理解，因此说“cor”(心)，本来应该是指“胃”(Καρδία = τὸ στόμα τον στομάχον，即胃，是一个医学上的专门名词)；因为毒如到了心脏，人就会立刻死亡，而不会像下面所说的延长若干天，云云。

和全身都会憔悴枯萎起来，
就好像他现在已站在死亡的门槛上。
焦虑痛苦[1]和混着啜泣的呻吟
永远陪伴着这些难堪的磨折。
常常日以继夜间歇发作的呕吐
不断地使肌肉和四肢发生痉挛，
用疲乏摧毁那些早已疲竭的人。
但是你不能在什么人的身上
觉察到皮肤表面有很高的热，
倒是用手摸起来身体会给人
一种微温的感觉，同时全身到处
都显出红红的，好像是溃疡的烙印，
犹如当圣火[2]在全身散开的时候那样。
但身体内部直至骨头却都在燃烧，
胃里燃烧着火焰，正像火焰在炉里。
没有什么轻和薄的东西能够被用来
加在病人肢体上而对他会有好处，
而永远是需要风，永远是需要凉冷[3]。
有些人会把那染病而发高热的身体　被试用来

① anxius angor(1158)："焦虑痛苦"指精神上的痛苦，下一行的"难堪的磨折"指肉体上的痛苦。

② 圣火即所谓丹毒病。

③ 病人不能忍受任何衣服，不管它是怎样的轻，唯一的缓和剂是冷空气。次行的"风"和"凉冷"即"冷风"，是修辞学上的重名法。

解救的办法。

投进冰冷的溪流，赤身跳入水里；
许多人会头先脚后深深地跳进水潭，
落下去的时候早已急切地张大着嘴巴。
一种浸透着他们的身体的焦渴，
永不满足的焦渴，会使得
大量的水也不外是少许几滴。
痛苦的磨折从未停止过片刻；
他们身体筋疲力竭地躺卧着，

医药也束手无策

医药[1]在无声的恐怖中喃喃着，
当他们时时滚动着[2]他们那些睁开的
燃烧着疾病的失眠的眼睛的时候。

精神上的现象

那时还可看见许多其他的死的征兆：
由于忧愁和恐惧而失常的心智[3]，
阴沉的额头，凶暴而疯癫的面容，
受磨折的耳朵里老是嗡嗡地响，
呼吸短促，或者沉重而间歇地来，
汗珠在脖子上发亮，稀薄的口涎
带着番红花的黄色，而咸味很浓，

---

① 医药（Medicina）是拟人化的。

② 滚动着（versarent）（1181）：芒洛曾指出，滚眼球是将死的征候。Housmann 将 1180 行里面的 ardentia morbis（燃烧着疾病的）改读为 praenuntia mortis（预示着死的接近的）。

③ “心灵的智力”（animi mens）（1183）：这是诗人惯用的冗语，意即心灵，兹简译为心智。

咳嗽很难从沙嗄的喉咙里出来①。
两只手的肌肉不断地收缩，
四肢不断地战栗，从两只脚开始
全身一步一步地冰冷起来：
到了最后时刻，鼻孔也瘦削起来，
鼻尖只剩下一点，两眼深深陷落，
鬓骨凹入了，皮肤变得冷而且硬，
嘴唇张开而松弛地垂下来，
额上的肌肉紧张并且肿胀起来，——
不久，他的身体就变僵死去。
差不多是在得病后第八次的　　得病第八天就死去
太阳照耀下，或者最多在他第九次
举起他的火炬的时候，他们就放弃
他们的生命。而如果有什么人
侥幸逃开了这种死亡的结局，　　侥幸未死者的遭遇
那么以后由于那些讨厌的溃疡
和那从肠胃里泻出来的黑色的排泄，
慢性的消耗和死亡仍然会在等候他。
或者常常从闭塞的鼻孔流出了污血，

① 以上中译两行半（自“稀薄……”起至此处）鲁斯和里奥纳德都是根据Macrobius的抄本：tenvia sputa minuta，croci contacta colore salvaque，per fauces raucas vix edita tussis（1188—1189）。贝里和雷撒姆采取O Q的原读“... per fauces rauca vix edita tussi”，所以他们译成：“稀薄的……很浓，由一种沙嗄的咳嗽艰难地从喉咙中咳出来。”

还伴有头痛；病人的全部精力
和整个肉体都会从这里流掉。
而如果有谁侥幸度过了这个
污秽的血的凶暴的流出的关头，
他又会发现疾病转而进入
肌肉和骨节，甚至进入生殖器。
有些人割去身体某部分以苟全生命
有些人是这样害怕死亡的门槛，
就用刀器割掉阳具而苟活下来，
还有不少人虽然割去了手脚，
却仍然要继续滞在世界上，
有些人则失去眼睛而活着：
何等强烈的死的恐惧攫住了他们。
有些人失去了记忆力
此外，有些人完全失去了记忆力，
以致他们再不知道自己是什么人。
鸟兽不吃死尸
虽然地面上一个叠一个地堆着
无数未埋的尸体，但飞鸟和野兽
却或者远远地退开，急忙地避开
强烈的恶臭；或者如果当时尝了它，
就会倒下而死于接踵而至的死亡。
但是事实上在那些日子里面
几乎根本就没有出现过一只鸟，
也没有凶暴的野兽从林里出来，——
许许多多的鸟兽都病倒而死掉。
首先，街上到处躺卧着忠诚的犬，

挣扎着交出了它们的生命——
因为瘟病的力量从它们肢体中
把生命扭开去。也不能有什么
可靠的普遍适用的医疗方法：
因为，那能使一个人获得力量
去把生命所需的空气吸进口里，
去仰望上面的天穹的医疗方法，
对于别的人却等于是末日和死亡。
在这种情况下最悲惨的事情，
最可怜的事情，乃是这一点：
谁一看见自己被那种病擒住，
谁就会觉得好像被判了死刑，
就会绝望地卧倒，万念俱灰地
等候着死亡，因而当场就断气。
因为这种贪馋的瘟病的传染
片刻不停止一个一个地攫取人们，
好像他们不外是牛羊一样的牲畜，
主要是这一点在死人上堆上了死人。
因为谁由于太渴望活着和害怕死去
而逃避责任不照顾生病的亲人，
谁自己不久就会由那杀人的疏忽
加以报复，卑鄙而下贱地死去，——
自己被遗弃，得不到他人的帮助。
而那些不离开生病的亲人的人，

缺乏有效的救治方法

绝望

不照顾生病者的人的命运。

照顾生病者的人的命运。

则会由于传染，由于辛劳而死去；
良心和那些疲倦者①的恳求的声音，
那混合着诉苦的声音，
迫使他们去忍受那辛苦的工作，——
每个高尚的人都遇到后一种死亡。

埋葬。

没有人送葬的，被遗弃的葬仪，
争先恐后地草率地弄完了事……

. . . .

人们争先葬掉他们的成群的
死去的亲人，一个叠着一个：
因哀伤哭泣而筋疲力竭，回到家里；
于是大部分的人就因忧苦而躺下来。
在那些可怕的日子里没有一个人
不受疾病或死亡或忧伤所侵袭。

乡间的瘟疫

到了这时候，所有牧羊人和牧牛人
甚至那些弯弯的耕犁的健壮的舵手②，
都开始罹病了，他们的身体躺在
他们的农舍的角落里，缩成一团③，
由贫困和疾病把它们交给死亡。

---

① 原文"blandaque lassorum vox ..."(1245)：(lassorum)疲倦的人，可能是指尚未得病或染病不深的人。

② 指农夫。

③ 原文"penitusque casa contrusa iacebant ‖ corpora"(1254—1255)：contrusa 可能是指每个身体自己缩成一团，但也可能是指许多身体挤在一起。

你常常能看见没有生命的父母
伏在没有生命的孩子的身体上，
或者子女伏在父母的尸首上面
逐渐失生去命。而那种灾难
不少是由乡间流入到城市的：
为病入骨膏的乡民所带来的，
他们染上疫病，从各处涌来城里。
一切场所和建筑物都塞满了人，
这样死神就更加大堆地收割着
闷热地挤在一起的人①。许多被焦渴
拉到了街上而在路上爬滚的人②，
他们的身体散乱地躺在水泉边旁，——
被水的过度可喜的愉快割断了
生命的气息③。在一切公共场所和街道
你都能看见许多半死的身体，
他们带着松弛衰弱的四肢，
满是污秽，包着破烂布条，

乡间的人涌到城里，因而增加了疾病的蔓延

街上和公众场所的死尸

① 原文“quo magis aestu ‖ confertos ita acervatim mors acumulabat”(1262—1263)：“aestu”是 Marullus 对原读“aestus”的修改；Lachman 曾改读为“astu”(城)：“死神就……收割着挤迫在城里的人”。但这和诗人所依据的记载不符合，并且“astu”不能等于“in astu”(在城里)。

② 原文“multo siti prostrata viam per proque voluta ‖ corpara”(1264—1265)：“prostrata”(被〔焦渴〕拖倒)是原读；Lachman 把它改变读为“protracta”(被〔焦渴〕拉到〔街上〕)，兹从“Lachmenin”译出。

③ 就是说由于过度吞饮所渴望的水而窒息死去。

死于他们自己的龌龊之中，
只剩下一层皮包着一些骨，
几乎已埋葬在恶臭的溃疡和污秽中。
庙宇里的死尸
最后死神把所有的神的圣庙
也都堆满了尸体；无论到那里
每个天神的庙宇都装满着死尸。
因为神庙的看守人接待了很多人
进来把这些地方住得满满。
因为现在人们已再不那样看重
原来那些神灵和对神的崇拜：
眼前的灾难压倒了一切。
葬礼的可怖
原来那些埋葬的仪式
这时也不再被这个城所遵守，
这个民族的人以前总是习惯于[①]
被人用那种仪式来埋葬的；——
因为这个时候所有的居民
都已陷于极度的紊乱恐慌，
每一个人都会满怀忧愁地
尽眼前情况所能把死人葬掉。
突然的困难和可怕的贫困
迫人做出许多可怕的行为：

① 原文"Quo prius hic populus semper consuerat humari"(1279)：(quo prius)是 Q U 的读法；有人根据 O 读为(huc pius)"这些虔敬的人们以前总是习惯于……"。

人们会带着大声的哀号
把他们自己亲人的尸体
放在别人的火葬的柴堆上，
点上了火，常常宁可这样
引起了口角，流了许多的血，
而不愿把那些尸体抛弃不理。

译 后 记

I. 翻译和校对时我所用的有下列各书：

(1) *On the nature of things*, translated by W. E. Leonard, Everymen's Library, 1943.

(2) *On the nature of things*, translated by Cyril Bailey, Oxford, 1924.

(3) *De rerum natura*, with an English translation by W. H. D. Rouse, Loeb classical Library, 1943.

(4) *The nature of the universe*, translated by R. E Latham, the Penguin Classics, 1952.

(5) *On the nature of things*, translated by H. A. J. Munro, 1914.

(6) *On the nature of things*, translated by J. S. Watson, 1851 (With the poetical version of John Mason Good).

(7) *Oeuvres complètes de Lucrèce*, avec la traduiction française de Lagrange, Paris.

(8) *De la nature des choses*, par André Lefèvre, 1899.

(9) *De rerum natura*, *edited with prologomena*, *critical apparatus*, translation, and commentary, by Cyril Bailey, in

3 vols. Oxford,1950.

最初翻译时我是根据(1),参考(2)—(8),译成之后由于找到了(9),所以在校改的时候虽然仍然以(1)为蓝本,并参考(2)—(8),但主要地是利用了(9)。(1)的译者里奥纳德是用诗体翻译的,为了音步的需要(他用的是五步句),在不少地方都自己加进了一些拉丁文原文所无的修饰语,或者又对原文加以一些精简(这种情形很少),我原来的译文多是跟随他,在校改时基本上都根据(9)把他所加的去掉、所减的补上。此外,他又常常跟随着 Lachmann Giussani 等人把原文的一些段章、句子搬动到所谓"合乎逻辑的地方",在校改的时候,我都尽可能把它们搬回原处,或者在各该处注明它们原来的位置。基于这种情况,在校改时改动很多,在实质上应该说现在的译文乃是根据(9)译出的。不过改造自然不是完全等于重译,所以仍然留下了许多措辞上和语气上的痕迹,如果完全根据(9)重译就不至于这样了。

上列各书的得失,可以大概指出如下:(1)读起来很愉快,许多地方译得很美,可是它所根据的学识(包括他自己的)是比较古旧的,而他为了适应诗体的要求,又不得不对原文有所增减(虽然无关大体),所以是有缺点的。(2)是贝里早期的作品,译文正确,但不好念,而后来他又对此书中的有些解释有了新的理解;此书最好的地方是它的边注。(3)译文很小心,很忠实,但是本文颇有问题。(4)基本是用现代的英文翻译出来的,最好念,最容易读。但是译者较注意译文句子的逻辑性,因此就不免和原来的本文(不论是谁编的,包括他自己——如果他编过的话)有些出入,不能对得很准。不过,就我现在所看到的而言,这个译本对于普通的读者是最有帮助的。(5)译文很庄严,也好念,但是他所根据的学识(主要是芒洛自己的)是有点过时了。(6)译文有些地方也有独到之处,附注也有用,但整个说来太古老。(7)译文简单清楚,很好念,但是在许多地方念起来缺乏原文那种丰腴之感。但是本文下面未附注参考书原文(即原读、改读的来源),是它的一个缺点。(8)是用诗体翻译的,并且有对偶脚韵,因此在许多地方就不免将原文削足适履。除了查对一些重要的疑难词语时也参考它之外,我不大利用它。(9)是现在我所知道的关于卢克莱修的书中最完整的一本书,包括了很好的本文、注释等。译文的风格和实质(除了个别他自己意见有改变的地方之外)都和(2)一样。它所给我的帮助是最大的。关于除上述各书编译者以外的学者对卢克莱修的讨论和改读,我大半是从(9)中得知的。

II. 本书的名称 De rerum natura 暂时按一向在我国提起它时惯用的名称"物性论"译出,其实也可以译为"论自然"或"宇宙的本性"。在本文中遇到 animi natura 一类的语词时,也简译为"心灵的本性",但实在的意思是:"作为自然存在的心灵这种东西"或"按其本性而言的心灵",或"心灵这种东西"。其他如 equi vis 翻成"马的力量",意思是"作为一种力量的马"或"马这种力量"或"马这种东西",余类推。书名 De rerum natura 也应这样来理解。

III. 原书中并未用"原子"这个词,而是用许多别的词来指原子这种东西。这些词在各个地方分别译成:原初物体、物体、原素、种子、始基、物质物体等，都是指原子，请注意。

IV. 译文旁边的内容提要，主要是采自(2)和(3)，脚注则是参照各家和我自己的理解作出的，这些边注和脚注不用说只是供参考而已。

V. 脚注中用O、Q、U等记号，是物性论各种抄稿或散页的记号。关于它们的详细情形，俟有机会再为文说明。

VI. 拉丁文是屈折语，简略的几个字有时可以作不同的解释，卢克莱修又大量地利用了诗人的“特权”，况且原稿又不存，各种抄稿的情况又很糟糕，对于很大一部分的句和词，都曾经有过许多不同的看法，各人提出的修改、猜测、解释差别很大。由于资料不足，又为能力所限，我不能在我这个简略的译本中把一切对于卢克莱修的研究的成果都反映出来，只能把一些比较突出的地方各人不同的意见在附注中加以简单的说明，同时尽可能附上原文，以供参考。

VII. 原诗是用六步句写成的，即每句中包括六个音步，无脚韵。我现在虽然也用分行的形式来翻译，但并没有给自己规定每句应有多少音步，以免弄到削足适履。译文有些地方看来好像有点脚韵，其实完全是无意的。因为汉语里面像“安”一类的词太多了，一不留神它就跑出来，弄得无可奈何，希读者原谅。我之所以采用分行的办法，原因之一是要使内容较醒目，并且易于查对原文而已。

VIII. 译文下面所引原文，均注明贝里本的行数，以便查对。

图书在版编目(CIP)数据

物性论/(古罗马)卢克莱修著;方书春译. —北京:商务印书馆,2024
(中外哲学典籍大全. 外国哲学典籍卷)
ISBN 978-7-100-22967-8

Ⅰ. ①物… Ⅱ. ①卢… ②方… Ⅲ. ①唯物主义—古罗马 Ⅳ. ①B502.41

中国国家版本馆 CIP 数据核字(2023)第 170328 号

中外哲学典籍大全·外国哲学典籍卷
物性论
〔古罗马〕卢克莱修 著
方书春 译

商 务 印 书 馆 出 版
(北京王府井大街 36 号 邮政编码 100710)
商 务 印 书 馆 发 行
北 京 通 州 皇 家 印 刷 厂 印 刷
ISBN 978-7-100-22967-8

2024 年 3 月第 1 版 开本 710×1000 1/16
2024 年 3 月北京第 1 次印刷 印张 31¼
定价:158.00 元